Ein Jahr auf der Hochebene

Transfer LXVII

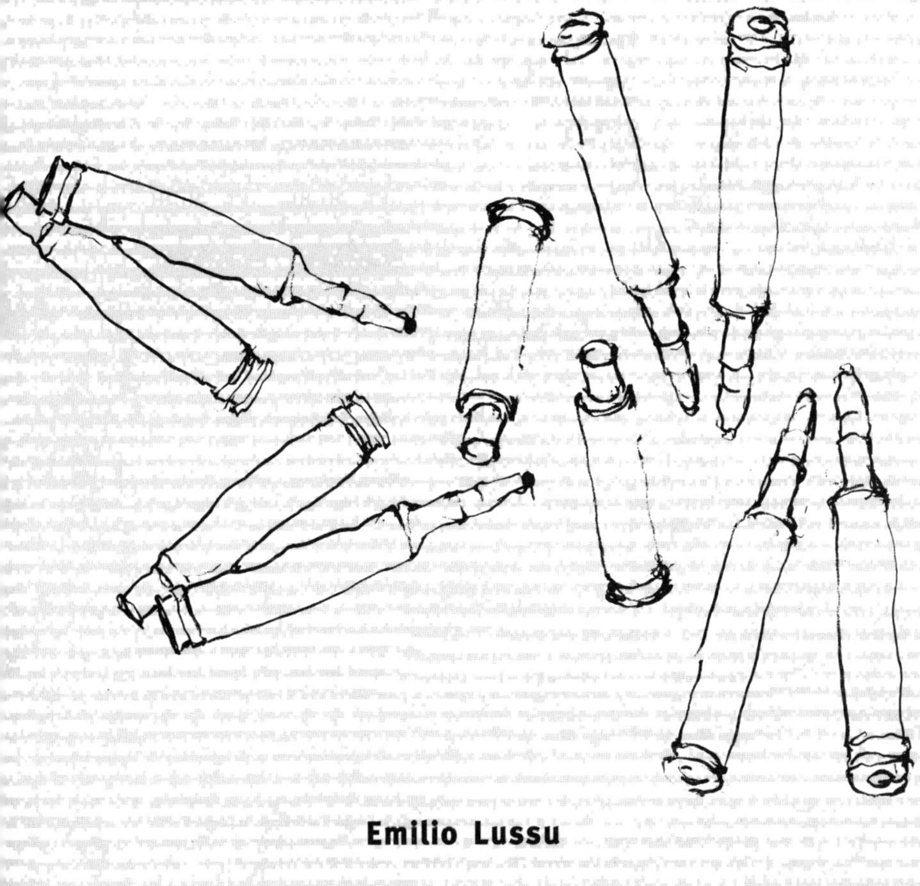

Emilio Lussu

Ein Jahr auf der Hochebene

Aus dem Italienischen von Claus Gatterer

Folio Verlag

Die Drucklegung erfolgte mit finanzieller Unterstützung durch die Abteilung Familie, Denkmalpflege und deutsche Kultur der Südtiroler Landesregierung über das Südtiroler Kulturinstitut.

Titel der italienischen Originalausgabe: Un anno sull'Altipiano
Erstveröffentlichung Paris 1938

Die Handzeichnungen auf dem Umschlag und der Haupttitelseite stammen von Paul Thuile. Das Foto auf dem Schutzumschlag zeigt eine Gefechtsstellung im Ersten Weltkrieg und ist entnommen: Gottfried Solderer (Hg.): Das 20. Jahrhundert in Südtirol, Bd. 1: 1900–1919, Bozen 1999.

Der Verlag dankt Giovanni Lussu und dem Archivio Emilio Lussu am Istituto sardo per la storia della resistenza e dell'autonomia, I.S.S.R.A. (Cagliari).

Graphische Gestaltung: Dall'O & Freunde
Druckvorbereitung: Graphic Line, Bozen
Druck: Dipdruck, Bruneck

ISBN 10: 3-85256-331-3
ISBN 13: 978-3-85256-331-2

ITALY ISBN 10: 88-86857-66-7
ITALY ISBN 13: 978-88-86857-66-6

www.folioverlag.com

[Vorwort zur Erstausgabe]

In diesem Buch wird der Leser weder einen Roman noch eine historische Darstellung finden. Statt dessen wurden hier persönliche Erinnerungen nach Möglichkeit geordnet und eingegrenzt auf eines der vier Kriegsjahre, an denen ich teilgenommen habe. Ich habe nur erzählt, was ich selbst gesehen habe und was mich besonders beeindruckt hat. Dabei habe ich mich nicht auf die Phantasie verlassen, sondern auf mein Gedächtnis. Einige Namen wurden zwar geändert, doch werden meine Kriegskameraden leicht imstande sein, die Menschen und die Ereignisse wiederzuerkennen. Meiner späteren Erfahrungen habe ich mich entledigt und habe mir den Krieg so in Erinnerung gerufen, wie wir ihn wirklich erlebt haben, d. h. mit den Gedanken und Gefühlen von damals. Deshalb handelt es sich hier auch nicht um ein Werk mit einer bestimmten Tendenz, sondern nur um einen italienischen Augenzeugenbericht vom Weltkrieg. Anders als in Frankreich, Deutschland und England gibt es in Italien über den Krieg keine Bücher. Auch dieses wäre nicht geschrieben worden, wenn ich nicht für längere Zeit gezwungen gewesen wäre, untätig zu leben.

Clavadel-Davos, im April 1937

J'ai plus de souvenirs que si j'avais mille ans.
Baudelaire

[1]

Ende Mai 1916 lag meine Brigade – sie bestand aus den Regimentern 399 und 400 – noch im Karst. Seit dem Beginn des Krieges hatte sie nur an dieser Front gekämpft. Das Leben dort war für uns zur Qual geworden. Jede Handbreit Boden erinnerte uns an ein Gefecht oder an die Gräber gefallener Kameraden. Wir hatten Schützengräben, Schützengräben und wieder Schützengräben erobert. Zuerst jene der *Roten Katzen,* dann jene der *Schwarzen Katzen* und schließlich jene der *Grünen Katzen.* Aber die Lage blieb unverändert. War ein Schützengraben genommen, mußte der nächste erobert werden. Triest lag immer gleich fern, müde sich im Hafen spiegelnd. Unsere Artillerie wollte keinen Schuß auf die Stadt abfeuern. Doch unser Armeekommandant, der Herzog von Aosta, erwähnte Triest in all seinen Tagesbefehlen und Reden, um die Soldaten anzufeuern.

Der Herzog, ein Prinz des königlichen Hauses, war militärisch nicht sehr begabt, doch von einer großen literarischen Leidenschaft beseelt. Er und sein Generalstabschef ergänzten einander: Der eine verfaßte die Reden, der andere trug sie vor. Der Herzog lernte sie auswendig und rezitierte sie in fehlerfreier Diktion, wobei er die Haltung altrömischer Redner annahm. Die ziemlich häufigen großen offiziellen Feiern wurden eigens für solche rednerischen Auftritte veranstaltet. Unglücklicherweise war der Generalstabschef kein Schriftsteller. So kam es, daß man in der Armee trotz allem den die Reden vortragenden General höher einschätzte als die Begabung des sie verfassenden Generalstabschefs. Der General hatte auch eine schöne Stimme. Davon abgesehen, war er reichlich unpopulär.

An einem Nachmittag im Mai erreichte uns die Nachricht, der Herzog habe – um die Brigade für die vielen Leiden und Opfer zu belohnen – angeordnet, uns für einige Monate zur Retablierung in die Etappe zu schicken. Auf diese Nachricht folgte der Befehl, wir sollten uns bereit halten, von einer anderen Brigade abgelöst zu werden. Die Nachricht mußte also wahr sein. Die Soldaten nahmen sie freudig auf und ließen den Herzog hochleben. Endlich bemerkten sie, daß es gewisse Vorteile mit sich brachte, einen Prinzen des königlichen Hauses als Armeekommandanten zu haben. Nur einem solchen war es ja möglich, eine so lange Ruhezeit so fern der Front zu erwirken. Bis dahin hatten wir unseren Retablierungsturnus immer nur ein paar Kilometer hinter den Schützengräben, unter dem Feuer der feindlichen Artillerie verbracht. Der Koch des Divisionskommandanten habe es dem Diener des Obersten anvertraut – und das Gerücht hatte sich in Blitzeseile verbreitet –, daß die Retablierungszeit nach dem Willen des Herzogs in einer Stadt zu genießen sein werde. Zum erstenmal während des ganzen Krieges begann der General populär zu werden. Sogleich erzählte man sich das Allerbeste über ihn, und es hieß sogar, der Herzog habe sich ernstlich mit dem General Cadorna gestritten, um die Ansprüche unserer Brigade zu verteidigen. Die Geschichte machte die Runde von Einheit zu Einheit und wurde überall geglaubt.

Die Brigade wurde abgelöst; noch in der gleichen Nacht stiegen wir in die Ebene hinunter. In zwei Etappen erreichten wir Aiello, ein Städtchen unweit der alten Grenze.

Unsere Freude war überwältigend. Endlich wieder leben! Was planten wir nicht alles! Nach Aiello würde es in eine große Stadt gehen. Vielleicht nach Udine – wer wußte das schon?

Zur Essenszeit rückten wir in Aiello ein, an der Spitze mein Bataillon, das dritte, dem die 12. Kompanie voranmarschierte.

Die 12. Kompanie wurde von einem Kavallerieoffizier geführt, dem Reserveoberleutnant Grisoni. Er war Ordonnanzoffizier unseres Brigadekommandeurs gewesen. Nachdem dieser, durch eine Granate verwundet, gestorben war, hatte Grisoni gebeten, in der

Brigade bleiben zu dürfen. Nun diente er meinem Bataillon. Als Kavallerieoffizier konnte er nicht ohne weiteres einer Infanterieeinheit zugeteilt werden, aber der Kavalleriebefehlshaber hatte ihm eine Sonderbewilligung erteilt und obendrein das Recht zugestanden, Pferd und Ordonnanz beizubehalten. Grisoni war in der ganzen Brigade bekannt. Am 21. August 1915 hatte er mit nur vierzig Freiwilligen in einem Handstreich den *Zahn der Verwirrung,* eine feste, von einem Bataillon Ungarn verteidigte, vorgeschobene Grabenstellung erobert. Die Aktion hatte extreme Kaltblütigkeit erfordert. Seine Berühmtheit wurde indes durch ein anderes Unternehmen begründet. Grisoni war eines Abends – wir lagen gerade in Ruhestellung und hatten ohne übertriebene Mäßigung einige piemontesische Weine durcheinander getrunken – gleichfalls handstreichartig hoch zu Roß in den Saal des Offizierskasinos eingedrungen, in dem gerade der Oberst mit den Offizieren des Regimentsstabes speiste. Grisoni sprach dabei kein Wort, doch schien das Pferd mit der militärischen Hierarchie vollkommen vertraut. Es vollführte heftig wiehernd einige Volten rund um den Obersten. Der Vorfall wurde sehr unterschiedlich beurteilt, und um ein Haar wäre der Oberleutnant zur Kavallerie zurückgeschickt worden.

Das Bataillon defilierte im Gleichschritt über den Platz vor dem Rathaus. Auf der Rathausseite standen der Kommandant der Brigade, der Regimentskommandant und die Vertreter der zivilen städtischen Behörden.

Die Kompanie an der Spitze, in Viererreihen marschierend, machte einen martialischen Eindruck. Die Soldaten waren über und über verdreckt, doch gerade die Felduniform ließ die Parade noch feierlicher erscheinen. Auf der Höhe der Obrigkeit angelangt, richtete sich Grisoni in den Steigbügeln kerzengerade auf und befahl, zur Kompanie gewandt:

„Links schaut!“

Es war der Gruß für den Brigadekommandanten.

Es war aber auch das vereinbarte Zeichen für den ersten Zug, in Aktion zu treten. Sogleich erklang eine sorgsam einstudierte Marschmusik. Die Trompete, eine große, blecherne Kaffeekanne, schmetterte das Habtachtsignal, und ein Akkord unterschiedlichster Instrumente fiel ein. In der Mehrzahl handelte es sich dabei um improvisierte Instrumente, die sehr viel Lärm erzeugten und solcherart den Marschtritt begleiteten. Als Tschinellen dienten die Deckel der Eßgeschirre. Die Trommeln waren Reste alter, unbrauchbar gewordener Trainfässer, die fachmännisch zugerichtet worden waren. Statt der Klarinetten, Flöten und Kornette gab es nur die hohlen Fäuste: Aber die Spezialisten verstanden es, bald diesen, bald jenen Finger hebend, überaus eindrucksvolle Töne hervorzubringen. Insgesamt ergab dies eine wundervolle Komposition kriegerischer Heiterkeit.

Das Gesicht des Brigadekommandanten verfinsterte sich zunächst, aber schließlich lächelte er. Er war ein vernünftiger Mann. Also erschien es ihm nicht ungehörig, daß Soldaten, die das ganze Jahr in Dreck und Feuer gelebt hatten, sich ein derartiges Vergnügen erlaubten, wenn es auch gegen das Reglement verstieß.

Das ganze Regiment quartierte sich in Aiello ein.

Am Nachmittag lud der Bürgermeister die Offiziere zum Umtrunk. Mit bebender Stimme las er seine Ansprache ab: „Es ist mir eine große Ehre ... Im ruhmreichen Krieg, den das italienische Volk kämpft, unter der genialen und heldenmütigen Führung Seiner Majestät des Königs ..." Beim Wort *König* nahmen wir pflichtgemäß, unter knallendem, gleichzeitigem Zusammenschlagen der Hacken und Sporen, Habtachtstellung ein. Der plötzliche Lärm des militärischen Saluts hallte im Rathaussaal wie ein Schuß. Der Bürgermeister hatte als ahnungsloser Zivilist nicht voraussehen können, daß die beiläufige Erwähnung des Monarchen eine derart dröhnende Loyalitätsbekundung auslösen würde. Er war ein würdiger Mann und hätte, wäre er darauf vorbereitet gewesen, diesen patriotischen Akt sicherlich gebührend gewürdigt. Aber so wurde er völlig überrascht; er zuckte zusammen, vollführte einen kleinen Sprung, der ihn um einige Zentimeter über sein Körpermaß hinaushob, und wurde kreidebleich. Sein Blick ruhte unsicher auf der Gruppe der bewegungslosen Offiziere. Er wartete. Das Blatt mit der aufgesetzten Rede war ihm aus der Hand gefallen und lag wie ein armer Sünder zu seinen Füßen.

Der Oberst lächelte; er tat es sichtlich aus ehrlicher Freude, befriedigt von der Tatsache, daß hier die Überlegenheit der militärischen Autorität über die zivile – wenn auch nur vorübergehend – in so eindeutiger Form bekundet worden war. Mit dem Ausdruck verhaltenen Stolzes, den keiner sich aneignen kann, der nicht lange Zeit Truppen befehligt hat, glitt sein Blick vom Bürgermeister zu uns und wieder zurück zum Bürgermeister. Der Oberst war entschlossen, jenem Funken Bosheit, der auch im Herzen des mildesten Menschen glimmt, nachzugeben und den Bürgermeister noch nachhaltiger zu beeindrucken. Er kommandierte:

„Meine Herren Offiziere, es lebe der König!"

„Es lebe der König!" wiederholten wir. Wir brüllten den Satz, als wäre er eine einzige Silbe.

Entgegen den Erwartungen des Obersten zuckte der Bürgermeister mit keiner Wimper, sondern brüllte mit uns.

Der Bürgermeister war ein Mann von Welt. Er hatte seine Sicherheit wiedergewonnen, hob das Blatt auf und setzte die Rede fort: „Wir werden siegen, wie dies im Buch des Schicksals geschrieben steht ..."

Sicherlich hätte niemand, auch der Bürgermeister nicht, zu sagen gewußt, wo man dieses Buch hätte finden können, und noch weniger, was in dem unauffindbaren Buch wirklich geschrieben stand. Die Phrase löste keine besondere Reaktion aus. Dagegen nahm die Aufmerksamkeit bei den folgenden Sätzen beträchtlich zu:

„Der Krieg ist nicht so hart, wie wir ihn uns gewöhnlich vorstellen. Als ich heute morgen Ihre Soldaten festlich in die Stadt einziehen sah, unter dem Klang der heitersten Fanfare, die es gibt, wurde mir klar – und die ganze Bevölkerung begriff es mit mir–, daß der Krieg auch seine schönen Seiten, seine Reize hat ..."

Der Kavallerieoberleutnant salutierte unter großem Sporengeklirr, als wäre das Kompliment in erster Linie ihm zugedacht. Der Bürgermeister setzte fort:

„Edle und hehre Aspekte. Unglücklich derjenige, der sie nicht wahrnimmt. Denn, meine Herren, es ist schön, fürs Vaterland zu sterben ..."

Diese Anspielung gefiel niemandem, nicht einmal dem Obersten. Die Sentenz war klassisch, doch schien uns der Bürgermeister nicht der geeignete Mann zu sein, um uns literarisch über den Wert des Todes – und wäre er noch so ruhmreich – zu belehren. Auch die Form, in welcher der Bürgermeister die Sentenz vorgebracht hatte, war unglücklich. Es war uns, als hätte er sagen wollen: „Tot seid ihr schöner." Ein guter Teil der Offiziere räusperte sich und fixierte den Bürgermeister mit arrogantem Blick. Der Kavallerieoberleutnant ließ nervös die Sporen klirren.

Wahrscheinlich begriff der Bürgermeister, was in uns vorging, denn er beeilte sich, die Rede mit einem korrekten Toast auf den König abzuschließen:

„Es lebe unser ruhmreicher König, der Sproß eines soldatischen Geschlechts!"

Der Kavallerieoberleutnant stand dem großen Tisch voller Champagnerkelche am nächsten. Er ergriff rasch ein noch volles Glas, hob es und rief:

„Es lebe der König der Pokale!"

Das traf den Obersten wie ein Herzschuß. Verblüfft starrte er auf den Oberleutnant, als wollte er Augen und Ohren nicht trauen. Dann sah er der Reihe nach die Offiziere an, sich ihrer Zeugenschaft versichernd, und sagte mehr betrübt als streng:

„Oberleutnant Grisoni, Sie haben auch heute zuviel getrunken. Wollen Sie den Saal verlassen und meine Befehle erwarten."

Der Oberleutnant schlug die Sporen zusammen, erstarrte im Habtacht, trat einen Schritt zurück und salutierte:

„Jawohl, Herr Oberst!"

Und verschwand, die Reitgerte unterm Arm, sichtlich befriedigt.

[2]

Der Chormeister stimmte an:

„Quel mazzolin di fiori ...“

Der Chor der Kompanie fiel ein:

„Che vien dalla montagna ...“

Mit dem Gesang kam neues Leben in die müden Soldaten. Wir marschierten seit drei Tagen. Die lange Unbeweglichkeit des Stellungskrieges im Karst hatte zur Folge, daß wir zu großen Anstrengungen nicht mehr fähig waren. Der Marsch wurde für alle zur Qual. Der einzige Gedanke, der uns tröstete, war, daß es in die Berge ging.

Die Retablierung in Aiello hatte nicht einmal eine Woche gedauert. Die Österreicher hatten zwischen dem Monte Pasubio und dem Lagarinatal eine große Offensive vorgetragen. Sie hatten die Front bei Höhe 12 durchstoßen und standen nun am Rand der Hochebene von Asiago. Die Brigade hatte die Ruhequartiere verlassen; mit der Bahn hatten wir die weite venezianische Ebene durchquert, und nun strebten wir in Eilmärschen der Hochfläche zu.

Der Gesang wurde lebhafter. Aber trotzdem hing jeder seinen eigenen Gedanken nach. Mit dem Leben in den Gräben war es nun aus. Nun würden wir, so hatte man uns gesagt, im Bewegungskampf zum Gegenangriff ansetzen. Und dies im Gebirge. Endlich! Wir hatten unter uns vom Krieg in den Bergen immer als von einer Art privilegierter Ruhe gesprochen. Also sollten auch wir endlich Bäume, Wälder und Quellen sehen, Täler und stille Winkel, die uns mit großem, schattigem Frieden umfangen würden. Die schreckliche, nackte Steinwüste des Karstes würden wir vergessen können, die Öde, in der es keinen Tropfen Wasser gab und keinen Grashalm, die immer und überall gleichförmig war, die nirgendwo natürlichen Schutz bot, nur da und dort ein Loch, die Dolinen, die wie magnetisch die schweren Brocken der Artillerie anzogen. Wie oft waren wir in grausigem Durcheinander in diese Löcher gestürzt, Menschen und Maultiere, Lebende und Tote. Nun würden wir uns endlich in Stunden der Muße niederlegen und ausstrecken können, in der Sonne dösen, hinter einem Baum schlafen, ohne gesehen und von einer Kugel im Bein geweckt zu werden. Von den Gipfeln der Berge aus würden wir endlich Horizonte und Landschaften bewundern können und nicht immerfort nur Grabenwände und das Gewirr der Drahtverhaue anstarren müssen. Endlich würden wir erlöst sein von dem elenden Leben, das man fünfzig oder zehn Meter vom feindlichen Graben entfernt lebt, in einer grausamen Nachbarschaft mit sich ständig wiederholenden Nahkämpfen, mit Bajonettangriffen, krepierenden Handgranaten und dem Gewehrfeuer von einer Schießscharte zur anderen. Wir würden nun nicht mehr einer den anderen töten, Tag für Tag, ohne Spur von Haß. Der Bewegungskrieg, das würde etwas anderes sein. Kluges Manövrieren, zweihunderttausend, dreihunderttausend Gefangene, einfach so, an einem einzigen Tag, ohne schreckliches Massenabschlachten, nur dank einer genialen strategischen Zangenbewegung. Und wer weiß, vielleicht brachte eine derartige Operation den Sieg, der den Krieg beenden würde.

Er hatte nur einen Nachteil, der Bewegungskrieg: daß man marschieren mußte, immerzu marschieren.

Ein Kavallerieregiment kreuzte unseren Weg; wir mußten stehenbleiben, um es vorüberziehen zu lassen. Sie hatten es gut, sie durften reiten. Wir merkten jedoch bald, daß auch sie todmüde waren.

„Schaut euch den Krieg der feinen Herren an!“ riefen die Soldaten den gebeugt in den Sätteln hängenden *Lancieri zu.* Diese riefen zurück:

„Seid froh, daß ihr marschieren könnt! Wir sind immer zu Pferd, immer! Niemals auf den eigenen Beinen. Und wir müssen erst für uns sorgen und dann auch noch für die Pferde. Was für ein Leben!“

Das Kavallerieregiment war vorbeigezogen. Die Kompanie begann wieder zu singen.

Die Straße war nun mit Flüchtlingen verstopft. Keine lebende Seele war auf der Hochebene von Asiago geblieben. Die Bevölkerung der *Sieben Gemeinden* ergoß sich in allgemeinem Wirrwarr talwärts. Auf Ochsenkarren saßen Greise, Frauen und Kinder; Maultiere schleppten das bißchen Hausrat, das man aus den überstürzt dem Feind überlassenen Häusern gerettet hatte. Die Bauern, die ihre Äcker verlassen hatten, waren wie Schiffbrüchige. Keiner weinte, aber ihre Augen waren leer und hohl. Es war ein trauriger Zug. Die schwerfälligen, langsamen Karren glichen einem Leichenzug.

Unsere Kolonne hörte auf zu singen und marschierte schweigend weiter. Es war nichts zu hören außer unserem Marschtritt und dem Kreischen der Räder.

Dieses Schauspiel war neu für uns. Im Karst waren wir die Angreifer gewesen, und die Bauern, die vor unserem Vormarsch flüchteten und ihre Häuser im Stich ließen, waren Slawen. Wir hatten keinen von ihnen zu Gesicht bekommen.

Nun kam ein Wagen, der länger war als die anderen. Auf zwei Strohsäcken kauerten eine alte Frau, eine junge Mutter und zwei Kinder. Vorne saß ein alter Bauer, mit baumelnden Beinen, die Leitseile des Ochsengespanns fest in der Hand. Er hielt die Tiere an und bat einen Soldaten um Tabak für seine Pfeife.

„Da, Großvater, raucht!" rief ihm der an der Spitze marschierende Korporal zu und drückte ihm, ohne stehenzubleiben, seinen ganzen Tabakvorrat in die Hand.

Die Soldaten folgten seinem Beispiel. Verdutzt schaute der Alte, die Hände voller Tabakpäckchen und Zigarren, auf so viel unerhofften Reichtum. Die Kolonne marschierte schweigend weiter. Als wäre allen ein Befehl erteilt worden, warfen auch die nachfolgenden Soldaten ihren Tabak auf den Wagen. Verwirrt fragte der Alte:

„Und was werdet ihr nun rauchen, Kinder?"

Die Frage zerriß die Stille. Ein Soldat stimmte, als sollte dies die Antwort sein, ein heiteres Liedchen aus dem Marschrepertoire an, und die Kompanie fiel im Chor ein. Ich behielt unverwandt *zio* Francesco im Auge, der mir zunächst marschierte. Er war der älteste Soldat der Kompanie, er hatte schon den libyschen Krieg mitgemacht. Die Kameraden nannten ihn *zio* Francesco, einmal, weil er der Älteste war, zum andern, weil er zu Hause fünf Kinder hatte. Er marschierte im Schritt, dem Rhythmus des Liedes folgend, und sang wie die andern mit lauter Stimme. Sein Tritt war schwer unter dem Gewicht des Tornisters. In seinem Gesicht war keine Spur von Freude zu entdekken. Die heiteren Worte des Liedes kamen wie etwas Fremdartiges über seine Lippen. *Zio* Francesco war eine Sache, sein Gesang eine andere. Den Kopf gebeugt, den Blick starr auf den Boden gerichtet, schien er irgendwo weit weg zu sein, fern dem Marsch, fern den Kameraden.

„Öffnen!" riefen einige aus der Mitte der Kompanie, „Platz! Der Herr Oberst kommt!"

Ich wandte mich um. Der Oberst ritt, gefolgt vom Adjutanten, mitten durch die Kolonne. Wir hatten die Reihen schon auseinandergezogen, um den Zug der Flüchtlinge durchzulassen. Auf der Straße war nicht viel freier Raum. So rückten wir noch dichter an den Straßenrand, doch war der Oberst gleichwohl gezwungen, im Schritt zu reiten, damit das Pferd nicht die Fuhrwerke oder die Soldaten streifte.

Als der Oberst auf meiner Höhe angekommen war, sagte er, daß er froh sei, die Soldaten in so heiterer Stimmung zu sehen. Er gab mir zwanzig Lire, die ich unter den Sängern verteilen sollte. Als er eben weiterreiten wollte, bemerkte er *zio* Francesco; das Alter, die Stimme und die Haltung des Mannes hatten seine Aufmerksamkeit erregt.

Er fragte mich, wer dieser Soldat sei. Ich antwortete, er sei ein Bauer, irgendwoher aus dem Süden, und fügte noch einige Belanglosigkeiten hinzu.

„Ein guter Soldat?" forschte der Oberst.

„Ein ausgezeichneter."

„Da haben Sie noch fünf Lire, für ihn; nur für ihn."

Zio Francesco merkte, daß von ihm geredet wurde. Er hob die

Augen; ohne eine Miene zu verziehen, marschierte er singend weiter. Der Oberst schlug ihm mit der Hand auf die Schulter und entfernte sich. Die Kunde über das Geschenk verbreitete sich im Nu, und der Gesang wurde lebhafter.

„O pescator di Londra ...“, stimmte der Vorsänger an.

„Bionda, mia bella bionda ...“, sang der Chor.

Mit gesenktem Kopf und lauter Stimme sang *zio* Francesco weiter. Die Flüchtlinge auf den Karren schauten teilnahmslos durch uns hindurch. Das Kreischen der Räder im Schotter ergab eine jammervolle Begleitung zum fröhlichen Gesang.

Vor der Abenddämmerung ereichten wir unser Ziel.

Der Tag war noch warm. Die Soldaten warfen sich außerhalb der Zelte ins Gras. Sie ruhten aus. Die müdesten schoben die Arme unter den Nacken, lagen langgestreckt, ohne sich zu rühren, und schauten in den im Abendrot erglühenden Himmel. Andere redeten mit leiser Stimme. Ein paar sangen die klagenden Lieder ihrer Heimatdörfer. Nur die Wachen schritten ihre Runden um das Lager.

Als der Feldwebel einen Korb voller Weinflaschen und Tabak brachte, kam wieder Leben in die Reihen. Er hatte die zwanzig Lire bis auf den letzten Centesimo ausgegeben. Im Krieg denkt man nicht an morgen. Die Flaschen gingen von Hand zu Hand.

„Auf das Wohl des Obersten!“

„Auf das Wohl des Obersten!“

Nur eine jugendliche Stimme hob sich feindselig von den andern ab: „Auf das Wohl der Hure, die seine Mutter war!“

Die Kameraden protestierten.

„Möchtest du etwa, daß der Oberst dir statt des Weins zwei Kugeln in den Bauch jagt?“

Ungesehen beobachtete ich die Szene. Der Soldat antwortete nicht; er blieb liegen und wollte auch nicht trinken. Ich erkannte ihn. Sicherlich hatte er mit dem Obersten nie auch nur das geringste zu tun gehabt.

Nach und nach wurden die Stimmen wieder leiser. Nun war *zio* Francesco am Wort; er sprach ernst, wie ein Patriarch. Die andern hörten ihm zu und rauchten dabei.

„In meinem ganzen Leben habe ich noch nicht fünf Lire auf einmal verdient, niemals. Nicht einmal in einer Woche habe ich fünf Lire verdient. Ja, manchmal, zur Zeit des Kornschneidens, wenn man im Akkord arbeitete, vom ersten Licht des Tages bis zur Abenddämmerung, ununterbrochen."

Ich entfernte mich. Es war Zeit, zum Essen ins Offizierskasino zu gehen.

[3]

Am Rand der Hochebene, in tausend Meter Höhe, herrschte ein heilloses Durcheinander. Wir kamen am 5. Juni durch das Frenzelatal dort an. Wir waren von Valstagna aufgebrochen und hatten aus Sicherheitsgründen eine Vorhut vorausmarschieren lassen; es bestand nämlich überhaupt keine Klarheit darüber, wo die Unsern und wo die Österreicher standen. Das Regiment bezog Stellung zwischen den Hängen von Stoccaredo und der Straße Gallio-Foza. Mein Bataillon lag in Buso, einem winzigen Nest, das vor dem Ausgang des Frenzelatals liegt. Die vorgeschobenen Posten wurden, wie der Zufall es wollte, im Becken gegen Ronchi hin aufgestellt, an jenen Wegen, die von den feindlichen Vorhuten benutzt werden konnten. Das wenige, das wir wußten, war, daß die Österreicher das Assatal durchquert und Asiago eingenommen hatten und daß sie nun fächerförmig bereits diesseits von Gallio vorwärts drängten. Zwischen ihnen und uns, erfuhr ich, befanden sich noch ein paar versprengte italienische Einheiten. Eines stand fest: Der Feind nützte den Erfolg kühn aus. Im Becken von Asiago wurden zahlreiche Feldbatterien bei hellichtem Tag hin und her verschoben. Die von den Unsern zerstörte Brücke über die Assa war von den Österreichern innerhalb weniger Tage wiederaufgebaut worden. Unsere ganze Artillerie war dem Feind in die Hände gefallen. Wir hatten nicht ein einziges Geschütz auf der ganzen Hochebene. Nur von Fort Lisser, einer alten, bereits 1915 geschleiften Festung, feuerten zwei 149er-Geschütze. Sie schossen regelmäßig auf die Unsern. Glücklicherweise waren sehr viele Granaten Blindgänger; so hatten wir keine Verluste. Einige Tage danach erhielt jenes Fort von unseren Frontberichterstattern den Ehrentitel *Löwe der Hochebene.*

Der Bataillonskommandant schickte mich mit einem Zug in die Gegend von Stoccaredo. Ich hatte den Auftrag, zu der einen oder anderen Einheit unserer Armee, die sich dort oben herumtreiben mochte, Verbindung herzustellen und den Feind zu erkunden.Da ich befürchten mußte, in die Hände der Österreicher zu fallen, hatte ich um eine ganze Kompanie gebeten. Der Major wollte mir dagegen nur einen Halbzug mitgeben. Schließlich einigten wir uns auf eine mittlere Lösung, und ich erhielt einen ganzen Zug.

Die Sonne war schon untergegangen, als ich nördlich von Stoccaredo auf ein Bataillon des Infanterieregiments 301 stieß. Es wurde von einem Oberstleutnant um die Fünfzig kommandiert, den ich im Freien antraf, an einem roh aus Ästen gezimmerten Tischchen sitzend, eine Flasche Kognak in der Hand. Er bot mir ein Gläschen an.

„Vielen Dank", sagte ich, „ich trinke keinen Schnaps." – „Sie trinken keinen Schnaps?" fragte der Oberstleutnant besorgt. Er holte ein Notizbuch aus der Tasche des Uniformrockes und trug ein: „Oberleutnant, Abstinenzler in Schnaps, kennengelernt. 5. Juni 1916." Er ließ mich meinen Namen wiederholen, den ich ihm schon bei der Vorstellung gesagt hatte, und ergänzte die Eintragung. Um keine Zeit zu verlieren, sagte ich ihm gleich, welcher dienstliche Auftrag mich zu ihm geführt hatte. Er wollte jedoch, ehe er antwortete, einige Details über mein Leben und mein Studium erfahren. Ich sagte ihm, daß ich Reserveoffizier sei und daß ich die Universität bei Kriegsausbruch verlassen hätte. Was ihn jedoch am meisten beschäftigte, war die Frage des Schnapses.

„Sollten Sie am Ende irgendeiner religiösen Sekte angehören?" forschte er.

„Nein", antwortete ich lachend, „weshalb sollte ich?"

„Seltsam, außerordentlich seltsam. Und Wein? Trinken Sie Wein?"

„Ein wenig, bei Tisch, so beim Essen."

Ich fragte wieder nach den Stellungen des Feindes und nach den unsern. Der Oberstleutnant aber hatte es nicht eilig. Er trank wieder ein Gläschen, dann begleitete er mich, sehr langsam, zu einem etwa fünfzig Meter weiter vorn liegenden Beobachtungsstand; dabei behielt er Flasche und Glas fest in der Hand. Er tat dies bestimmt aus reiner Zerstreutheit, denn am Beobachtungsstand trank er keinen Schluck.

Vom Beobachtungsstand aus hatte man noch einen deutlichen Überblick, denn die letzten Strahlen der Sonne gaben genügend Licht. Ganz hinten, im Norden, etwa dreißig Kilometer in der Luftlinie, die Höhe 12; gegenüber die Bergkette, aus welcher der Monte Zebio emporragte, die Kämme von Gallio und ganz rechts, alle andern Gipfel überragend, der Monte Fior. Zwischen uns und den Gipfeln das Becken von Asiago; tiefer, direkt zu unseren Füßen, das kleinere Becken von Ronchi.

„Wo sind die Österreicher also?" fragte ich.

„Oh, das weiß ich nicht. Das weiß kein Mensch. Sie sind irgendwo uns gegenüber. Sie könnten aber von einem Augenblick zum andern auch in unserm Rücken stehen. Dies hängt von den Umständen ab. Gewiß ist nur, daß sie überall sind und daß es hier außer meinem Bataillon keine italienischen Truppen mehr gibt."

Ich erkundigte mich nach den Verhältnissen auf dem höchsten Berg, den er mir als Monte Fior bezeichnet hatte. „Dort sind noch die Unsern. Das steht fest. Die Österreicher sind noch nicht dorthin gekommen. Der Berg ist zweitausend Meter hoch. Deshalb nennen ihn unsere Kommandostellen den *Schlüssel zur Hochebene*."

Der Oberstleutnant erläuterte mir die Positionen, wobei er die Kognakflasche an Stelle des Zeigefingers benützte. Immer wieder führte er die Flasche zum Gläschen, als wollte er sich einschenken, doch brach er die Bewegung jedesmal rechtzeitig wieder ab, und das Glas blieb leer.

„Auf diesem *Schlüssel* hat die Führung, um ihn nicht zu verlieren, an die zwanzig Bataillone versammelt. Aber da, wo die Tür ist, sind wir, alle zusammengenommen, nicht mehr als vier Katzen. Das Ganze ist natürlich eine enorme Dummheit. Aber in den Lehrbüchern steht geschrieben, daß man dem Feind den Durchmarsch durch ein Tal verwehren kann, wenn man die das Tal beherrschende Höhe besetzt hält. Sehen Sie da unten den Ausgang des Frenzelatals, da unter uns? Von da bis zum Monte Fior werden es etwa vier oder fünf Kilometer Luftlinie sein. Wenn die Österreicher hier am Talausgang durchbrechen, bei der Tür also, dann können sie eine ganze Armee durchschleusen. Und der *Schlüssel* bleibt an der Wand hängen. Trinken Sie? Wie? Wirklich nicht?"

„Ich habe den Eindruck, daß die Österreicher – wenn wir dort oben zwanzig Bataillone haben – hier wirklich nicht durchkommen werden."

„Und wie sollten unsere Bataillone dort oben dies verhindern? Mit der Artillerie? Aber sie haben doch kein einziges Geschütz und werden auch nie eines haben, weil es keine geeigneten Wege gibt. Maschinengewehre und Karabiner sind bei solchen Entfernungen nutzlose Waffen. Und weiter? Nichts weiter. Denn wenn man auf unserer Seite auch dumm ist, so ist damit nicht gesagt, daß die feindlichen Stäbe intelligenter sind. Die Kriegskunst ist für alle gleich. Sie werden sehen, daß die Österreicher den Monte Fior angreifen werden, mit vierzig Bataillonen, wenn es sein muß, und völlig sinnlos. Und dann werden wir gleichgezogen haben. Das ist Kriegskunst."

Das Gespräch interessierte mich, doch brach die Nacht herein, und ich wollte den Rückweg nicht in völliger Dunkelheit machen. Auf der ausgebreiteten Landkarte bemühte ich mich die Orientierungspunkte festzuhalten.

„Sie trinken also nicht?"

Der Oberstleutnant verließ den Beobachtungsstand und sagte in spöttischem Ton:

„Verlassen Sie sich nicht auf Landkarten. Sonst kann es Ihnen passieren, daß Sie Ihr Regiment nicht mehr finden. Glauben Sie mir, einem alten Berufsoffizier. Ich habe den ganzen Afrikafeldzug mitgemacht. Bei Adua sind wir besiegt worden, weil wir Landkarten hatten. Dank diesen Landkarten sind wir nach Westen geraten, anstatt nach Osten anzugreifen. Das ist so, als griffe man Venedig an, obwohl man auf Verona vorstoßen sollte. Im Gebirge sind

Karten nur für jene lesbar, die die Gegend kennen, weil sie da geboren und aufgewachsen sind. Aber diejenigen, die das Terrain ohnehin kennen, brauchen die Karten nicht."

Wir gingen zurück zum Bataillonsgefechtsstand. Er setzte sich wieder zu dem Tischchen aus Ästen und trank nacheinander zwei Gläschen, das erste auf mein Wohl, das zweite auf das seine. Ich dankte ihm. Dann machte ich mich an der Spitze des Zuges, der auf mich gewartet hatte, wieder auf den Weg zurück zum Regiment.

Die Theorien des Oberstleutnants waren offensichtlich nicht ganz aus der Luft gegriffen. An jenem Abend verirrte ich mich auf dem Rückweg. Das wäre nicht geschehen, wenn ich einfach den Hinweg zurückgegangen wäre. Doch war es schon spät, und ich suchte eine Abkürzung, da mir die Landstraße nach Buso zu lang erschien. Der Weg, für den ich mich entschieden hatte, führte zur Gänze durch den Wald, und dort war es schon recht finster. In der Nähe einer Wegkreuzung, in einem hügeligen und mit Unterholz bestandenen Gelände, empfing uns eine Gewehrsalve. Zu spät bemerkte ich nun, daß wir nach links geraten waren, statt uns nach rechts in Richtung auf das Frenzelatal zu halten.

„Nieder!" schrie ich. „Nach rechts halten und hinlegen!" Der Zug warf sich zu Boden; mühsam krochen wir voran. Wir lagen zwar unter Beschuß, doch geschützt vom Gelände und vom dichten Wald. Das Niederholz deckte uns vollkommen.

„Verdammte Ungarn", fluchte der Unteroffizier, der an meiner Seite war. „Sie haben mir ein Loch in den Arm geschossen."

„Ungarn?" murmelte ich.

„Ja, Herr Oberleutnant. Ich hab' einen gesehen, stehend. Er hat den *Klee* auf der Hose."

„Sie irren", sagte ich, „es sind Bosniaken."

Beim Divisionskommando hatte man uns nämlich gesagt, die feindliche Vorhut bestehe aus bosnischen Truppen. Die Bosniaken trugen keinen *Klee* an der Uniform.

Der Zug lag bäuchlings hingestreckt und feuerte ruhig und ohne Hast. Der Unteroffizier verband sich den verletzten Arm. Ein Soldat half ihm dabei. Die zahlenmäßige Überlegenheit der Truppe, die uns gegenüberlag, war offensichtlich. Nach dem Feuer zu schließen, mußte es sich wenigstens um eine Kompanie handeln. Hätte sie uns angegriffen, wären wir glatt erdrückt worden. Ich ließ die Bajonette aufpflanzen und durchsagen, die Soldaten sollten sich zum Gegenangriff bereit halten.

Gleichwohl war ich besorgt. Mein Befehl lautete, mir gegen den linken Flügel hin Klarheit über die zu verschaffen, und nicht, mich in Gefechte einzulassen. Der Zug war als Begleitschutz gegen überraschend auftauchende feindliche Patrouillen gedacht und war keine Einheit, die imstande gewesen wäre, in einem Zusammenstoß mit einer solchen Übermacht zu bestehen. Ich beschloß also den Rückzug.

Das feindliche Feuer war nach der ersten Nervosität dünner geworden. Es fielen nur noch vereinzelte Schüsse. Um den Lärm, den wir beim Absetzen machen mußten, zu tarnen, befahl ich, eine Handgranate zu werfen. Der mir zunächst stehende Soldat machte die Granate in aller Ruhe scharf, kontrollierte, sie in der Hand haltend, das Funktionieren der Zündung, dann schnellte er empor und warf die Granate hoch, sodaß ihr Flug nicht vom Geäst der Bäume behindert werden konnte.

Die Handgranate explodierte exakt im Fallen, mit einem Krachen, das sich im Wald noch schauerlicher ausnahm. Die Splitter wirbelten durch die Nacht, fauchend und pfeifend, wie das Miauen vieler Katzen. Es war unser erster Handgranatenwurf auf der Hochebene. Für einen Augenblick war es still. Dann erhob sich aus der feindlichen Linie eine sonore Stimme, italienisch:

„Hol euch der Teufel!“

Das Feuer nahm wieder an Heftigkeit zu. Uns gegenüber stieg eine Leuchtkugel sehr hoch in den Nachthimmel und erhellte den Wald und das ganze Tal von Ronchi. Wir steckten die Nasen ins Gras und machten uns dünn wie Laub.

„Vielleicht“, dachte ich, „hat der Unteroffizier recht. Das müssen Ungarn von der Adriaküste sein. Die Bosniaken sprechen sicherlich kein Italienisch.“

Der Rückzug wurde in Gruppen durchgeführt; wer an der Reihe war, setzte sich rückwärts ab, das Ganze sehr langsam, damit nicht der Kontakt untereinander verlorenging. Es herrschte nunmehr pechschwarze Nacht, und es war schwierig, sich einigermaßen geordnet fortzubewegen.

Wir benötigten mehr als eine Stunde, ehe wir uns, außer Schußweite, weiter hinten in Sicherheit sammeln konnten. Die vierte Gruppe hatte sich als letzte abgesetzt. Sie brachte einen Gefangenen mit. Im Lichtschein der Leuchtkugel war ein einzelner Mann, der sich zwischen uns und dem Feind befunden hatte, mit erhobenen Händen auf uns zugekommen. Die Gruppe hatte ihn beobachtet und ihn, kaum daß die Leuchtkugel abgebrannt war, gefangengenommen. Ein Gefangener war genau das, was wir brauchten, um einiges über den Feind zu erfahren. Ich war glücklich.

„Ich werde dafür sorgen, daß ihr eine Belohnung bekommt", sagte ich zum Korporal der vierten Gruppe.

Der Gefangene, der ohne Waffen war, stand, von zwei Soldaten an den Armen festgehalten, inmitten der Gruppe. Niemand sprach ein Wort, weder der Gefangene noch die andern. Jeder war von der Nutzlosigkeit einer Konversation in einer fremden Sprache überzeugt. Es ergab sich jedoch auch so, im Dunkeln und im Schweigen, jene eigenartige Form von Sympathie, die sich stets unter solchen Umständen einzustellen pflegt. Die Sieger wollen den Besiegten auf die eine oder die andere Art ihre Großmut beweisen, die Besiegten akzeptieren die Gesten der Güte, um nicht überheblich zu erscheinen. Der Gefangene aß also die Schokolade, die ihm die Soldaten zugesteckt hatten, und als ich, da wir in Sicherheit waren, das Rauchen erlaubte, rauchte auch er eine ihm angebotcne Zigarette. Ich ordnete einen Appell an, um mich zu vergewissern, daß keiner, verwundet oder versprengt, zurückgeblieben sei, und knipste die Taschenlampe an.

„Der ist ja von unserm Regiment!" rief der Unteroffizier, der gerade den Verband am Arm in Ordnung brachte und zwischen mir und dem Gefangenen stand.

„Wer ist von unserm Regiment?" fragte ich zerstreut.

„Teufel, Teufel, Teufel", murmelte der Korporal der vierten Gruppe.

Der Schein der Taschenlampe traf das Gesicht des Gefangenen: Verblüfft, mit geweiteten Pupillen, starrte er uns an. Die Zigarette war ihm aus dem Mund gefallen. Er trug unsere Uniform. Auf der Kappe die Nummer unseres Regiments: 399; die Aufschläge unserer Brigade und auf den Schulterklappen die Nummer der Kompanie, der neunten, die zu unserem Bataillon gehörte.

„Wie heißt du?“ fragte ich.

„Marrasi Giuseppe“, antwortete er zerknirscht.

Ich fragte nach dem Namen des Kompaniechefs und dem des Zugsführers, und er nannte sie. Es waren die Namen meiner Bataillonskameraden.

„Wie hast du's angestellt, daß du so mitten unter uns geraten bist?“

„Ich habe mich verirrt.“

„Hat also die neunte Kompanie auf uns geschossen?“

„Jawohl, Herr Oberleutnant.“

Nach dem Appell setzten wir unsern Weg fort, diesmal über die Landstraße. Der Soldat der neunten Kompanie unterhielt sich mit den Kameraden.

„Das ist dir danebengegangen, was?“

„Du meintest wohl, der Krieg wäre für dich vorbei, du Hundesohn. Gib zu, daß du ein Auge hergeben würdest, wenn wir Österreicher wären?“

Marrasi protestierte.

„Aber nein, aber nein, ich sag' euch doch ...“

„Ein solcher Saumagen. Frißt meine Schokolade wie ein richtiger Österreicher. Die wirst du mir zurückgeben.“

[4]

Das Bataillon lag vier Tage lang zwischen Buso und der Straße Gallio-Foza, immer in Berührung mit den feindlichen Vorhuten. Die Österreicher waren gegenüber dem Eingang zum Frenzelatal stehengeblieben und zogen nun alle Kräfte gegen den Monte Fior zusammen. Zu dessen Verteidigung waren vorwiegend Alpinibataillone eingesetzt: das Bataillon *Val Maira,* das Bataillon *Sieben Gemeinden,* das Bataillon *Bassano* und andere, deren Namen mir entfallen sind. Es waren durchwegs Bataillone, deren Angehörige aus dem oberen Veneto stammten. Sie kämpften also zu Hause. Außerdem standen da ein Infanterieregiment und ein paar zugeteilte Bataillone. Auch das erste und das zweite Bataillon unseres Regiments waren eiligst an die Kampflinie geworfen worden. Mein Bataillon stieg als letztes auf, nachdem es von anderen Einheiten, die durch das Frenzelatal nachgerückt waren, abgelöst worden war. Der Bataillonsadjutant war schwer verwundet worden. Ich hatte bis dahin die zehnte Kompanie geführt und wurde nun zum Bataillonsadjutanten ernannt.

Bald nach Mitternacht brachen wir von Foza auf. Der Brigadekommandant verabschiedete sich persönlich von uns. In ein paar Tagen wollte er uns oben wieder treffen. Einer seiner Söhne kämpfte in einem Alpinibataillon.

Wir stiegen auf, in Schützenreihe, über einen holprigen, steinigen Steig. Der Kampflärm um den Monte Fior drang nicht bis zu uns. Der Wind trug ihn nach links, gegen das Assatal hin. In der Stille der Nacht hörte man nichts als unsere Schritte und den metallischen Schlag der Stahlspitzen unserer Bergstöcke. Hin und wieder huschte der milchige Lichtschein einer Leuchtkugel über uns hinweg. Von der anderen Seite, zur Rechten, von den Hängen des Monte Tonderecar, drang das ferne Geheul der Füchse herüber, ein heiseres Winseln, das wie bösartiges Gelächter klang.

Der gewundene Steig führte auf die Lora-Alm, eine kleine, baumlose, aber grasreiche Mulde, die sich unter den Gipfeln des Monte Fior auftat. Den oberen Rand der Mulde bildeten die Kämme des Monte Fior, die gegen den Monte Tonderecar hin abfielen. Die Spitze des Bataillons erreichte die Höhe im ersten Morgengrauen, als eben eine Kolonne mit Verwundeten den Abstieg begann; sie waren auf der Alm versorgt und auf Bahren gelegt worden. Die Mulde öffnete sich vor uns in saftigem Grün: eine friedliche Oase, da und dort, zwischen Gesträuch und Gestein, noch ein paar Schneeflecken. Der Major wollte das Bataillon, das allmählich aufschloß, wieder sammeln und neu gliedern.

Das Gewehrfeuer war nun deutlich zu vernehmen. Der Gipfel des Monte Fior war nur ein paar hundert Meter von uns entfernt, wir konnten ihn jedoch, da wir zu nahe am Hang waren, nicht sehen. Es fielen nur vereinzelt Schüsse. Der Major hatte eine große Landkarte auf dem Boden ausgebreitet, und rauchend studierte er sie. Plötzlich begannen zwei Maschinengewehre von der Höhe her auf uns zu schießen. Der Major ließ die Karte liegen und stürzte an die Spitze des Bataillons, um es in gedecktes Gelände zurückzuführen. Im Nu zerstreuten wir uns und verschwanden hinter den Felsen.

Nach der ersten Überraschung überdachten wir die Lage. Es stand fest, daß der Feind den Zugang zur Alm in seine Hand gebracht hatte. Offensichtlich hatte er während der Nacht eine der höchsten Erhebungen besetzt und dort Maschinengewehre in Stellung gebracht. Aber links und rechts davon waren alle Positionen noch in unserem Besitz, andernfalls hätte sich auf der Alm niemand mehr halten können. Dort aber befanden sich nach wie vor das Kommando der Alpinitruppen, das Abschnittskommando und die Verbandsplätze, von denen die Verwundeten kamen.

Auch die Kolonne der Verwundeten hatte Deckung suchen müssen.

„Nehmen Sie zwei Meldegänger“, sagte der Major zu mir, „gehen Sie auf die Alm, und versuchen Sie zu erfragen, was während der Nacht dort passiert ist. Sagen Sie dem Alpinikommando, daß wir da sind und daß wir Befehle erwarten.“

Der Major würzte die paar Worte mit etlichen Flüchen. Er war ein Toskaner aus Florenz und fluchte Tag und Nacht. War er erregt, verschwendete er, ohne hauszuhalten, den ganzen reichen Sprachschatz von Lung'Arno.

Mit den beiden Meldegängern überwand ich im Laufschritt das von den Maschinengewehren bestrichene Terrain; nach ein paar Minuten waren wir wieder in Deckung. Der Befehlsstand der Alpinitruppen war am Ende der Alm, an den Abhang geklebt, zu sehen. Unweit davon wehte über einer Holzhütte, die im Sommer als Stall für weidende Kühe diente, die Rotkreuzfahne des Verbandsplatzes. Ich wandte mich dorthin. Der Stall und der ihn umgebende Platz waren überfüllt mit Verwundeten, die darauf warteten, nach Foza gebracht zu werden. Ununterbrochen kamen neue Verwundete von den Höhen. Ich fragte nach dem Alpinikommandanten. Man wies mich an einen in der Nähe stehenden Offizier, der, in den weiten Ordonnanzmantel gehüllt, unverwandt auf die Höhen über der Alm starrte.

Ich stellte mich vor. Er hatte den Stahlhelm auf, und sein Rang war nicht zu erkennen. Während er mir die Hand reichte, wurden jedoch die Tressen am Rockärmel sichtbar. Er war Oberst. Er hörte mich an, äußerlich ruhig, trotz der Nachrichten, die er von allen Seiten erhielt, und obgleich man seinem Gesicht ansah, daß er viele Nächte lang nicht geschlafen hatte. Neben ihm stand ein Hauptmann und schrieb; der hob nicht einmal den Blick. „Wir sind übel zugerichtet und haben nicht genügend Kräfte, um Widerstand zu leisten. Wir haben keine Artillerie, außer jener von Fort Lisser, zehn Kilometer weiter hinten, und die hat mir schon einen Offizier und einige Soldaten getötet. Wir haben keine Maschinengewehre. Die feindliche Artillerie hat alle außer Gefecht gesetzt.“

Der Oberst machte eine verzweifelte Geste. Er brachte eine bis dahin vom Mantel verborgene Feldflasche aus weißem Metall zum Vorschein, beobachtete sie aufmerksam, als wollte er sich vergewissern, daß es noch immer die alte sei, und trank einen Schluck. Dann sagte er: „Heute nacht sind wir dort oben im kleinen Sattel von überlegenen Kräften angegriffen worden. Eine ganze Kompanie wurde aufgerieben. Es war eine Kompanie Ihres Regiments, die vierte. Kein einziger Offizier ist mehr am Leben. Die Kompanie war dort als Ersatz für eines meiner Bataillone eingerückt, das gestern vernichtet worden ist, am Nachmittag. Berichten Sie das Ihrem Kommando."

„Zu Befehl, Herr Oberst!"

Der Oberst suchte wieder die Feldflasche und tat einen tiefen Schluck. „Sagen Sie Ihrem Bataillonskommandanten, er soll den Sattel angreifen. Er soll das von den Maschinengewehren bestrichene Terrain meiden und sich weiter rechts halten. Er hat den Auftrag, den Sattel zu erobern. Ist Ihr Bataillon in Ordnung?"

„In Ordnung."

„Zu allem bereit?"

„Zu allem."

Der Oberst hielt die Feldflasche noch immer in der Hand. Er bot mir zu trinken an.

„Sagen Sie Ihrem Kommandanten, daß Sie mich hier angetroffen haben, daß Sie hier Oberst Stringari, den Kommandanten der Alpinitruppen, angetroffen haben – zum Sterben entschlossen."

„Zu Befehl, Herr Oberst."

„Und sagen Sie ihm, daß wir alle sterben müssen hier. Alle müssen wir sterben. Dies ist unsere Pflicht. Sagen Sie's ihm! Haben Sie verstanden?"

„Zu Befehl, Herr Oberst."

Ich stieg eiligst ab und berichtete dem Major. Als ich ihm sagte, wir müßten alle sterben, entfesselte ich ein Gewitter von Flüchen.

„Sterben? Alle? Wenn er unbedingt will, soll er anfangen damit. Das ist seine Angelegenheit. Er soll nur ... Was uns anlangt, geht es ums Leben, nicht ums Sterben. Denn wenn wir alle sterben, steigen die Österreicher nach Bassano ab, gemütlich die Pfeifen rauchend. Also, wir sollen den Sattel dort angreifen?“

„Ja, den Sattel.“

„Gib etwas zum Trinken her!“ schrie der Major den Burschen an. Dieser reichte ihm die Feldflasche mit dem Kognak. Der Angriff auf den Sattel war kein leichtes Unternehmen. Der Major war zwar nervös, doch verstand er es, sein Bataillon zu führen. Vielleicht würden wir es schaffen.

Das Bataillon hatte sich wieder gesammelt. Die Kompanien waren angetreten. Der Major schickte Oberleutnant Santini von der neunten Kompanie aus, mit seinem Zug das Gelände zu erkunden. Wir sollten, meinte er, einen längeren Weg wählen, um dann den Sattel von einer günstigeren Höhenposition aus, auf der Rechten, angreifen zu können. Vom Frontalangriff aus der Tiefe hielt er nichts.

Während die Kompanien sich in Bewegung setzten, kam uns ein Alpinileutnant von der Lora-Alm entgegen. Er überbrachte einen schriftlichen Befehl. Der Oberst ordnete den Abbruch der Aktion gegen den Sattel an; das Bataillon sollte statt dessen so rasch wie möglich Stellung auf dem Monte Spill gegenüber dem Monte Fior beziehen. Dies war eine ganz andere Operation, denn der Sattel lag rechts von der Lora-Alm, der Monte Spill links davon. Der Major wollte weitere Aufklärungen. Der Leutnant sagte, der Oberst fürchte, die Österreicher könnten jeden Augenblick unsere Stellungen auf dem Monte Fior niederkämpfen und dann weiter vorwärts drücken. Das Bataillon *Bassano* habe unmittelbar nach meinem Gespräch mit dem Obersten die Stellung aufgeben müssen, nachdem es bis auf vierzig Mann zusammengeschossen worden sei; es gelte nun, an der heikelsten Stelle in die Bresche zu springen.

Trotz der Anwesenheit des Alpinioffiziers fluchte der Major über Befehl und Gegenbefehl. Gleichwohl dirigierte er das Bataillon sofort in Richtung auf den Monte Spill um.

Der Major war an jenem Tag nervöser als gewöhnlich. Jeden Augenblick erkundigte er sich, ob das Maultier mit den Kisten des Bataillonskommandos noch nicht eingetroffen sei. Aber das Maultier kam nicht. Die Kisten waren völlig nutzlos. Die Ungeduld des

Majors mußte also eine andere Ursache haben. Es fiel mir nicht schwer dahinterzukommen, daß es die Kiste mit seinen persönlichen Habseligkeiten war, auf die er wartete, und nicht das Gepäck des Kommandos. Ich und ein paar andere im Bataillon wußten, daß der Major, wenn ein Gefecht bevorstand, einen Brustpanzer anzulegen pflegte. Da er sich beim Marschieren nicht belasten wollte, hatte er in beim Train gelassen. Sicherlich war er in seinem privaten Gepäck verwahrt. Mit beiden Händen tastete der Major immer wieder die Brust ab: Aber der Panzer war nicht da. Der Major war an die Gefahren des Krieges gewöhnt. Er hatte auch den libyschen Krieg mitgemacht, vermutlich ohne Panzer. Aber der Panzer war für ihn zur fixen Idee geworden, die ihn in ständiger Erregung hielt. Sein Fluchen dröhnte durch das ganze Bataillon.

Mühsam arbeitete sich das Bataillon den Mont Spill hinauf. Das dicht mit Latschen bewachsene Gelände war schwierig. Ein von Oberleutnant Santin geführter Zug der neunten Kompanie ging vor, um zu erkunden; ihm fiel eine feindliche Patrouille mit Maschinengewehr in die Hände. Es war unmöglich herauszufinden, wie sie bis zu uns hatten durchkommen können, da unsere Frontlinie ja noch hielt. Wahrscheinlich kam die Patrouille von einem anderen Abschnitt, sie hatte sich wohl verirrt. Wir schickten die Gefangenen nach hinten; wir hatten kein Wort von dem, was sie gesagt hatten, verstanden. Diesmal waren es wirklich Bosniaken. Das glückliche Ereignis heiterte den Major ein wenig auf. Er befahl, jedem Gefangenen Zigaretten und Brot zu geben.

Nachmittags gegen fünf Uhr langten wir auf dem Monte Spill an. Der Monte Fior hielt noch stand. Rund um den Monte Spill waren in aller Eile auch Bataillone anderer Infanterieregimenter zusammengezogen worden. Ein Leutnant eines dieser Bataillone sah uns kommen; er eilte uns entgegen, um die Verbindung herzustellen. Als er zu seinem Kommando zurückkletterte, begleitete ich ihn, um einiges über die Kräfte zu erfahren, an die sich unser Bataillon zur Linken anlehnen sollte. Dabei traf ich zum zweitenmal mit dem Oberstleutnant zusammen, den ich beim Beobachtungsstand von Stoccaredo kennengelernt hatte.

Er führte jetzt zwei Bataillone seines Regiments, dessen Stab mit einem Bataillon in Stoccaredo geblieben war. Auch er war dem Kommando der Alpinieinheit unterstellt.

Er hockte unter einem offenen Zelt, das von einer hohen Felswand gedeckt wurde. Er sah mich zuerst und rief mich.

„Kommen Sie. Setzen Sie sich einen Augenblick. Was habe ich Ihnen gesagt? Nun sehen Sie's: Die Österreicher greifen den Monte Fior an."

Ich ließ mich vor dem Zelt auf die Erde nieder. Er kauerte weiter auf seiner Felddecke. Eine Flasche – ohne Etikett – und ein Glas standen in Reichweite. Er fragte mich wieder über meine Studien aus.

„Ah, Sie kennen auch die Universität von Turin? Sehr gut. Unterhalten wir uns doch ein paar Minuten lang über etwas anderes als den Krieg!"

Er war Piemontese.

„Krieg, immerzu Krieg! Es ist zum Wahnsinnigwerden! Mit Ihnen kann ich doch offen reden?"

„Gewiß. Es ist mir ein Vergnügen", sagte ich

„Ich bin ein verpfuschter Offizier. Sagen Sie ehrlich: Habe ich das Gesicht eines Berufsoffiziers? Ich habe zwei Jahre lang Sprachwissenschaften studiert, an der Universität. Ich war immer der Erste. Das wäre meine Karriere gewesen. Aber mein Vater hatte einen Nagel im Schädel, was sage ich: einen Nagel? Ein Schwert hatte er im Schädel. Er zwang mich, in die Militärakademie einzutreten. Mein Vater war Oberst gewesen, mein Großvater General, mein Urgroßvater General, mein Ururgroßvater ... Kurz, acht Generationen Offiziere stecken in meinen Knochen, acht Generationen in direkter Linie. Die haben mich ruiniert."

Der Oberstleutnant sprach langsam; ebenso bedächtig trank er. Er trank schluckweise, beinahe nur nippend, wie man guten Kaffee genießt.

„Ich wehre mich, indem ich trinke. Sonst wäre ich schon längst im Narrenhaus. Gegen die Ruchlosigkeit dieser Erde verteidigt sich der anständige Mensch, indem er trinkt. Länger als ein Jahr mache ich diesen Krieg schon mit, ich war an allen Fronten, aber ich habe bis heute noch keinen einzigen Österreicher von Angesicht zu Angesicht zu sehen bekommen. Dennoch bringen wir uns gegenseitig um, Tag für Tag. Einander töten, ohne sich zu kennen, ohne einander auch nur zu sehen! Ist das nicht grauenvoll? Deshalb besaufen wir uns auch alle, auf der einen Seite wie auf der anderen. Haben Sie schon einmal jemanden umgebracht? Sie selber, mit eigenen Händen?“

„Ich hoffe, nein!“

„Ich nie. Wie auch? Ich habe ja nie jemanden gesehen. Aber wenn wir alle in gegenseitigem Einverständnis und ehrlich aufhörten zu trinken, vielleicht würde dann der Krieg aus sein. Aber solang die andern trinken, trink’ auch ich. Sehen Sie, ich bin ein erfahrener Mann. Es ist nicht die Artillerie, die uns, die Infanterie, auf den Beinen hält. Im Gegenteil, unsere Artillerie haut uns oft genug nieder, wenn sie auf uns schießt.“

„Auch die österreichische Artillerie schießt häufig auf die eigene Infanterie.“

„Natürlich. Es ist überall dieselbe Technik. Schaffen Sie die Artillerie ab, auf beiden Seiten, und der Krieg wird trotzdem weitergehen. Aber probieren Sie den Wein abzuschaffen, den Schnaps. Probieren Sie’s!“

„Ich hab’s schon probiert.“

„Ach was, ein bedeutungsloser, ein bedauerlicher Einzelfall. Aber kleiden Sie Ihr Beispiel in die Form eines Befehls, einer allgemein gültigen Norm! Und keiner von uns wird sich mehr rühren. Der Geist des kämpfenden Soldaten in diesem Krieg ist der Alkohol! Der eigentliche Motor ist der Alkohol! Deshalb nennen ihn die Soldaten in ihrer grenzenlosen Weisheit auch Sprit.“

Der Oberstleutnant erhob sich. Ein Lächeln heiterte sein blasses Gesicht auf. Er kramte in einem Haufen Papier und förderte ein Buch zutage. Er fuchtelte damit vor meinen Augen und fragte:

„Was ist das für ein Buch? Erraten Sie’s, was für ein Buch ...?“

„Das Kriegsdienstreglement“, antwortete ich ohne Überzeugung und versuchte den Titel zu erhaschen.

„Ich – ein Dienstreglement? Sind Sie verrückt?“

Ich begriff, daß es sich um ein Werk handeln mußte, das mit seiner Vorliebe zusammenhing.

„Bacco in Toscana?“ sagte ich.

„Nein. Aber Sie kommen der Sache näher.“

„Anakreon?“

„Nein.“

Angestrengt durchforschte ich mein Gedächtnis nach den Namen illustrer Trunkenbolde. Aber der Oberstleutnant hielt mir den Titel unter die Nase. Ich las: *Die Kunst, Schnäpse zu bereiten.*

„Das werden Sie doch einsehen“, erläuterte er. „In diesem verdammten Krieg in den Bergen können wir nicht einmal zwei Flaschen mit uns herumschleppen. Mit dem da kann ich mir Schnaps zubereiten, soviel ich gerade will. Ich weiß, es ist ein beträchtlicher Unterschied zwischen destilliertem Alkohol und dem Pulverzeug. Aber besser so als gar nichts.“

„Eine seltene Kunst!“ sagte ich.

„Eine seltene Kunst!“ wiederholte der Oberstleutnant. „Aber eine Kunst, glauben Sie mir, die der Kriegskunst um nichts nachsteht.“

Um den Monte Fior tobte der Kampf.

[5]

„Wo bleibt dieser Totengräber? Wieso ist er noch nicht heroben?“ fuhr der Major mich an. Er war wütend, weil der Oberleutnantarzt dem Bataillon noch nicht nachgekommen war. „Wenn ich ihm jetzt nicht eine Lektion erteile, wird er eines Tages den Verbandsplatz bei sich zu Hause aufmachen.“

Der Major wurde immer erregter. Die Kisten des Bataillonskommandos waren auch noch nicht da. Und das Bataillon lag schon seit vier Stunden auf dem Monte Spill. Er wurde geradezu tobsüchtig, als zwei Carabinieri beim Kommando erschienen, die einen bei Foza aufgegriffenen Soldaten der neunten Kompanie eskortierten; der Mann hatte die Entfernung von seiner Truppe nicht rechtfertigen können. Das Brigadekommando hatte angeordnet, ihn mit einer Carabinierieskorte in die Kampflinie zurückbringen zu lassen. Man war überzeugt, daß ein Versuch von Desertion vorlag.

„Ein Deserteur in meinem Bataillon!“ brüllte der Major. „In meinem Bataillon hat es nie einen Deserteur gegeben. Ich lasse ihn auf der Stelle erschießen!“

Sofern die beiden Carabinieri nicht Toskaner gewesen sein sollten, hatten sie in ihrem ganzen Leben wohl nicht so viele Flüche gehört wie in diesen paar Minuten.

Der Major verhörte den Soldaten. Dieser war niemand anderer als der Soldat Marrasi Giuseppe, der „Bosniak“. Er behauptete, den Brotbeutel mit den zwei Fleischkonserven von der eisernen Ration verloren zu haben. Um nicht bestraft zu werden, sei er zurückgegangen bis hinter Foza, wo das letzte Biwak seiner Kompanie gewesen war, in der Hoffnung, den Beutel dort zu finden.

„Was heißt da Biwak und eiserne Ration!" grollte der Major. Und zu den Carabinieri gewandt:

„Warum habt ihr ihn nicht gleich erschossen?"

Doch nun geschah etwas, was den Soldaten rettete: Der Treiber erschien mit dem Maultier, das die Kisten heraufgeschleppt hatte. Der Major unterbrach das Verhör, entließ die Carabinieri und widmete sich ganz den Kisten. Ich wollte ihn nicht in Verlegenheit bringen und entfernte mich mit Marrasi.

„Du scheinst üble Gewohnheiten anzunehmen", sagte ich. „Einmal verlierst du den Brotbeutel, ein andermal verlierst du dich selber. Was willst du als nächstes verlieren?"

Er antwortete weder auf meine Vorhaltungen noch auf meine Fragen.

Da tauchte der Major wieder auf. Sein Brustumfang hatte zugenommen, und er strahlte. Er schien neu geboren. Er sah Marrasi und mich und kam auf uns zu.

„Was faseln diese Dummköpfe von Carabinieri da von Desertion? Wenn es Deserteure gibt, dann sie. Sie spielen Verstecken in der Etappe. Schau, daß du zur Kompanie kommst, Marrasi. Und keine Geschichten wegen der Fleischkonserven. Kauf dir welche, stiehl sie meinetwegen, aber die Konserven müssen da sein. Verstanden?"

„Jawohl, Herr Major!"

„Verschwinde zur Kompanie, und Schwamm drüber."

Knapp vor Mitternacht kam der Befehl, das ganze Bataillon solle die vorderste Linie auf dem Monte Fior beziehen, mit allen vier Kompanien, den Pionieren und der MG-Abteilung. Wir bezogen in der Dunkelheit die Stellungen in ziemlichem Durcheinander und übernahmen einen Abschnitt, den eine weiter nach rechts verschobene Truppe verlassen hatte. Grabend verbrachten wir die Nacht.

Die Lage war kritisch, wir merkten es im Morgengrauen, als die Österreicher zu schießen begannen. Im Tagesbefehl, den wir erhalten hatten, stand zu lesen: „Jede Handbreit Boden ist mit Zähnen und Krallen zu verteidigen." Dies war eine literarische Floskel, doch war der Zustand eines jeden von uns damit hinlänglich wirklichkeitsgetreu geschildert. Die Schützengräben waren im nackten Gelände nur improvisiert; es gab keinen tiefen Erdaushub, keine Sandsäcke, keine Brustwehr. Was wir vorgefunden hatten, waren im Grunde genommen gar keine Schützengräben, sondern einzelne Löcher, jeweils für einen Mann, ohne Verbindungsgräben. Jeder Soldat hatte eben versucht, sein Deckungsloch zu vertiefen, und wenn er diese Arbeit auch nicht mit den Zähnen besorgt hatte, so doch zu einem guten Teil mit den „Krallen". Wir lagen ausgestreckt, platt an die Erde gedrückt, den Kopf hinter einem Stein oder einer Erdscholle. Bei jeder Maschinengewehrgarbe und jedem Pfeifen einer Granate unternahmen wir neue Anstrengungen, flacher zu werden, weniger verwundbar zu sein. Wir preßten uns so dicht an die Erde, daß wir eine Linie mit dem abfallenden Gelände bildeten.

Am Trommelfeuer beteiligten sich nicht nur alle im Becken von Asiago zusammengezogenen Feldgeschütze, sondern auch die schweren Kaliber. Die 30,5- und 42er-Geschütze traten zum erstenmal auf der Hochebene in Aktion. Die 42er waren auch für uns neu. Ein eigentümlicher Lärm begleitete das Geschoß auf der Flugbahn: ein gewaltiges Dröhnen, das zuweilen aussetzte und dann wieder anhob, in einem grauenerregenden Crescendo, bis zur Explosion. Erdfontänen, Gestein und Körperteile wirbelten hoch in die Luft und stürzten in großer Entfernung wieder zu Boden. Und im Trichter hätte ein ganzer Zug Soldaten, ein Mann eng an den andern gedrückt, Platz gehabt. Ich dachte an den Panzer des Majors. Nur wenige Geschosse fielen auf die vorderste Linie. Die meisten Einschläge gab es in unserem Rücken, entlang den Seitenhängen der Alm und rund um den Monte Spill. Unter uns zitterte der Boden. Ein Erdbeben schien das Gebirge zu erschüttern. Obschon die Eigenliebe – durch einen unwillkürlichen psychischen Vorgang – aus dem vergangenen Leben nur jene Gefühlsregungen in den Vordergrund der Erinnerung treten läßt, die uns edel erscheinen, und alle anderen verdrängt, entsinne ich mich auch heute noch, nach so langer Zeit, des alles beherrschenden Gedankens in jenen ersten

Augenblicken des Trommelfeuers. Es war mehr Erregung als Gedanke, es war ein instinktiver Drang: Überleben!

Der Kadett Perini richtete sich inmitten seiner Soldaten auf und lief davon. Er war emporgeschnellt, als hätte ihn eine Granate aus dem Erdinneren gerissen, er kehrte dem Zug den Rücken und stürzte bergab. Perini war sehr jung und überdies kränklich und hatte deshalb noch an keinem Gefecht teilgenommen. Der Major sah ihn als erster, als er an uns vorbeilief, und machte mich auf ihn aufmerksam. Perini trug keinen Helm, und er schrie mit verzerrtem Gesicht: „Hurra! Hurra!“ Wahrscheinlich hatte das österreichische Feuer dem von der Panik Überwältigten so sehr zugesetzt, daß er nun den Schlachtruf der Feinde schrie.

„Erschießen Sie den Feigling! Los! Das Gewehr!“ rief mir der Major zu.

Ich hörte den Major wohl, doch schaute ich dem Kadetten nach, ohne mich zu rühren. Auch der Major rührte sich nicht, obwohl er weiterschrie:

„Erschießen Sie den Feigling!“

Der Kadett war nun schon ein paar hundert Meter weit gelaufen; er schien zu fliegen und verschwand hinter einem Abhang. Wie eine defekte Grammophonplatte fortwährend die gleiche Phrase leiert, wiederholte der Major sein monotones Geschrei:

„Erschießen Sie den Feigling! Das Gewehr! Los! Erschießen Sie den Feigling!“

Um ihn zu einem Themawechsel zu animieren, nahm ich dem neben mir liegenden Diener des Majors die Feldflasche mit dem Kognak aus der Hand und reichte sie dem Bataillonskommandanten. Er griff mit gierigen Händen danach, als hätte er bis dahin nichts anderes getan, als um etwas zum Trinken zu bitten. Er wischte mit dem Handrücken die feuchte Erde von den Lippen, setzte die Flasche an und trank lange.

Der Durst dörrte allen die Kehle aus. Jeden Augenblick wälzte sich einer auf den Rücken, schnallte die Feldflasche ab und trank. Ein paar Minuten Trommelfeuer hatten genügt, um uns Mund, Zunge und Hals auszutrocknen. Eine geradezu rasende Begierde erfüllte uns: nach einem Tropfen von irgend etwas Trinkbarem, das unseren Durst stillen, das mit dem inneren Brand auch die fiebrige Ungeduld löschen könnte. Das bißchen Schnaps, das wir in Foza gefaßt hatten, war schon aufgebraucht. Mitten im Granatenhagel erhoben sich die Soldaten, einer nach dem anderen rannte zu einer Mulde, scharrte eine Handvoll Schnee zusammen und kehrte an seinen Platz zurück. Dieses wirre Hinundherrennen war das einzige Lebenszeichen in der scheinbar leblosen Szenerie. Es gab noch Lebende in der Schützenlinie. Ich hatte etwas Laub in den Taschen, das ich am Hang des Monte Spill gepflückt hatte, und nun kaute ich es. Alle rauchten. Der Major zündete mit dem Stummel der eben ausgegangenen Zigarette die nächste an und rauchte ohne Unterbrechung. Die Einschläge hatten sich unserer Gruppe indessen so sehr genähert, daß ich nicht mehr verstand, was der Major zu mir sagte. Er nahm ein Blatt Papier, kritzelte mit Bleistift etwas darauf und reichte es mir. Ich las: „Richten Sie sich auf, und schauen Sie nach, was los ist." Ich richtete mich auf und sah mich um. Das regungslose Bataillon glich einer langen Gebüschhecke. Rechts, inmitten seiner Kompanie, stand der Kavallerieoberleutnant Grisoni aufrecht da, die Hände in den Hosentaschen, die Pfeife im Mund. Sonst war auf der ganzen Linie nichts zu sehen. Das Trommelfeuer ging weiter, aber das Bataillon hielt stand.

Ich weiß nicht, wie lange es gedauert hat. Ich hätte es auch damals nicht zu sagen gewußt. Im Verlauf eines Gefechts verliert man jeden Sinn für die Zeit. Man glaubt, es sei zehn Uhr vormittags, während es längst fünf Uhr abends ist.

Plötzlich begann eines unserer Maschinengewehre zu rattern. Ich erhob mich, um zu sehen, was vorging. Die Österreicher griffen an.

[6]

Wer die Geschehnisse jenes Tages miterlebt hat, wird sie noch auf dem Sterbebett vor Augen haben.

Während unser Maschinengewehr hämmerte, hörte das Trommelfeuer auf. Der Feind griff in genau jenem Augenblick an, in dem die Artillerie das Feuer eingestellt hatte.

Die Österreicher kamen in Massen, in geschlossenen Reihen, ein Bataillon neben dem andern. Sie hatten die Gewehre umgehängt und schossen nicht. Sie waren offenbar davon überzeugt, daß in unseren Stellungen nach dem Trommelfeuer niemand mehr am Leben sein konnte, und im Vollgefühl der Sicherheit gingen sie vor. Sie kamen näher, ein Kampflied singend, das nur als Echo eines fremdartigen, unverständlichen Chors zu uns drang.

„Hurra!"

Und wieder der Chor.

In unseren Linien herrschte wirres Hin und Her. Offiziere und Unteroffiziere rannten geduckt oder krochen auf allen vieren herum, um ihre Einheiten unter Kontrolle zu bringen. Die Ausfälle durch das Trommelfeuer erwiesen sich als nicht sehr erheblich.

Der Major schrie:

„Achtung! Feuer! Bereitmachen zum Bajonettangriff!"

Die Offiziere wiederholten den Befehl. Ein Stimmengewirr erhob sich. Das Bataillon war wieder zum Leben erwacht. Die Schützenlinie eröffnete das Feuer. Von den zwei Maschinengewehren schoß nur noch eines, das andere war durch einen Granattreffer zerstört worden. Wir sahen nur jene feindlichen Kolonnen, die direkt auf uns zukamen, doch mußte der Angriff auf der ganzen Front erfolgt sein, auch zu unserer Rechten.

Die Sturmbataillone gingen im Schritt vor, langsam, von Geröll und Gestrüpp behindert. Unser Maschinengewehr feuerte pausenlos, mit zornigem Kläffen. Oberleutnant Ottolenghi, der Kommandant der MG-Abteilung, bediente es selbst. Von den Garben wurden die Angreifer reihenweise niedergemäht. Die Überlebenden wichen zur Seite, um nicht auf die Gefallenen zu treten, dann rückten die Bataillone wieder enger zusammen. Und sangen. Die Flut kam näher.

„Hurra!"

Der Wind blies uns ins Gesicht. Von der österreichischen Sturmlinie schlug uns der Dunst schweren, konzentrierten Schnapses entgegen, der aus jahrelang verschlossenen, modrigen Kellern zu dringen schien. Während sie sangen und „Hurra!" schrien, schienen alle Kellertüren weit aufgerissen, und der Schnapsdunst überflutete uns. Er drang mir in Wellen durch die Nase in die Lungen und setzte sich dort fest; es schmeckte wie ein Gemisch von Teer und Benzin, von Pech und säuerlichem Wein.

„Bereithalten zum Gegenangriff!" rief immer wieder der Major. Er stand aufrecht, umgeben von Soldaten.

Meine Aufmerksamkeit wurde vor allem vom Hauptmann der elften Kompanie gefesselt. Er war kerzengerade aufgerichtet, das Gesicht von Erde verschmutzt, barhaupt. In der Rechten hielt er die Pistole, in der Linken den Stahlhelm. Er war nur ein paar Meter von uns entfernt.

„Feiglinge!" brüllte er. „Kommt näher, wenn ihr euch traut. Kommt! Kommt nur!"

Dabei wandte er sich bald an die noch eher fernen, vorrückenden Österreicher, bald an die eigenen Soldaten, die auf dem Boden lagen und ihn verdutzt anstarrten. Der Hauptmann hielt nämlich den Stahlhelm in der ausgestreckten Hand und zielte damit auf die Österreicher, als wäre es eine Pistole. Und die Pistole in der anderen Hand hielt er für den Stahlhelm und mühte sich vergeblich, sie auf den Kopf zu stülpen. Mit der Vergeblichkeit seiner Anstrengungen steigerten sich seine Erregung und sein Geschrei. Er schlug sich die Pistole heftig auf den Kopf, und das Blut rann ihm übers Gesicht. Der Hauptmann glich einer blutüberströmten Furie.

„Hurra!"

Die Österreicher waren auf fünfzig Meter herangekommen.

„Bajonett auf!" brüllte der Major.

„Savoia!" Mit dem Schlachtruf stürzten die Abteilungen vorwärts.

Von dem, was bei dem folgenden Zusammenstoß geschah, habe ich nur verworrene Erinnerungen. Der Schnapsdunst hatte mich betäubt. Doch sah ich in völliger Klarheit, daß sich links von uns eine Gruppe von drei Männern mit einem Maschinengewehr aus der österreichischen Schwarmlinie löste und hinter einem Felsen in Stellung ging. Sofort nach dieser raschen Bewegung setzte das Tack-tack des *Schwarzlose* ein. Die Geschoßgarben sausten um unsere Köpfe. Der Major stand an meiner Seite. Die Pistole entfiel seiner Hand, er warf die Arme hoch und stürzte schwer auf mich. Ich versuchte verzweifelt, ihn zu stützen, und fiel mit ihm zu Boden. Der Bursche kniete an seiner Seite nieder und versuchte den Major aufzurichten. Aber dieser blieb, lang ausgestreckt, regungslos liegen. Der Diener knöpfte ihm den Uniformrock auf. Der Brustpanzer war von vielen Geschossen durchlöchert.

Ich erhob mich und stürzte vorwärts. Der Zusammenprall zwischen den Unsern und den Österreichern war bereits erfolgt. In wirrem Durcheinander hinderte man einander am Vorwärtskommen. Dann gingen die österreichischen Abteilungen zurück, im Schritt, das Gewehr umgehängt, wie sie vorgerückt waren. Der unerwartete Widerstand hatte sie aus dem Konzept gebracht. Unsere Offiziere ließen die Truppen nicht nachstoßen; die Soldaten warfen sich zu Boden und schossen den Österreichern nach. Ich sah nur wenige fallen. Die abziehenden Sturmabteilungen verschwanden bald hinter den Kämmen. Der Wind blies weiter und überschwemmte uns mit Wogen von Schnapsdünsten.

Der arme Major hatte eindeutige Befehle für den Gegenangriff gegeben. Er wollte, daß das Bataillon, nachdem es die Österreicher zurückgeworfen hätte, die Ausgangsstellungen wieder besetzen sollte. Ich ließ diesen Befehl sofort durchführen. Der älteste Offizier des Bataillons, Hauptmann Canevacci, übernahm das Kommando.

Überall lagen Tote, aber wir hatten standgehalten. Wir trugen die Verwundeten zurück, so gut es ging, denn wir hatten keine Tragbahren mehr. Der Oberleutnant Grisoni, dem ein Bein zerschossen worden war, stieg, von zwei Soldaten gestützt, ab; er hatte die Pfeife im Mund und pfiff ein Liedchen.

Wir sammelten die Einheiten zum Abzählen.

Die Stunden verrannen. Die Sonne sank langsam über dem Pasubio, und wir lagen noch immer ohne jede Nachricht in unseren Löchern. Die Österreicher machten sich nur hier und da mit einem Kanonenschuß bemerkbar. Nach dem Sturm war Ruhe eingekehrt.

Ein schriftlicher Befehl des Abschnittskommandeurs brachte uns wieder auf die Beine: „Der Feind hat einige Einbrüche in unsere Stellungen erzielt. Die Linie am Monte Fior ist nicht mehr zu halten. Das Bataillon hat sich sofort nach Erhalt dieses Befehls geordnet auf den Monte Spill zurückzuziehen."

„Auf den Monte Spill zurückziehen?" schrie Hauptmann Canevacci und beschimpfte den Überbringer des Befehls. „Und morgen dann ein neuer Befehl, wir sollen den Monte Fior angreifen. Und wir sind dabei immer die Draufzahler!"

Der Hauptmann sah nicht ein, daß man eine derart wichtige Stellung ohne weiteren Widerstand einfach dem Gegner überlassen sollte.

„Meinetwegen sollen sie mich erschießen. Ich ziehe mich nicht zurück!" wiederholte er.

Der Meldegänger verlangte eine schriftliche Bestätigung, daß er den Befehl überbracht hätte, aber der Hauptmann verweigerte sie.

„Sag ihnen, daß ich den Befehl zum Rückzug nicht geben werde. Sag ihnen, sie können mich erschießen, wegen Gehorsamsverweigerung. Aber solange ich das Bataillon kommandiere, verläßt es den Monte Fior nicht."

Ich versuchte ihm auseinanderzusetzen, daß der Abschnittskommandeur als einziger über die nötige Übersicht verfüge, um der Lage entsprechende Entscheidungen treffen zu können, daß keiner von uns die erforderlichen Informationen besitze, um mit Sicherheit beurteilen zu können, ob der Befehl unrichtig sei. Auf jeden Fall, sagte ich, müßten wir uns dem Befehl fügen. Der Hauptmann ließ sich jedoch nicht überzeugen und schickte den Meldegänger ohne schriftliche Bestätigung des Befehls zurück. Canevacci war Berufsoffizier und riskierte sehr viel.

Vergeblich bemühte ich mich, auch nachdem der Meldegänger sich entfernt hatte, ihn umzustimmen. Er war nicht davon abzubringen, daß die Preisgabe des Berges glatter Verrat sei. Es war noch keine halbe Stunde vergangen, und schon meldete sich ein Korporal des Regimentskommandeurs mit einem neuen schriftlichen Befehl. Er war vom Oberst persönlich unterzeichnet. Wenn das Bataillon nicht sofort den geordneten Rückzug antrete, besagte der Befehl, dann habe sich Hauptmann Canevacci als des Kommandos enthoben zu betrachten.

„Ich des Kommandos enthoben? Wird denn das italienische Heer von Österreichern kommandiert? Es ist eine Schande!"

Er war wütend. Indessen, als sein Zorn verraucht war, mußte er sich fügen. Wir setzten uns kompanieweise ab und nahmen unsere Toten mit. Als die letzte Kompanie den Monte Fior verließ, hatte der Rest des Bataillons bereits eine neue Stellung, von zwei anderen Bataillonen flankiert, auf dem Monte Spill bezogen.

Auf dem Monte Fior hatten wir nur einen dünnen Schützenschleier zurückgelassen. Der sollte ab und zu ein paar Schüsse abgeben und sich zurückziehen, sobald die Österreicher einen neuen Angriff vortragen würden. Bis zum späten Nachmittag hatten die Österreicher unseren Rückzug nicht bemerkt. Schließlich schien ihnen die Lage verdächtig vorzukommen: Sie ließen eine Patrouillenkette vorfühlen. Unsere Nachhut feuerte die letzten Schüsse ab und zog sich dann zum Bataillon zurück. Die feindlichen Patrouillen fanden die Stellungen auf dem Monte Fior verlassen vor.

Ich befand mich in der vordersten Linie, auf der höchsten Erhebung des Monte Spill, und blickte auf den Monte Fior. Die Österreicher strömten ohne jede Ordnung nach vorne. In weniger als einer halben Stunde war eine Anzahl von Bataillonen in die von uns verlassenen Stellungen eingerückt. Der ganze Bergkamm wimmelte von Truppen.

Ich glaube, es war gegen sechs oder sieben Uhr abends, als ich in den feindlichen Stellungen eine ungewöhnliche Erregung feststellte. Was ging da vor? Die Soldaten schrien, sie umarmten einander, sie hüpften vor Freude. Dann sprangen alle wie ein Mann auf, und ein Freudenschrei erreichte uns vom Gipfel:

„Hurra!"

Die Österreicher schwangen Gewehre, sie winkten uns mit den Kappen.

„Hurra!"

Ich erfaßte den Sinn dieser Jubelstimmung nicht. Das konnte doch nicht nur Freude über die kampflose Einnahme einer Stellung sein. Woher also dieser Glücksrausch?

Ich wandte mich um und begriff.

Dort unten breitete sich, von der Sonne überflutet, wie ein unermeßlicher, mit leuchtenden Perlen übersäter Mantel, die venezianische Ebene aus. Unmittelbar zu Füßen Bassano und das Brentagebiet; weiter hinten rechts Verona, dann Vicenza, Treviso und Padua. Und im Hintergrund, links, Venedig.

Venedig!

[7]

Der General, der die Division befehligt hatte, wurde abgesetzt; man machte ihn für die ungerechtfertigte Preisgabe des Monte Fior verantwortlich. An seiner Statt übernahm Generalleutnant Leone das Kommando über die Division. Im Tagesbefehl des Armeekorpskommandeurs wurde er uns als ein „Soldat von erprobter Entschlossenheit und bewährtem Wagemut" vorgestellt.

Ich traf zum erstenmal auf dem Monte Spill, in der Nähe des Bataillonsgefechtsstandes, mit ihm zusammen. Der Ordonnanzoffizier sagte mir, dies sei der neue Divisionskommandant, und ich meldete mich bei ihm.

In Habtachtstellung unterrichtete ich ihn über die jüngsten Ereignisse im Bataillon.

„Stehen Sie bequem!" sagte der General in korrektem, wenngleich autoritärem Ton. „Wo waren Sie bisher eingesetzt?"

„Ich war stets bei der Brigade, im Karst."

„Sind Sie je verwundet worden?"

„Nein, Herr General."

„Wie? Sie haben den ganzen Krieg mitgemacht und sind noch nicht verwundet worden? Niemals?"

„Nie, Herr General. Außer man wollte die paar Schrammen, die ich ohne Lazarettpflege beim Bataillon auskurieren konnte, als Verwundungen gelten lassen."

„Nein, nein, ich rede von ernsten Verwundungen. Ich meine: schwere Verwundungen."

„Nie, Herr General."

„Seltsam. Sehr seltsam ist das. Wie erklären Sie mir diesen Umstand?"

„Ich kann dafür keinen besonderen Grund angeben, Herr General. Es steht jedoch fest, daß ich nie ernstlich verwundet worden bin."

„Haben Sie an allen Kampfhandlungen Ihrer Brigade teilgenommen?"

„An allen."

„Bei den *Schwarzen Katzen?*"

„Bei den *Schwarzen Katzen.*"

„Bei den *Roten Katzen?*"

„Auch bei den *Roten Katzen,* Herr General."

„Äußerst seltsam. Sind Sie vielleicht ... ängstlich?"

Ich dachte: Um dem den Kopf zurechtzusetzen, müßte man zumindest Armeekorpskommandeur sein. Da ich nicht gleich antwortete, wiederholte der General, immer noch betont ernst, seine Frage.

„Ich glaube nicht", erwiderte ich.

„Sie glauben. Aber sicher sind Sie nicht?"

„Im Krieg ist man sich nie sicher", entgegnete ich sanft. Und mit der Andeutung eines versöhnlichen Lächelns fügte ich hinzu:

„Nicht einmal dessen, daß man sicher ist."

Der General lächelte nicht. Ich glaube, daß es ihm gar nicht möglich war zu lächeln. Er trug den Stahlhelm, der Riemen war eng um das Kinn geschnallt, sodaß das Gesicht aussah, wie aus Erz gegossen. Der Mund war unsichtbar. Wäre nicht der Schnurrbart dagewesen, hätte man meinen mögen, er habe keine Lippen. Die Augen hart und grau, immer aufgerissen wie die Augen räuberischer Nachtvögel.

Der General wechselte das Thema.

„Lieben Sie den Krieg?"

Ich zögerte. Sollte ich darauf überhaupt etwas sagen? Rund um uns standen Offiziere und Soldaten, die zuhörten, also entschloß ich mich zu antworten.

„Ich war für den Krieg, Herr General. An der Universität war ich der Vertreter der Interventionistengruppe."

„Dies“, sagte der General in einem erschreckend kühlen Ton, „dies betrifft die Vergangenheit. Meine Frage aber betrifft die Gegenwart.“

„Der Krieg ist eine ernste Angelegenheit, eine zu ernste, und es ist schwer zu sagen, ob ... Es ist schwierig ... Jedenfalls, ich erfülle meine Pflicht.“ Da er mich, sichtlich unzufrieden, anstarrte, fügte ich hinzu: „Jegliche Pflicht!“

„Ich habe nicht gefragt“, sagte der General, „ob Sie Ihre Pflicht tun oder nicht. Im Krieg müssen alle ihre Pflicht erfüllen, denn wenn sie es nicht tun, laufen sie Gefahr, erschossen zu werden. Sie verstehen mich. Ich habe gefragt, ob Sie den Krieg lieben oder ob Sie ihn nicht lieben.“

„Den Krieg lieben?“ rief ich, einigermaßen entmutigt, aus.

Der General fixierte mich, starr und unerbittlich. Seine Pupillen waren noch größer geworden. Ich hatte den Eindruck, daß sie in den Augenhöhlen kreisten.

„Wollen Sie nicht antworten?“ fragte der General nach.

„Also, ich bin der Ansicht ... Gewiß ... Mir scheint, man könnte sagen ... man könnte meinen, dass ...“

Ich suchte nach einer passablen Antwort.

„Was könnte man meinen? Nun sagen Sie schon!“

„Ich meine, ich persönlich will sagen, ich für meinen Teil – ganz allgemein – könnte nicht behaupten, daß ich eine besondere Vorliebe für den Krieg hätte.“

„Nehmen Sie Haltung an!“

Ich stand schon Habtacht.

„Aha, Sie sind für den Frieden.“

Überraschung und Verachtung klangen aus den Worten des Generals.

„Für den Frieden! Wie irgendeine normale kleine Hausfrau – dem Heim geweiht, der Familie, der Küche, der Wiege, den Blümchen. Verhält es sich so, Herr Oberleutnant?“

„Nein, Herr General.“

„Und welche Art von Frieden hätten Sie gerne?“

„Einen Frieden ...“

Da hatte ich den rettenden Einfall.

„Einen siegreich errungenen Frieden."

Der General schien sich damit zufriedenzugeben. Er fragte noch nach ein paar dienstlichen Angelegenheiten und bat, ich solle ihn in die vorderste Linie begleiten.

Als wir im Schützengraben waren, an der höchsten und den feindlichen Gräben nächsten Stelle, genau gegenüber dem Monte Fior, fragte er:

„Wie groß ist hier die Entfernung von unseren Gräben zu jenen der Österreicher?"

„So an die zweihundertfünfzig Meter", erwiderte ich.

Der General prüfte gründlich die Lage. Dann sagte er:

„Es sind hier genau zweihundertdreißig Meter!"

„Möglich."

„Was heißt möglich? So ist es."

Wir hatten einen soliden Schützengraben angelegt, durch eine Wehr aus Steinen und großen Erdschollen geschützt. Die Soldaten konnten sich darin aufrecht hin und her bewegen, ohne gesehen zu werden. Die Posten beobachteten den Feind durch die Schießscharten und waren dabei in sicherer Deckung. Der General schaute durch die Schießscharten, doch befriedigte ihn dies nicht. Er ließ im Graben einen Haufen Steine auftürmen, kletterte hinauf und hob den Feldstecher an die Augen. Er stand hoch aufgerichtet da, mit Brust und Kopf über die Wehr hinausragend und völlig ungeschützt.

„Herr General!" sagte ich. „Die Österreicher haben ausgezeichnete Scharfschützen. Es ist gefährlich, sich so zu exponieren."

Der General antwortete nicht. Er stand da, kerzengerade, und schaute weiter durch den Feldstecher. Aus den österreichischen Gräben fielen zwei Gewehrschüsse. Die Kugeln pfiffen dicht am General vorbei. Er blieb unbewegt. Zwei weitere Schüsse folgten, und ein Geschoß streifte den Schützengraben. Da erst kletterte der General, ruhig und gelassen, von seinem Podest. Ich beobachtete ihn aus der Nähe. Er trug einen herrischen Gleichmut zur Schau. Nur seine Augen rotierten schwindelerregend. Sie glichen den Rädern eines rasenden Autos.

Der Posten, der ein paar Schritte weiter seinen Dienst versah, blickte weiter durch die Schießscharte und kümmerte sich nicht um den General. Aber einige Soldaten und ein Korporal der zwölften Kompanie, die in diesem Grabenabschnitt lag, hatten sich, durch das ungewöhnliche Schauspiel angezogen, in einer Gruppe um den General versammelt. Sie verfolgten das Geschehen eher mißtrauisch als bewundernd. Das übertrieben unerschrockene Verhalten ihres Divisionsbefehlshabers lieferte ihnen wohl genügend Gründe, dem eigenen künftigen Schicksal mit einigem Bangen entgegenzusehen. Befriedigt beobachtete der General sein Publikum.

„Wenn du keine Angst hast", sagte er, zum Korporal gewandt, „dann wiederhole das, was dein General gemacht hat."

„Zu Befehl, Herr General!" antwortete der Korporal. Er lehnte das Gewehr an die Grabenwand und kletterte auf den Steinhaufen.

Instinktiv packte ich den Korporal am Arm und zwang ihn herabzusteigen.

„Die Österreicher sind nun aufmerksam geworden", sagte ich. „Ein zweitesmal schießen sie bestimmt nicht daneben."

Der General warf mir einen vernichtenden Blick zu, der mir die ganze hierarchische Distanz, die mich von ihm trennte, ihn Erinnerung rief. Ich gab den Arm des Korporals frei und sagte kein Wort mehr.

„Aber es ist doch nichts", sagte der Korporal und stieg wieder auf den Steinhaufen.

Kaum hatte er sich aufgerichtet, als ihn auch schon eine Gewehrsalve empfing. Die durch die frühere Beobachtung aufmerksam gewordenen Österreicher hatten mit den Gewehren im Anschlag gewartet. Der Korporal blieb jedoch unverletzt. Gleichmütig, die Arme auf die Wehr gestützt, die Brust unverdeckt, schaute er hinüber zum Monte Fior.

„Bravo!" rief der General. „Jetzt darfst du herunterkommen."

Vom österreichischen Graben fiel ein einzelner Schuß. Der Korporal stürzte rücklings auf uns. Ich beugte mich über ihn. Das Geschoß hatte ihn unter dem Schlüsselbein getroffen und die Brust durchbohrt. Blut quoll ihm aus dem Mund. Mit halbgeschlossenen Augen und fliegendem Atem murmelte er:

„Es ist nichts, Herr Oberleutnant."

Auch der General beugte sich über den Verwundeten. Die Soldaten betrachteten ihn voll Haß.

„Er ist ein Held", erklärte der General. „Ein wahrer Held."

Während er sich aufrichtete, begegnete sein Blick wiederum dem meinen. Diese Begegnung dauerte nicht länger als einen Moment. Aber in diesem Augenblick kam mir zu Bewußtsein, daß ich die gleichen kalten und ruhelosen Augen in der Irrenanstalt meiner Heimatstadt gesehen hatte, als uns der Professor für Gerichtsmedizin einmal zu einer Besichtigung dorthin mitgenommen hatte.

„Er ist wirklich ein Held", wiederholte der General.

Dann nahm er seine Geldbörse und fingerte eine Silberlira heraus.

„Da, nimm", sagte er. „Trink ein Glas Wein bei der erstbesten Gelegenheit."

Der Verwundete vollführte mit dem Kopf eine Geste, die Ablehnung bedeutete, und verbarg die Hände. Der General blieb mit der Münze zwischen den Fingern, er zögerte ein wenig, dann ließ er das Geldstück auf den Korporal fallen. Niemand hob die Münze auf.

Der General setzte seine Inspektion fort. Am Ende unseres Bataillonsabschnittes entließ er mich.

Ich ging durch den Graben zurück, um zum Gefechtsstand zu gelangen. Die ganze vorderste Linie war in Aufruhr. Die Nachricht des Vorgefallenen hatte sich überall verbreitet. Die Sanitäter, die den Korporal zum Verbandsplatz getragen hatten, erzählten jedem, den sie antrafen, was geschehen war. Ich stieß auf Hauptmann Canevacci, der außer sich war vor Erregung:

„Das italienische Heer wird von Österreichern kommandiert!" brüllte er. „Österreicher vorne. Österreicher hinten. Österreicher mitten unter uns!"

Auf der Höhe des Bataillonsgefechtsstandes traf ich neuerlich mit dem Oberstleutnant Abbati zusammen, so nämlich hieß der Offizier des Bataillons 301. Er stieg mit seinem Bataillon zur Kampflinie auf. Auch er war bereits über alles unterrichtet. Ich begrüßte ihn. Er antwortete nicht. Erst als er ganz nahe war, sagte er besorgt:

„Die Kriegskunst nimmt ihren Lauf."

Er streckte den Arm aus und griff nach der Feldflasche, die ich am Gürtel trug. Ich beeilte mich, sie ihm zu reichen. Zerstreut und mit abwesendem Blick nahm er die Flasche liebevoll in die Hand. Er hob sie ans Ohr und schüttelte sie: Sie war nicht leer. Sorgsam entfernte er den Stöpsel und führte sie an die Lippen, um zu trinken. Mit einemmal hielt er jedoch inne. In seinem Gesicht spiegelten sich abwechselnd Überraschung und Abscheu, als hätte er am Flaschenhals den Kopf einer Viper gesehen.

„Wasser und Kaffee", rief er aus, als bemitleidete er mich. „Junger Mann, fangen Sie zu trinken an, sonst enden Sie im Narrenhaus wie Ihr General."

[8]

Ein wagemutiger Mann wie General Leone konnte natürlich nicht untätig bleiben. Obwohl wir noch kein einziges Geschütz auf der Hochebene hatten, ordnete er für den 16. einen Sturmangriff auf den Monte Fior an. Mein Bataillon blieb als Brigadereserve hinten.

Es folgten ein paar ruhige Tage. Die feindliche Artillerie schoß nicht mehr. Wir hatten nicht einen einzigen Verwundeten. Es war für uns eine Zeit ungestörter Ruhe. Wir lagen stundenlang in der Sonne, an eine Felswand gelehnt, die Blicke schweiften wie unsere Träume über die venezianische Ebene. Wie fern das Leben war.

Der Divisionskommandant ruhte nicht. Er wollte den Monte Fior um jeden Preis wiedergewinnen. Jeden Tag tauchte er in der vordersten Linie auf. Er maß die Entfernungen, legte Skizzen an und schmiedete Pläne. Schließlich hatte er sich den Plan eines Überraschungsangriffes zurechtgelegt, der mit dem Bajonett am hellichten Tag durchgeführt werden sollte. Mein Bataillon, das den Berggipfel am besten kannte, sollte ihn ausführen.

Der Sturmangriff wurde für den 26. festgelegt. Am 24. zogen sich die Österreicher zurück. Unser Widerstand auf dem Pasubio und die große Offensive der Russen in Galizien hatten sie gezwungen, die Aktion auf der Hochebene abzubrechen. Sie räumten die Stellungen auf dem Monte Fior auf die gleiche Art, wie wir es getan hatten. Und wir eroberten den Berg auf die gleiche Art wieder, wie die Österreicher ihn eingenommen hatten. Der Rückzug hatte wahrscheinlich mehrere Tage gedauert, doch war er geschickt getarnt worden. In den Linien war nur eine schwache Nachhut zurückgeblieben. Als wir dies bemerkten, begannen wir den Vormarsch. Es gab dabei nur hin und wieder bedeutungslose Patrouillengefechte.

Der im Stellungskrieg so unerschrockene General wurde im Bewegungskrieg noch waghalsiger. Er befahl, unsere Truppen sollten niemals – weder bei Tag noch bei Nacht – den Kontakt mit den feindlichen Nachhuten verlieren; er trug dem General, der die Brigade kommandierte, auf, sich unseren Vorhuten anzuschließen. Trotz seines hohen Alters marschierte der General an der Spitze der Vorauskompanie; er kam in einem Patrouillenscharmützel ums Leben. Die ganze Brigade trauerte um ihn, denn die Soldaten hatten ihn geliebt.

Als der Divisionsbefehlshaber von seinem Tod unterrichtet wurde, verdoppelte sich seine Angriffslust.

„Er muß gerächt werden“, erklärte er der Truppe. „Er muß so bald wie möglich gerächt werden.“

Der Rachedurst des Generals kühlte an der harten Gegenwehr der feindlichen Nachhuten wohl ab, er wurde jedoch nicht gelöscht. Die mit Maschinengewehren ausgestatteten österreichischen Nachhutkräfte kämpften ausdauernd und verbissen, und sie waren bereit, sich aufzuopfern, um unser Vorrücken aufzuhalten. Auf diese Weise fielen uns einige Maschinengewehre in die Hände, mit denen sich die Bedienungsmannschaften bis zum Tod verteidigt hatten. Aber andere, zwischen Nachhut und Hauptmacht operierende Gruppen zwangen uns, indem sie uns von den beherrschenden Höhen aus unter Feuer nahmen, immer wieder, die Truppen in Schwarmlinie auseinanderzuziehen. Damit wurde viel Zeit vertan. Der General verlor seine gewohnte Ruhe; er kletterte auf eine Fichte und nistete sich in deren Wipfelästen ein wie ein Schiffskapitän im Mastkorb und schrie von dort oben:

„Vorwärts! Tapfere Soldaten, vorwärts! Rächen wir den Brigadekommandanten!“

„Wollten wir unseren Brigadekommandanten wirklich rächen, dann gäbe es heute zwei tote Generale“, sagte Hauptmann Canevacci zu mir. „Und durch unsere Rache würde auch der Posten des Divisionskommandanten vakant.“

Canevacci konnte den General nicht mehr ausstehen.

Hätten sich unsere Soldaten mit irgendwelchen bösartigen Absichten getragen, so wären diese wohl durch die Heiterkeit gemildert worden, welche die von einem derart ungewöhnlichen Befehlsstand kommenden anfeuernden Rufe des Generals auslösten.

„Wenn der General auf dem Baum bleibt und im Wipfel sein Nest baut, dann ist die Division gerettet", kommentierte Canevacci finster. „Wenn er aber wieder herunterkommt, sind wir verloren."

Unser Bataillon war zum Vorausbataillon aufgerückt. Dieses war auseinandergezogen, um den feindlichen Maschinengewehren kein massiertes Ziel zu bieten und um sich für eine immerhin mögliche offensive Operation bereit zu halten. Der Vormarsch ging langsam vor sich. Es war schwierig, unter dem feindlichen Feuer und im Wald voranzukommen, wo es keinen Weg und nicht einmal immer brauchbare Steige gab. Die Kompanien mußten sich durch das Unterholz vorarbeiten und obendrein darauf achten, die Verbindung untereinander nicht zu verlieren.

Gegen Abend ließ der feindliche Widerstand nach. Die Patrouillen feuerten zwar noch, doch warteten sie, ehe sie sich zurückzogen, nicht mehr darauf, im Nahkampf mit dem Bajonett angegriffen zu werden. Wir folgten ihnen rascher und hatten nur einige wenige Verwundete. Der General war vom Baum gestiegen und marschierte zu Fuß zwischen dem zweiten Bataillon und dem unsern; dichtauf folgte sein Maultier, das der Treiber am Zügel führte. Plötzlich drang von vorne der Ruf zu uns:

„Halt! Tornister absetzen!"

„Wer hat da gerufen?" fragte der General mit finsterem Gesicht.

Es war ein Soldat der siebenten Kompanie des zweiten Bataillons gewesen, der die Verbindung hielt. An einer Weggabelung angelangt, hatte er durch seinen Ruf die nachfolgenden Einheiten aufmerksam gemacht, daß sie warten sollten. Unsere Patrouillen brauchten einige Zeit, um die Richtung der beiden Steige zu erkunden und um dann mitzuteilen, welche Richtung eingeschlagen werden mußte.

Einer der Späher war eben erschossen worden. Deshalb mußte vermieden werden, daß andere sich zu weit vorwagten, ehe Gelände und Lage erkundet waren. Der rufende Soldat hatte ausgeführt, was ihm befohlen worden war. Hauptmann Zavattari, der die sechste Kompanie führte, meldete dies dem General.

„Lassen Sie den Soldaten erschießen!“ befahl der General.

Den Soldaten erschießen? Zavattari war Reserveoffizier. Im Zivilleben war er Abteilungsleiter im Unterrichtsministerium. Er war der älteste Hauptmann des Regiments. Der Befehl, einen Soldaten erschießen zu lassen, war unfaßbarer Unsinn. Mit maßvollen, gewählten Worten setzte Zavattari dies dem General auseinander.

„Lassen Sie ihn auf der Stelle erschießen!“ erwiderte der General, ohne auch nur einen Atemzug lang zu zögern.

Der Hauptmann entfernte sich und kehrte bald danach zum General zurück. Er war zur Weggabelung vorgegangen und hatte dort den Soldaten verhört.

„Haben Sie ihn erschießen lassen?“ wollte der General wissen.

„Nein, Herr General. Der Soldat hat nur getan, was ihm befohlen worden ist. Als er rief: „Halt! Tornister absetzen!“ dachte er gar nicht daran, daß dies als Ausdruck der Ermattung oder Disziplinlosigkeit ausgelegt werden könnte. Er wollte nur einen Befehl an seine Kameraden weitergeben. Ein Soldat des Spähtrupps ist kurz zuvor getötet worden. Der Halt war nötig, um den Spähern Gelegenheit zu geben, das Terrain zu erkunden.“

„Lassen Sie ihn trotzdem erschießen“, antwortete der General kühl. „Es muß ein Exempel statuiert werden.“

„Aber wie kann ich einen Soldaten erschießen lassen ohne eine Spur von Verfahren, und ohne daß er ein Verbrechen begangen hätte?“

Dem General lag eine solche Juristenmentalität fern. Das Argumentieren mit Paragraphen regte ihn auf.

„Sorgen Sie dafür, daß er sofort erschossen wird!“ schrie er. „Zwingen Sie mich nicht, meine Carabinieri auch gegen Sie einschreiten zu lassen.“

Im Gefolge des Generals befanden sich die zwei diensthabenden Carabinieri vom Divisionsstab.

Der Hauptmann begriff, daß in dieser Lage irgendein Umweg

gefunden werden mußte, um den Soldaten, dessen Leben bedroht war, zu retten.

„Zu Befehl, Herr General!“ antwortete Zavattari. Es klang sehr entschlossen.

„Führen Sie den Befehl aus, und erstatten Sie Meldung.“

Der Hauptmann ging wieder zur Spitze seiner Kompanie vor, die stehengeblieben war und auf Befehle wartete. Er ließ von einer Gruppe eine Gewehrsalve auf einen Baumstumpf abgeben und befahl den Sanitätern, den Leichnam des gefallenen Spähers auf die Bahre zu legen. Nachdem dies geschehen war, erschien er, gefolgt von der Bahre, wieder vor dem General. Die übrigen Soldaten hatten keine Ahnung von dem makabren Manöver und sahen einander entsetzt an.

„Die Erschießung ist durchgeführt“, meldete er.

Der General erblickte die Tragbahre, erstarrte im Habtacht und salutierte stolz. Er war gerührt.

„Laßt uns die Märtyrer des Vaterlandes grüßen! Im Krieg ist die Disziplin schmerzlich, aber unerläßlich. Laßt uns unsere Toten ehren!“

Durch das Spalier der bestürzten Soldaten wurde die Bahre mit dem Toten fortgetragen.

In der Dämmerung stellten wir die Verfolgung ein. Das Bataillon, das die Vorhut bildete, blieb stehen und traf alle Sicherheitsvorkehrungen für die Nacht. Mein Bataillon blieb weiter hinten, am Waldrand, diesseits des Nostales, direkt gegenüber von Croce di Sant'Antonio. Es war ein schweres Hagelgewitter niedergegangen; eine kalte Nacht stand uns bevor. Wir waren durchnäßt bis auf die Haut. Wir hatten zwar jeder eine Decke und ein Zeltblatt, doch steckten wir noch immer in den Sommeruniformen ohne einen Faden Wolle, die wir bereits getragen hatten, als wir vom Karst abgezogen waren. Die Kälte im Biwak war unerträglich.

Gegen Mitternacht wurde uns erlaubt, Feuer zu machen. Der Wald und die große Entfernung schützten uns vor den Blicken der Feinde.

Wir saßen um die großen Lagerfeuer. Ein würziger Geruch nach Harz stieg aus den verbrennenden Fichtenästen. Im Flüsterton unterhielten sich die Soldaten über die Ereignisse des Tages. Da tönte plötzlich eine Donnerstimme durch die Stille des Waldes:

„Achtung! Seid wachsam! Wehe dem, der schläft. Der Feind ist nahe. Seid wachsam!"

Wer rief da?

„Seid wachsam! Ein Soldat, der schläft, ist ein toter Soldat. Seid wachsam! Euer General schläft nicht."

Es war General Leone.

Seine Stimme drang hohl durch das Schweigen der Nacht. Ich erhob mich und verließ den Bataillonskommandanten, der auf einem Stein beim Feuer saß. Die Soldaten der zwölften Kompanie kauerten um die Feuerstellen. Ich näherte mich einer der Gruppen so weit, daß mich die Wärme der Flammen erreichen konnte, blieb aber in der Finsternis, sodaß die Soldaten mich nicht bemerkten, und schaute in die Richtung, aus welcher die Stimme des Generals kam.

„Seid wachsam! Euer General ist unter euch. Euer General schläft nicht. Seid wachsam!"

Die Stimme kam allmählich näher.

„Der Narr schläft nicht", murmelte ein Soldat der zwölften Kompanie.

„Besser ein toter General als ein wacher General", ließ ein anderer verlauten.

„Seid wachsam! Euer General ist unter euch."

„Jetzt ist er direkt über uns", sagte ein Soldat.

„Und keiner erschießt diesen Schlächter", murmelte der Soldat, der zuerst gesprochen hatte.

„Den erschieße ich bestimmt noch. Bestimmt erschieße ich ihn", sagte ein älterer Soldat, der bis dahin nicht geredet hatte. Er saß neben dem Unteroffizier und schien sich nur darum zu kümmern, wie er sich am besten aufwärmen konnte.

Die Soldaten kauerten vor dem Feuer, einer eng an den andern gedrückt, sodaß ich im Widerschein der Flammen alle Gesichter gut erkennen und beobachten konnte. Der Unteroffizier lag auf den Knien und hatte die Hände vor dem Gesicht, um es vor der Hitze zu schützen. Er rührte sich nicht und sprach kein Wort.

„Wenn er sich zeigt, erschieße ich ihn“, wiederholte der Soldat.

Ich sah, wie er sich erhob, das Gewehr nahm, das Magazin kontrollierte und dann durchlud.

„Seid wachsam! Seid wachsam!“ brüllte der General.

Nun tauchte er zwischen zwei Feuern auf, etwa fünfzig Meter von uns entfernt. Er trug den Stahlhelm und einen dicken Schal um den Hals, dessen Enden über die Schultern fielen. Ein weiter, grauer Mantel hüllte ihn bis zu den Knöcheln ein. Er stapfte mühsam vorwärts, die Hände wie ein Megaphon vor dem Mund. Bei der spärlichen Beleuchtung sah er aus wie ein Gespenst:

„Seid wachsam!“

Der Soldat hob bedächtig das Gewehr, legte an und zielte.

„He“, sagte ich, „der General hat noch keine Lust, schlafen zu gehen.“

Der Soldat senkte den Lauf des Gewehres. Der Unteroffizier sprang auf und überließ mir seinen Platz vor dem Feuer.

[9]

Am nächsten Tag nahmen wir die Verfolgung wieder auf. Das Vorausbataillon ließ Croce di Sant'Antonio hinter sich und drang in den Wald vor, in Richtung auf die Zebio-Alm und auf den Monte Zebio. Während des Vorrückens wurde es immer wahrscheinlicher, daß das Gros des Feindes sich auf den Höhen festgesetzt haben mußte. Man erkannte es an dem erbitterten Widerstand. Es lag auf der Hand, daß die letzten österreichischen Truppen, die mit unseren Patrouillen in Gefechtsberührung kamen, sich auf nahe, größere Verbände stützten. Da der Vormarsch sehr langsam vor sich ging, blieb mein Bataillon, nachdem es das Nostal überquert hatte, den ganzen Tag über untätig und wartete auf weitere Befehle.

Das die Vorhut bildende zweite Bataillon erhielt den Befehl, nicht weiter vorzugehen und sich einzugraben. Während der Nacht wurde es von unserem Bataillon abgelöst. Als wir oben anlangten, war an der Waldgrenze schon in aller Eile eine Grabenlinie ausgehoben worden. Vor uns standen, verstreut und verwittert, nur noch einzelne Fichten, wie stets oberhalb der Baumgrenze, wo der geschlossene Nadelwald endet und die Hochalmen beginnen. Das Gelände war noch mit Gebüsch bewachsen. Einige hundert Meter weiter oben schauten zwischen den Wipfeln der letzten Fichten Felsen hervor. Zu ihren Füßen würden wir wahrscheinlich auf den größten Widerstand stoßen.

Im Morgengrauen waren Hauptmann Canevacci und ich bei der neunten Kompanie in der vordersten Linie. Wir warteten auf die MG-Abteilung, die zurückgeblieben war. Der Hauptmann, der die neunte Kompanie kommandierte, beobachtete mit einer Gruppe von Scharfschützen das Vorfeld. Wir befanden uns in seiner Nähe, hinter einem Hügel verborgen. Mit dem Feldstecher suchte Hauptmann Canevacci das Gelände vor uns ab.

Nicht einmal hundert Meter weiter vorn tauchte im Unterholz eine feindliche Patrouille auf: sieben Mann, in Schützenreihe. Überzeugt, daß weit und breit kein Italiener sei und daß niemand sie sehen könne, bewegten sie sich parallel zu unserem Schützengraben, aufrecht, die Gewehre im Arm, die Tornister umgehängt. Oberhalb der Knie waren sie ungedeckt. Der Hauptmann der neunten Kompanie gab den Scharfschützen ein Zeichen, befahl Feuer, und die Patrouille stürzte zu Boden.

„Bravo!" rief Hauptmann Canevacci.

Eine unserer Gruppen kroch nach vorne. Im Graben lagen alle mit schußbereitem Gewehr, um ihr Feuerschutz zu geben. Die Gruppe verschwand kriechend im Gehölz.

Wir warteten, bis die Gruppe die gefallenen Österreicher zurückbringen würde, aber es verstrich sehr viel Zeit. Unsere Leute mußten sehr behutsam vorgehen, um nicht in einen eventuellen Hinterhalt zu geraten. Canevacci wurde ungeduldig. Auch von der MG-Abteilung war noch nichts zu sehen. Sollte sie sich im Wald verirrt haben? Um nicht noch mehr Zeit zu verlieren, ging ich ihr entgegen.

Ich fand sie einen halben Kilometer weiter hinten beim zweiten Bataillon. Als ich sie entdeckte, spielte sich eben eine äußerst bewegte Szene ab. Zwischen dem zweiten Bataillon und der MG-Abteilung ritt der Divisionskommandant allein auf seinem Maultier bergan. Das Gelände war felsig. Am Rand eines Abgrunds, der gute zwanzig Meter steil abfiel, machte das Maultier eine plötzliche Wendung, und der General fiel aus dem Sattel. Das Tier trottete gemächlich die äußerste Kante entlang weiter. Der General klammerte sich, schon über dem Abgrund baumelnd, an den Zügeln fest. Das Maultier schüttelte bei jedem Schritt heftig den Kopf, um die Bürde loszuwerden. Jeden Augenblick konnte der General in die Tiefe stürzen. In der Nähe standen viele Soldaten. Sie beobachteten alles, aber keiner rührte einen Finger. Ich sah es deutlich: Manche zwinkerten einander lachend zu.

Es konnte nur noch eine Frage von Augenblicken sein, und das Maultier würde den General abgeschüttelt haben. Aus den Reihen unserer MG-Abteilung stürzte ein Soldat nach vorne. Er kam gerade noch zurecht, um den General festzuhalten. Ohne eine Miene zu verziehen, und als gehörten derartige Zwischenfälle zu seinem gewohnten Training, kletterte dieser wieder in den Sattel, ritt weiter und verschwand. Der Soldat blieb stehen und schaute, mit sich zufrieden, in die Runde. Er hatte dem General das Leben gerettet.

Als ihn die Kameraden von der MG-Abteilung einholten, wurde ich Zeuge eines wilden Überfalls. Wütend stürzten sie sich auf ihn, schlugen ihn mit den Fäusten, warfen ihn zu Boden und ließen selbst dann noch nicht von ihm ab.

„Mistvieh! Kanaille!"

„Laßt mich doch. Hilfe!"

Es hagelte Fausthiebe und Fußtritte auf den Unglücklichen, der völlig wehrlos war.

„Da hast du's. Gib's ihm. Wer hat dich dafür bezahlt, den Dummen zu spielen?"

„Hilfe!"

„Den General retten! Gib zu, daß die Österreicher dich bestochen haben."

„Laßt mich doch. Ich habe es ja nicht absichtlich getan. Ich schwöre, daß ich es nicht absichtlich getan habe."

Der Kommandant der MG-Abteilung ließ sich nicht blicken, und das Schauspiel hatte schon zu lange gedauert. Da niemand, weder ein Offizer noch ein Unteroffizier, einschritt, lief ich eiligst hin.

„Was geht hier vor?" schrie ich sie an.

Mein Auftauchen überraschte alle. Die Angreifer verdrückten sich. Nur einige blieben stehen und nahmen Haltung an. Ich näherte mich dem Überfallenen, reichte ihm die Hand und half ihm auf die Beine. Als er sich erhoben hatte, waren auch die wenigen, die, habtacht stehend, dageblieben waren, verschwunden. Ich war allein mit dem Soldaten. Er hatte ein blutunterlaufenes, verschwollenes Auge, die Wange war blutverschmiert. Den Stahlhelm hatte er verloren.

„Was war los?“ fragte ich. „Warum hat man dich derart verprügelt?“

„Es ist nichts, Herr Oberleutnant“, murmelte er.

Verängstigt schaute er bald nach links, bald nach rechts, um den Stahlhelm zu suchen, aber wohl auch, um sich zu vergewissern, daß ihn keiner der Kameraden hören konnte.

„Was heißt: Es ist nichts? Und das blaue Auge? Und das Blut im Gesicht? Du bist halb tot, und es ist nichts?“

Verlegen stand er vor mir, nahm Haltung an, aber er antwortete nicht. Ich drang weiter in ihn, aber er sagte kein einziges Wort mehr.

Das Dazwischentreten des Oberleutnants Ottolenghi, der die MG-Abteilung führte, befreite uns aus der Verlegenheit. Es war jener Ottolenghi, der mit dem einen heil gebliebenen Maschinengewehr im Kampf um den Monte Fior den Tag für uns gerettet hatte. Wir beide waren gleichrangig, doch war ich älter als er. Ohne mich auch nur zu grüßen, stürzte er auf den Soldaten zu und brüllte ihn an:

„Du Idiot hast heute die ganze Abteilung entehrt.“

„Was hätte ich denn tun sollen, Herr Oberleutnant?“

„Was du hättest tun sollen? Was alle andern getan haben, hättest du tun sollen. Nichts. Nichts hättest du tun sollen. Und auch das wäre noch zuviel gewesen. Einen Tölpel wie dich kann ich in meiner Abteilung nicht brauchen. Ich werde dafür sorgen, daß man dich davonjagt.“

Der Soldat hatte seinen Stahlhelm gefunden und stülpte ihn auf den Kopf.

„Was du tun hättest sollen?“ redete Ottolenghi weiter, voller Verachtung. „Ah, du wolltest etwas tun? Ja, du hättest die Zügel mit dem Bajonett durchhauen können, und der General wäre abgestürzt.“

„Wie?“ stammelte der Soldat. „Ich hätte den General sterben lassen sollen?“

„Ja, Dummkopf, du hättest ihn sterben lassen sollen. Und da er nicht sterben wollte, hättest du nachhelfen sollen, wenn du schon meintest unbedingt etwas tun zu müssen. Scher dich zur Abteilung. Wenn sie dich umbringen, so hast du nichts Besseres verdient.“

„Allerdings“, sagte ich zu Ottolenghi, als der Soldat verschwunden war, „tätest du besser daran, dich etwas besonnener zu verhalten. In ein paar Stunden werden alle wissen, was geschehen ist und was du gesagt hast.“

„Es ist mir egal, ob sie's wissen oder nicht. Es ist sogar besser, wenn sie's wissen. Dann kommt vielleicht doch einer auf die Idee, dem Bluthund eine Kugel in den Bauch zu jagen.“

Seine Wut sprudelte aus ihm. Er fingerte eine Münze aus der Hosentasche, warf sie in die Höhe, fing sie auf und fragte:

„Kopf oder Kreuz?“

Ich blieb stumm.

„Kopf“, entschied er für sich.

Es war Kreuz.

„Er hat Glück gehabt“, sagte er, „es ist Kreuz. Wenn's Kopf gewesen wäre ... Wenn's Kopf gewesen wäre ...“

„Was dann?“ fragte ich.

„Wenn's Kopf gewesen wäre ... Nun, warten wir ab.“

Während die Maschinengewehrabteilung beim Bataillon in den Gräben ankam, rückte auch die Gruppe der neunten Kompanie ein; sie schleppte die Österreicher mit sich. Sechs, darunter ein Gefreiter, waren tot, einer lebte noch. Wir prüften ihre Papiere und stellten fest, daß es Bosniaken waren. Die zwei Hauptleute waren zufrieden, vor allem der Bataillonskommandant, der hoffte, man werde von dem Verwundeten nützliche Mitteilungen erhalten können. Er ließ ihn sogleich zum Verbandsplatz bringen und benachrichtigte selber das Divisionskommando, das einen Dolmetsch zur Verfügung hatte.

Die sechs Toten lagen auf der Erde, einer neben dem andern. Wir betrachteten sie nachdenklich. Früher oder später würde die Reihe auch an uns kommen. Hauptmann Canevacci war zu sehr mit sich zufrieden, um solchen Gedanken nachzuhängen. Er blieb neben dem toten Gefreiten stehen und redete auf ihn ein:

„Ja, mein Lieber, wenn du gelernt hättest, wie man eine Patrouille zu führen hat, wärst du jetzt nicht da. Wenn man auf Spähtrupp geht, dann muß man als Führer vor allem und zunächst einmal sehen können.“

Der Hauptmann von der neunten Kompanie unterbrach ihn. Den Zeigefinger an den Lippen und mit gedämpfter Stimme forderte er ihn auf, still zu sein. Vor uns, in der gleichen Richtung, in der die Patrouille gefallen war, aber viel näher, war ein seltsames Geräusch zu hören; es klang, als zankten sich zwei Menschen im Flüsterton. Der Hauptmann blickte angestrengt hin. Die Scharfschützen brachten ihre Gewehre in Anschlag. Auch der Bataillonskommandant und ich traten an den Grabenrand und schauten.

Das Geräusch kam von einer großen Fichte, deren Stamm von dem durch die Wipfel der übrigen Bäume dringenden Sonnenschein beleuchtet wurde. Zwei Eichkätzchen huschten den Stamm hinauf, einige Meter über der Erde. Sie hüpften von Ast zu Ast. Blitzschnell jagten sie einander nach, versteckten sich, hetzten wieder hintereinander um den Stamm und versteckten sich von neuem. Mit kleinen Schreien, die an ein verhaltenes Kichern erinnerten, begrüßten sie einander bei jeder Begegnung, wenn sie, das eine über diese, das andere über jene Seite des Stammes, in fröhlichen Sprüngen aufeinander zustürzten. Und sooft sie in ihrer Jagd innehielten, setzten sie sich auf einem sonnenbeschienenen Ast auf die Hinterpfoten, und mit den wie Händen erhobenen Vorderpfoten schienen sie einander mit koketten Komplimenten zu begrüßen. Die hellen Bäuche und die kerzengerade aufgerichteten, buschigen Schweife leuchteten in der Sonne.

Einer der Scharfschützen wandte sich zum Hauptmann um und flüsterte:

„Sollen wir schießen?"

„Bist du verrückt?" antwortete der Hauptmann verwundert. „Sie sind doch so nett."

Hauptmann Canevacci ging zu den auf dem Boden liegenden Toten zurück.

„Der Patrouillenführer muß sehen und darf selber nicht gesehen werden", nahm er seine Rede an den bosniakischen Gefreiten wieder auf.

[10]

Die feindliche Widerstandslinie zeichnete sich immer deutlicher ab. Die Patrouillen, die wir bei Tag ausschickten, stießen nicht mehr auf gegnerische Aufklärer. Das Feuer kam aus offensichtlich durchgehenden Stellungen und ließ auf ein vorbereitetes Grabensystem schließen. Da und dort hatte man Drahtverhaue festgestellt. Wir rückten nicht weiter vor. Die Brigade hielt die am weitesten vorgeschobene Stellung des Armeekorps.

Der Tag verlief ruhig. General Leone bereitete einen nächtlichen Sturmangriff vor. Bei Einbruch der Dunkelheit wurde befohlen, wir sollten uns bereit halten. Wir riefen die Patrouillen zurück und rüsteten zum Angriff. Zeitgerecht trafen auch Maultiere mit Fässern und Schläuchen voller Kognak ein; wir verteilten die Rationen an die Soldaten.

Dieser Nachtangriff erfüllte alle mit Besorgnis. Er sollte auf der ganzen Abschnittsbreite vorgetragen werden. Wohin würden wir geraten? Was würde uns auf der andern Seite erwarten? Nur Patrouillen, wie der General meinte, oder stark bemannte Schützengräben, worauf die Drahtverhaue schließen ließen? Die Soldaten warteten und tranken. Sie waren nervös. Hauptmann Canevacci hatte seine Kognakration bereits ausgetrunken und sich über die meine hergemacht.

Es war zehn Uhr, die wenigen Sterne am Himmel beleuchteten den Wald nur spärlich. Der Befehl zum Angriff war noch nicht da. Offenbar wollte der General nicht nur die Österreicher, sondern auch uns überraschen. Der Bataillonskommandant hatte seine Truppe in Marschkolonne formiert. Er hatte angeordnet, daß nur eine Kompanie angreifen sollte. Die andern sollten vorgehen, wenn der ersten der Durchbruch gelungen war. Wir warteten, unbeweglich und stumm. Das Scheppern der gegen das Gestein schlagenden Eßgeschirre, der metallene Klang aneinanderschlagender Gewehrläufe waren die einzigen Geräusche in der Stille der Nacht.

Phantasiereich wie stets, hatte der General befohlen, die Trompeten zum Angriff blasen zu lassen, zum Schrecken für den Feind, zur Anfeuerung der Unsern. Als das Trompetensignal ertönte, sprangen alle Abteilungen der vordersten Linie zum Sturm vor. Die derart gewarnten Österreicher antworteten jedoch im selben Augenblick mit heftigem MG- und Gewehrfeuer. Einige Minuten lang herrschte ein ohrenbetäubender Lärm. Die Trompeten schmetterten, von den feindlichen Linien knatterte das Feuer, und pausenlos stiegen Hunderte Leuchtkugeln zum Himmel, sie hoben unsere Sturmwellen, eine nach der andern, aus der Finsternis. Unsere Kompanien wurden mit Salven eingedeckt und niedergemäht; sie mußten sich zurückziehen, ohne überhaupt die österreichischen Gräben erreicht zu haben.

Das Durcheinander war groß, und der Abtransport der Verwundeten steigerte die Verwirrung. Überraschung und Angriff waren gescheitert, aber die Trompeter – die der General neben sich postiert hatte und selber dirigierte – schmetterten weiter ihre Signale in die Nacht. Es hatte den Anschein, als wäre der General entschlossen, die österreichischen Stellungen mit Trompetenschall allein einzunehmen.

Einige Stunden später, als nach all dem Getöse wieder Ruhe eingekehrt war, erfuhren wir, daß der General gleichwohl befriedigt war. Es war ihm nur darum gewesen, den Fennd zu zwingen, den Verlanf der Stellungen anzuzeigen und die Stärke seiner Kräfte zu verraten. Dies alles hätte man allerdings auch in Erfahrung bringen können, wenn man ein paar Patrouillen zu systematischer Erkundung ausgeschickt hätte. Doch General Leone verabscheute derart gewöhnliche Mittelchen.

Unsere Verfolgungsjagd war also beendet. Der Feind war endgültig stehengeblieben und hatte sich eingegraben. Darüber bestand kein Zweifel mehr. Durch den Rückzug vom Monte Fior hatten die Österreicher ihre Frontlinie um rund zwanzig Kilometer verkürzt und die Gefahr der Einkreisung abgewendet; sie waren aus der Offensive zur Defensive übergegangen. Wir hatten nun keine Patrouillenscharmützel und keine Gefechte zwischen Vor- und Nachhuten mehr zu gewärtigen; eine neue Kampfphase stand uns bevor: Schlachten gegeneinander anstürmender Massen mit gewaltiger Artillerieunterstützung. Dies würde jedoch Vorbereitungen erfordern. Inzwischen würden wir vielleicht auch ein wenig Ruhe genießen können.

Das dachten wir. Der Divisionskommandant war anderer Ansicht. Der Nachtangriff hatte ihm die Inspiration für einen Großangriff am nächsten Tag geliefert.

Tags darauf wurden die Bataillone der Brigade nach links verlegt; sie lagen nun am Fuß der Zebio-Alm. Die Brigade mußte mit vier Bataillonen angreifen, und nur zwei wurden als Reserve zurückbehalten. Mein Bataillon sollte den Angriff am äußersten rechten Flügel des Abschnitts vortragen. Für dieses Vorhaben hatten wir nur unsere Gewehre. Die wenigen Handgranaten, die uns zugeteilt waren, hatten wir auf dem Monte Fior aufgebraucht. Weit und breit gab es kein Geschütz. Es würde eine schwierige Operation werden. Allerdings waren unsere Einheiten noch recht kampfstark. Die Maulesel schleppten Gewehrmunition und Schnaps herbei. Mein Bataillon eröffnete den Sturmangriff. Es war um fünf Uhr nachmittags. Dem Befehl gemäß sprang das Bataillon in einer einzigen Angriffswelle, alle Gruppen zugleich, aus den Gräben. Schon beim Sprung über die Wehren erfaßte uns das feindliche Feuer.

Meine Erinnerung an jene Stunden ist verworren. Von unserem Ausgangspunkt bis zu den feindlichen Linien waren es nur etwa hundert Meter. Im Gelände niedriges Buschwerk, ein paar einsame Bäume, viele Steine und einige Felsen. Wir hatten Befehl, auf keinen Fall stehenzubleiben. In einem einzigen Ansturm überwanden wir laufend das schmale Niemandsland.

Hauptmann Canevacci stürmte allen voran und fiel als einer der ersten; eine Kugel hatte ihn in die Brust getroffen. Auch der Kommandant der Neunten fiel an der Spitze seiner Kompanie. Er war der letzte Hauptmann des Bataillons; eine Maschinengewehrgarbe mähte ihm beide Beine ab. Aber der Sturmangriff ging ungestüm weiter. Wir rannten. Folglich konnte das österreichische Feuer uns nicht alle gleichzeitig bedrohen. Ein Teil der Schüsse traf nur die niederen Felsbrocken.

Das Gelände hinter uns war im Nu mit Toten und Verwundeten bedeckt, aber das Bataillon erreichte die feindlichen Stellungen. Ich hatte Canevacci seinem Schicksal überlassen und befand mich nun inmitten der neunten Kompanie neben Oberleutnant Santini, der die Führung übernommen hatte. Vor uns lag eine geschlossene Linie von Drahtverhauen und spanischen Reitern. Da war jeder Versuch, in die feindlichen Gräben zu gelangen, aussichtslos. Höchstens zwei Meter hinter den Verhauen die Deckung; sie war zwar improvisiert, aber aus festem Stein gefügt und bot den österreichischen Verteidigern sicheren Schutz. Stehend an den Drahtverhau gelehnt, eröffneten wir das Feuer. Die Maschinengewehre, die uns während des Vorsturms von rechts unter Flankenfeuer genommen hatten, konnten uns hier nichts mehr anhaben; sie beherrschten wohl das hinter uns liegende Terrain, doch waren wir mit jedem Sprung vorwärts mehr und mehr aus ihrem Schußfeld geraten. Sie schossen zwar weiter, trafen aber nur ins Leere. Nur ein Maschinengewehr war jetzt noch auf unsere Abteilung gerichtet. Es befand sich wenige Meter vor uns. Santini ließ es unter Feuer nehmen und brachte es zum Schweigen. Doch plötzlich deckte uns von links her ein Maschinengewehr aus etwa hundert Meter Entfernung mit mörderischem Flankenfeuer ein, dem wir schutzlos ausgeliefert waren. Wenn es so weiterschoß, würden wir bald alle erledigt sein. Wir hatten keine Möglichkeit zur Gegenwehr; es gelang uns nicht einmal, die Feuerstellung auszumachen. Wir warfen uns zu Boden, jeder für sich etwas Deckung suchend. Zugleich schossen wir auf die Grabenlinie, stets auf die Schießscharten zielend, um wenigstens das Feuer der uns zunächst liegenden Feinde niederzuhalten. Der von den Flanken zu uns dringende Kampflärm ließ keinen Schluß zu, ob unsere Nachbarverbände mit dem Angriff mehr Glück gehabt hatten als wir.

Ich weiß nicht mehr, wie lange wir so dagelegen sind. Im Kampf verliert man immer den Sinn für die Zeit. Die Drahtverhaue hinderten uns am Vorwärtskommen. Die Maschinengewehre schnitten uns den Rückzug ab. Es blieb uns nichts übrig, als dazubleiben, an die Erde gepreßt, immerzu auf die feindlichen Schießscharten feuernd, und so zu verhindern, daß wir selbst direkt unter den Verhauen getötet wurden. Wir hätten in dieser Lage geraume Zeit ausharren und die Nacht abwarten können, um uns dann im Schutz der Dunkelheit zurückzuziehen, wenn das MG auf der Linken uns nicht unerbittlich mit seinem Flankenfeuer überschüttet hätte. Viele unzureichend gedeckte Soldaten wurden getötet.

Man sollte jemanden zurückschicken, überlegte ich, um das Bataillon zu unserer Linken über die Lage, in der wir uns befanden, zu informieren. Von dort aus müßte es möglich sein, das Maschinengewehr niederzukämpfen. Ich sah mich um, doch entdeckte ich nicht einen einzigen Offizier in meiner Nähe. Santini war vollauf mit den feindlichen Gräben beschäftigt. So schlug ich mich selbst nach links durch, bald zwischen Gestein und Niederholz kriechend, bald mich in Sprüngen übers Gelände hinwegsetzend. Es dauerte sehr lange, denn das Bataillon, das an unseres anschloß, lag weiter links, als ich vermutet hatte. Das Rattern der Maschinengewehre und das Gewehrfeuer dauerten an. Auch das erste Bataillon schlug sich noch mit dem Feind herum, aber weiter hinten als das unsere; es war überdies besser gedeckt. Zwischen Felsbrocken und Bäumen herrschte ein ständiges Kommen und Gehen von Meldegängern und Verwundeten. Ich wollte so rasch wie möglich zum Bataillonsgefechtsstand kommen. Ein Soldat wies mir den Weg. Ich rannte, was ich konnte.

Der Gefechtsstand befand sich hinter einem mehrere Meter hohen Felshang. Rundum war alles voller Verwundeter. Von allen Seiten drangen Befehlsrufe und Geschrei auf mich ein. Überall herrschten Durcheinander und Schrecken.

Der Major, der das Bataillon befehligte, stand an den Stamm einer großen Fichte gelehnt. Ich kannte ihn gut, da ich öfter bei ihm im Kasino gewesen war. Sein Gesicht war gerötet; mit den Händen gab er jemandem Zeichen, den ich nicht sehen konnte. Er schien äußerst gereizt zu sein.

„Beeil dich“, schrie er.

Aber niemand zeigte sich.

Während ich näher kam, rief der Major weiter:

„Beeil dich! Beeil dich, oder ich bringe dich um. Gib her den Kognak. Kognak!“

Dies war kein gewöhnliches Schreien. Er brüllte mit schriller Stimme und zudem im Befehlston, als ginge sein Gebrüll nicht einen einzelnen Menschen an, sondern eine Truppe, ein geschlossen marschierendes Bataillon. Er brüllte „Kognak!“ in einer Lautstärke und in einem Tonfall, als hätte er, hoch zu Roß, „Bataillon, antreten!“ befohlen.

Während ich mich ihm näherte, stürzte endlich ein Soldat herbei, der eine Flasche Kognak wie eine Fahne über dem Kopf schwenkte. Ich blieb einige Schritte vor dem Major stehen, nahm Haltung an und salutierte. Er hielt in der Rechten die Pistole, in der Linken ein Stück Papier. Er ließ das Papier zu Boden fallen und ging, immerfort brüllend, dem Soldaten entgegen:

„Gib her! Gib her!“

Er riß die Flasche mit einer raschen Bewegung an die Lippen und saugte sich daran fest, den Kopf zurückgeworfen. Er stand starr und reglos da, wie vom Donner gerührt. Ein stehender Leichnam, hätte man meinen mögen. Die einzigen Lebenszeichen drangen aus der Gurgel, durch die der Schnaps rann und die dabei glucksende Seufzer ausstieß.

Ich wartete, bis er fertig getrunken hatte. Mit Schmerzen trennte er sich schließlich von der schon halbleeren Flasche. Er reichte sie dem Soldaten und rührte sich nicht. Ich trat wieder näher an ihn heran und unterrichtete ihn eiligst, ohne daß er irgend etwas gesagt hätte, über den Grund meines Besuchs. Er blickte mich zwar an, doch waren seine Gedanken weit fort. Er hörte mir nicht zu, mein Reden war nutzlos. Seine Faust umklammerte noch immer die Pistole, und um Aufmerksamkeit zu bekunden, hielt er die Waffe auf mich gerichtet. Ich schob die Pistole zur Seite, da ich fürchtete, es könnte ein Schuß losgehen. Er ließ mich gewähren, doch als ich meine Hand weggezogen hatte, richtete er die Waffe wieder auf mich. Ein zweites Mal schob ich sie zur Seite, und noch einmal zielte er auf mich. Ich griff nach seiner Faust und entwand ihm die Pistole. Er ließ auch dies geschehen, ohne ein Wort zu sagen. Ich holte die Patrone aus dem Lauf, entfernte das Magazin und gab ihm die Pistole zurück. Er nahm sie mit derselben Teilnahmslosigkeit, mit der er sie mir überlassen hatte, und lächelte mich an. Doch hatte ich das Gefühl, daß ein anderer aus ihm lächelte. Vielleicht, dachte ich, will er mir durch das Lächeln zu verstehen geben, daß das mit der Pistole nur ein Spaß gewesen ist. Da er noch immer nichts sagte und ich nur Zeit verlor, ging ich fort; ich hoffte, irgendwo den Bataillonsadjutanten zu finden. Der Bataillonsadjutant war tot. Die übrigen Offiziere waren im Gefecht, und die Soldaten des Stabes konnten nicht zu ihnen gelangen, sie wußten auch nichts von ihnen. Die Garben der Maschinengewehre zischten pausenlos über uns hinweg. Ein Orkan schien zu toben. Die von den Geschoßgarben abgesägten Baumwipfel drehten sich knarrend von den Stämmen und stürzten zu Boden.

Nachdem ich lange vergeblich herumgeirrt war, stieg ich wieder auf, um zum Bataillon zu stoßen. Dabei kam ich wieder am Befehlsstand des ersten Bataillons vorbei. Der Major stand unbeweglich an der Stelle, wo ich ihn verlassen hatte. Er hielt die Pistole in der Hand und lächelte immer noch.

[11]

Das Bataillon hatte sich während der Nacht gruppenweise auf die Ausgangsstellungen zurückgezogen. Wir hatten alle Offiziere verloren. Nur Santini und ich waren mit heiler Haut davongekommen. Auch Oberleutnant Ottolenghi hatte den Tag überlebt: Ihm war befohlen worden, mit den Maschinengewehren hinten zu bleiben; er hatte also den Sturm nicht mitgemacht. Der Mannschaftsstand der Kompanien war halbiert. Wir brauchten die ganze Nacht, um Verwundete und Tote zu bergen. Als Santini und ich nach dem Appell ein paar Worte wechselten, fiel es uns schwer, nicht einander in die Arme zu fallen.

Der Stellungskrieg begann wieder. Die Träume von grandiosem Manövrieren und blitzartigem Sieg verrannen. Es galt, wieder von vorn anzufangen, wie vorher im Karst.

Einige ruhige Tage folgten. Die Einheiten mußten aufgefüllt werden. Jeden Tag traf Ersatz ein, Offiziere und Mannschaften. Allmählich vergaß man die Toten und freundete sich mit den Neuen an.

Den feindlichen Stellungen gegenüber bauten nun auch wir unsere Gräben aus. Die Linie folgte dem Verlauf des Geländes und den vom Wald gebotenen Deckungsmöglichkeiten. Die Entfernung zu den österreichischen Gräben betrug zwischen fünfzig und dreihundert Meter. Die Gräben wurden unsere Behausungen. Die zur Defensive gezwungenen Österreicher dachten sicherlich nicht daran, uns anzugreifen. Gleichwohl mußte man jederzeit auf der Hut sein. Uns gegenüber lagen Scharfschützenabteilungen, die selten danebenschossen. Sie feuerten nicht sehr häufig, aber sie zielten immer auf die Köpfe und benützten Explosivmunition.

Die Tage der Ruhe gingen zu Ende. Das Bataillon war in aller Eile ergänzt worden. Alles deutete darauf hin, daß bald ein neues Unternehmen gewagt werden sollte. Jeden Tag wurden mit dem Munitionsnachschub Dynamitrohre nach vorn gebracht. Es waren die großen, zwei Meter langen Rohre, die wir vom Karst her kannten. Sie waren dazu bestimmt, Breschen in die Drahtverhaue zu reißen. Außerdem wurden Drahtscheren gebracht. Die Drahtscheren und die Rohre hatten sich als völlig unbrauchbar erwiesen, aber man lieferte sie uns trotzdem. Und es kam auch Schnaps, sehr viel Schnaps. Kein Zweifel, es standen große Dinge bevor.

Die Stäbe hatten festgelegt, daß der nächste Angriff durch umfangreichen Einsatz von Dynamitrohren vorbereitet werden sollte. Die Sprengrohre sollten in der Nacht zuvor unter die feindlichen Drahtverhaue geschafft und zur Detonation gebracht werden. Mein Bataillon war gemeinsam mit dem ersten Bataillon des Regiments 400, des Schwesterregiments in der Brigade, dazu ausersehen, in dem für den Angriff in Aussicht genommenen Frontabschnitt die Sprengarbeit zu leisten. Auch dieses Bataillon war schwer angeschlagen gewesen, aber wieder aufgefüllt worden. Der Major hatte sich erholt und schickte den Oberleutnant Mastini zu mir, damit wir Zeit und Taktik für das Anbringen der Sprengrohre vereinbaren konnten.

Mastini und ich hatten an der gleichen Universität studiert. Er war etwas jünger als ich; als ich im achten Semester war, war er erst im vierten. Als Freunde und Veteranen vom Karst trafen wir uns auch auf der Hochebene von Asiago häufig.

Wir hatten den Beobachtungsgang entlang der Grabenlinie beendet und uns hinter den Gräben meines Bataillons niedergelassen. Ich lag ausgestreckt im Gras, er saß im Schatten auf einem Stein. Das Gespräch kam auf seinen Bataillonskommandanten. Auch Mastini war der Ansicht, daß er zuviel trank. Ich erzählte ihm mein Erlebnis mit dem Major.

„Unser Major", sagte Mastini, „ist kein übler Offizier. Häufig ist er mutig und mitunter auch klug. Aber wenn er keinen Schnaps hat, ist er nicht imstande, während einer Operation auch nur den Fuß zu heben."

„Erinnerst du dich an Pareto?" fragte ich. „Wie der soff! Und wie gescheit er war! Die Professoren waren einfach baff, alle. Er war doch der genialste Student an der ganzen Universität. Aber wenn er nichts zu trinken hatte, konnte er keine Prüfung ablegen. Irgendwie glich er deinem Major. Kein Schnaps, kein Kampf."

Das Gespräch über die Erinnerungen aus unserer Universitätszeit, die uns wie ein sehr ferner Traum erschien, war wohltuend. Mastini begann von einem Studentenfest zu erzählen, das – dank dem alten und tückischen Wein – in die Geschichte der Universität eingegangen war: Der Rector magnificus hatte, mit einem gewaltigen Baß, Arien zum besten gegeben, und ein Erstsemester hatte die Gattin des Präfekten umarmt.

„Aber du trinkst jetzt auch ziemlich viel?" fragte ich. „Man sagt, daß ihr in eurem Bataillon alle sauft wie die Schwämme."

Er antwortete damit, daß er mit einer raschen Bewegung, so als ob meine Frage ihm einen bis dahin vergessenen Gegenstand ins Bewußtsein zurückgerufen hätte, die Feldflasche ausklinkte und langsam schluckweise trank. Die Flasche enthielt sicherlich guten Kognak. Für mich hatte er den unerträglichen Geruch von Pulverrauch.

„Ich", sagte er, die Feldflasche wieder verschraubend, „ich verehre die homerische *Odyssee,* weil in jedem Gesang wenigstens ein Schlauch Wein vorkommt."

„Wein", sagte ich, „aber kein Kognak."

„Stimmt", bemerkte er. „Es ist seltsam. Es ist wirklich seltsam. Weder in der *Odyssee* noch in der *Ilias* gibt es eine Spur von Schnaps."

„Könntest du dir Diomedes vorstellen", sagte ich, „wie er eine Feldflasche Kognak austrinkt, bevor er auf Patrouille geht?"

Und so standen wir mit einem Bein in Troja, mit dem andern auf dem Hochplateau von Asiago. Ich sehe ihn wie damals, meinen guten Freund, wie er, ein skeptisch-gütiges Lächeln im Gesicht, aus der Innentasche des Uniformrocks das große stählerne Etui – im

Krieg ein Schild vor dem Herzen – hervorholte und mir eine Zigarette anbot. Ich nahm sie und gab ihm und mir Feuer. Er lächelte immer noch und dachte über eine Antwort nach.

„Allerdings ..."

Er machte einen tiefen Zug und blies den Rauch durch die Nase. Dann wiederholte er:

„Allerdings, wenn Hektor ein bißchen Kognak, guten Kognak, intus gehabt hätte, vielleicht wäre Achilleus dann manches weniger leichtgefallen ..."

Auch ich glaubte einen Augenblick lang, Hektor zu sehen, wie er nach jener übereilten und nicht ganz gerechtfertigten Flucht innehielt und unter den Augen der als Zuschauer auf den Zinnen der Mauern versammelten Mitbürger die elegante Kognakflasche von dem reich mit Gold bestickten ledernen Gürtel (einem Geschenk der Andromache) nestelte und – angesichts des Achilleus und diesem zum Trotz – einen kräftigen Schluck tat.

Ich habe vieles von dem, was mir im Krieg zugestoßen ist, vergessen. Aber diesen Augenblick werde ich nie vergessen. Ich sah meinen Freund an, der zwischen zwei Zügen an der Zigarette lächelte. Da löste sich aus dem österreichischen Graben ein einzelner Schuß. Mastinis Kopf fiel nach vorn, die Zigarette zwischen den Lippen, und aus einem roten Mal an der Stirne rann ein dünner Faden Blut. Langsam sank er zusammen und blieb zu meinen Füßen liegen. Ich hob ihn auf. Er war tot.

In der Nacht brachten wir die Dynamitrohre an. Unser Bataillon hatte zehn Stück davon, aufgestapelt wie Holzprügel. Wir sollten alle zehn zur Detonation bringen. Die jungen Offiziere wußten nicht, wie man damit umging, deshalb übernahmen Oberleutnant Santini und ich die Durchführung der Operation. Für erfahrene Patrouillengänger war das Anbringen und Zünden der Sprengrohre bei Nacht und in einigermaßen gedecktem Gelände ein Kinderspiel. Die Gefahr war gering. Es bedurfte lediglich guter Nerven.

Wir suchten im Bataillon aus den Soldaten, die sich freiwillig gemeldet hatten, unsere Mannschaften aus. Jeder Soldat, der freiwillig an einer solchen Aktion teilnahm, erhielt vom Regimentskommando zehn Lire. Für ein Sprengrohr brauchte man zwei Mann; zehn Rohre erforderten also zwanzig. *Zio* Francesco gehörte zu den Freiwilligen. Neun gingen mit mir, neun mit Santini. Ich wählte *zio* Francesco als meinen Begleiter.

In meinem Trupp befanden sich nur Karstveteranen, sie kannten sich aus, ohne daß ich ihnen viel erklären mußte. Zur festgelegten Stunde krochen wir – nachdem man noch einen Schluck Schnaps getrunken hatte – aus den Gräben. Ich hielt mich mit meinen Leuten links, auf den vom Bataillon 400 gehaltenen Abschnitt zu, Santini rechts.

Wir zwängten uns alle durch den gleichen Grabenausstieg und fächerten uns erst dann auf, jeweils zu zweit, das eine Paar vom andern etwa zehn Meter entfernt. Bis zu den österreichischen Linien waren es an die sechzig Meter.

Wer an Unternehmungen dieser Art nicht gewöhnt ist, spürt, wenn er den schützenden Graben verläßt und sich mit einemmal vollkommen ungedeckt dem Feuer der feindlichen Posten ausgesetzt fühlt, eine gewisse Unruhe. Der Neuling fürchtet: „Sie haben mich gesehen. Der Schuß ist für mich bestimmt." In Wirklichkeit verhält es sich ganz anders: Die Wachposten schießen geradeaus, ohne ein bestimmtes Ziel, wie's der Zufall will; sie schießen Löcher in die Nacht.

Die Nacht war pechschwarz. Wir trugen unser Sprengrohr in den Händen: ich vorn, *zio* Francesco hinten. Wo wir uns sicher fühlen konnten, gingen wir aufrecht; wo wir ungedeckt waren, arbeiteten wir uns kriechend voran. Die Wachposten feuerten immerzu, einen Schuß nach dem andern, ohne Spur von Erregung. Wo landeten sie nur, all die vielen verpulverten Geschosse? Es pfiff uns nicht eine einzige Kugel um die Ohren.

Vor uns wurde eine Leuchtkugel abgeschossen, eine zweite folgte und dann, weiter rechts, eine dritte.

„Sollte es einen Alarm geben?" überlegte ich. Aufrecht, mit angehaltenem Atem, blieben wir einige Sekunden lang unbeweglich stehen, so wie das Licht uns überrascht hatte, bis die letzte Rakete zur Erde fiel und erlosch. Die Wachposten gaben in bedächtiger

Langsamkeit ihre Schüsse ab, wie zuvor. Die Leuchtkugeln waren eine Routineangelegenheit gewesen. Man hatte uns nicht gesehen.

Wir gingen langsam, immer wieder innehaltend. Das leichte Geräusch unserer Schritte ging unter im Knattern des Feuers der Wachposten, der österreichischen wie der unsern. Denn auch unsere Posten schossen weiter, wie vor unserem Ausrücken; sie feuerten jedoch in die Luft, nur um Lärm zu machen und uns dabei nicht zu gefährden.

Trotzdem mußten wir sehr behutsam vorgehen. Im Niederholz, durch das wir mußten, konnten österreichische Beobachter auf der Lauer liegen. Es stiegen auch wieder Leuchtkugeln auf, bald links, bald rechts von uns. In ihrem Licht erstarrten wir zur Reglosigkeit, wir waren eins mit Gebüsch und Baumstrünken. Es war ausgeschlossen, daß wir gesehen wurden.

Wir erreichten die Verhaue und legten uns zu Boden. Im Widerschein einer fernen Leuchtkugel sah ich hinter dem Stacheldraht die Brustwehr des Schützengrabens und die schwarzen Flecken der Schießscharten. Um nicht direkt in das Feuer des gerade vor uns liegenden Wachpostens zu rennen, hatten wir ein wenig nach links gequert. Wir waren aber noch immer so nahe an dem Mann, daß wir nach jedem Schuß das Klicken der Patronenhülse hörten, die an die Grabenwand schlug und dann zu Boden fiel.

Wir wollten eben unser Sprengrohr unter das Drähtegewirr schieben, als etliche Dutzend Meter weiter rechts ein plötzlicher Lichtschein die Nacht zerriß, dem ein gewaltiges Explosionsgetöse folgte. Das erste Dynamitrohr war detoniert. Ich blickte auf meine Armbanduhr: Die Leuchtzeiger zeigten drei Uhr an. Es mußte Santinis Rohr gewesen sein: Wir hatten vereinbart, daß die erste Ladung – ob es nun die seine oder die meine sein würde – nicht vor drei Uhr gezündet werden sollte. Er war pünktlicher gewesen als ich. Ein Hagel von Splittern und Steinen ging nieder.

Wir drückten uns noch enger an den Boden. An die zwanzig Leuchtkugeln wurden entlang der gesamten Linie, auch außerhalb unseres Frontabschnitts, abgefeuert. Maschinengewehre eröffneten das Feuer.

Es war Alarm gegeben worden.

Eine zweite Explosion folgte auf die erste, gleich danach noch eine. Viele Leuchtkugeln stiegen zum Himmel, zischend und planlos, in alle möglichen Richtungen. Aber der Wachposten vor uns ließ sich durch nichts aus der Ruhe bringen. Er gab keinen Alarm und schoß weiter, gemächlich wie zuvor. Auch er mußte ein altgedienter Veteran sein.

Weiter rechts aber war ein wildes Geknatter von Gewehren und Maschinengewehren im Gang. Da waren offensichtlich alle Mann im Graben.

Zio Francesco rührte sich nicht. Dennoch spürte ich seine Nähe, und der feine Duft seiner Zigarre drang bis zu mir. Er hatte die Zigarre angezündet, bevor wir den Graben verlassen hatten, nun hielt er sie mit der brennenden Spitze im Mund. Mit der Glut mußte er die Zündschnur des Sprengrohrs zünden. Wenn die Zigarre so geraucht wurde, mit der Spitze im Mund war die Glut nicht zu sehen, und zudem brannte sie länger. Ich wandte mich um und sah *zio* Francesco dicht neben mir liegen, die Schultern an die Erde gepreßt, das Gesicht zum Himmel gewandt, die Zigarre im Mund. Er schien das Feuerwerk, das die Österreicher gratis boten, zu genießen. Sicherlich hatte es zum Kirchweihfest in seinem Dorf nie ein schöneres gegeben. Die Leuchtkugeln jagten kreuz und quer durch den Nachthimmel. Es war, als erhellten diese vielen Feuer über dem dunklen Fichtenwald die Säulen und Schiffe einer unermeßlich großen Basilika.

Das Sprengrohr lag nun unter dem Drahthindernis. Kaum wurde es wieder dunkel, kroch ich zurück und überließ meinen Platz *zio* Francesco. Er steckte mit der glimmenden Zigarre die Zündschnur in Brand und deckte sie mit einem Stein sorgsam zu. Dann nahmen wir gemeinsam Deckung hinter einem Baumstamm und warteten die Explosion ab.

Eine halbe Stunde später waren wir wieder im Graben. Alle Sprengrohre waren explodiert. Beim Abzählen fehlte niemand, nur ein Soldat der Gruppe Santinis war am Bein verwundet worden.

Bevor die Soldaten zu ihren Einheiten zurückkehrten, tranken sie den Schnaps, der den Freiwilligen zustand.

[12]

Am nächsten Tag folgte der geplante Sturmangriff. Das erste Bataillon trug ihn vor. Die durch die nächtlichen Sprengungen gewarnten Österreicher lagen auf der Lauer. Die Maschinengewehre mähten die ersten Sturmwellen nieder; das Bataillon erreichte nicht einmal die Schützengräben. Das enge Tal war den ganzen Tag lang von den Schmerzensschreien der Verwundeten erfüllt.

Ohne Artillerie war an die Eroberung derart stark verteidigter Stellungen nicht zu denken. Trotzdem versuchte es das zweite Bataillon noch einmal, doch war auch dieser Sturmangriff vergeblich. Allmählich verließ uns alle der Mut. Mit Schrecken beobachteten die Soldaten die Ankunft neuer Sprengrohre: Wenn bei Nacht gesprengt wurde, wurde am folgenden Tag angegriffen. Es waren grauenvolle Tage.

Um den Feind an die Sprengungen zu gewöhnen, wurden allnächtlich, eine Woche lang, Dynamitrohre ausgelegt und zur Detonation gebracht, ohne daß am nächsten Tag ein Angriff stattgefunden hätte. In den Stäben meinte man, man werde auf diese Weise nach der Zerstörung der Drahtverhaue plötzlich einen Überraschungsangriff unternehmen können. Die sich ständig wiederholenden nächtlichen Expeditionen forderten jedoch Tote und Verwundete, und die Zahl der sich freiwillig meldenden Soldaten wurde immer geringer. Schließlich mußte man den Gruppen turnusweise den Einsatz befehlen. *Zio* Francesco ging jedesmal freiwillig mit, und er kehrte auch immer mit heiler Haut zurück. Eines Nachts blieb jedoch auch er aus. Der Kamerad, der mit ihm zusammen das Rohr getragen hatte, barg später seinen Leichnam. Beim Rechnungsführer der zehnten Kompanie fand man die Aufstellung seiner Ersparnisse. Die zehn Lire Freiwilligenprämie hatte er regelmäßig der Familie geschickt. Armer *zio* Francesco! Seine alten Kameraden, die Veteranen, erhielten die Erlaubnis, ihn auf dem letzten Weg in den Friedhof von Gallio zu begleiten. Ich war mit ihnen. So wenige waren von uns noch übrig. Von der alten Brigade im Karst ging auf der Hochebene von Asiago einer nach dem andern dahin.

Als ältester Offizier hatte Hauptmann Bravini, ein Neuankömmling, die Führung des Bataillons übernommen. Er war ein junger Berufsoffizier und zerriß sich förmlich, um das Bataillon neu zu formieren. Aber nach zwei Tagen entdeckte auch er den Kognak; zuerst trank er heimlich, bald offen, und schließlich suchte er auch meine Kognakration wie einen kostbaren Schatz. So viele detonierte Sprengrohre erforderten schließlich einen Angriff. Der Kommandant des zweiten Bataillons unseres Regiments, Major Carriera, war in jenen Tagen zum Oberstleutnant befördert worden. Ihm wurde die Aufgabe zuteil, den Angriff in unserem Abschnitt zu leiten. Auch mein Bataillon wurde für dieses Unternehmen seinem Befehl unterstellt. Carriera war ein überaus energischer Mann. General Leone schätzte ihn sehr, und der Major hegte seinerseits größte Hochachtung für den General. Sie waren wie füreinander geschaffen. Nachdem Carriera die Leitung der Operation übertragen worden war, gönnte er sich kein Auge voll Schlaf mehr, weder bei Nacht noch bei Tag. Er wollte ein Vorbild sein. Folglich war er unermüdlich. Nach durchwachter Nacht trieb er am Morgen eine Stunde lang schwedische Gymnastik, und er verlangte, daß der Bataillonsadjutant diese Übungen mitmachte. Dieser war von schwächlicher Konstitution, und die Gymnastik griff seine Gesundheit an.

Der Oberstleutnant entwarf den folgenden Plan: bei Nacht die üblichen Sprengungen mit den Rohren; am Morgen Einsatz von Patrouillen, die mit Drahtscheren die Breschen in den Verhauen erweitern sollten; unmittelbar danach – Angriff. Er hatte die gewohnte Strategie um die Variante der Drahtscheren bereichert. Als ich von den Drahtscheren reden hörte, standen mir die Haare zu Berge. Dieser

Instrumente wegen hatten wir im Karst die besten Soldaten unter den feindlichen Verhauen verloren. Hauptmann Bravini, selbst Bataillonskommandant, aber im Rang niederer als Carriera, tat widerspruchslos alles, was der Oberstleutnant befahl.

Nachts krachten wieder die Sprengrohre. Ich hatte die Drahtscheren unseres Bataillons versteckt. Bei Tagesanbruch schrie der Oberstleutnant nach den Scheren, und Bravini suchte vergeblich danach. Es blieb nichts anderes übrig, als auf unsere Drahtscheren zu verzichten.

Der Oberstleutnant ließ den Bataillonsadjutanten kommen und fragte:

„Gibt es beim zweiten Bataillon noch Drahtscheren?"

Ich hoffte, er würde nein sagen, da ich ihn eingeweiht hatte. Auch er war mit im Karst gewesen und kannte die Folgen der Drahtschereneinsätze. Der Adjutant, ein Oberleutnant, dachte angestrengt nach und antwortete:

„Zu Befehl, Herr Oberstleutnant. Sieben Stück. Fünf davon in erstklassigem Zustand. Drei große und zwei kleine."

Da packten ihn doch noch Skrupel. Er holte das Notizbuch aus der Tasche, sah nach und korrigierte sich:

„Vier davon in gutem Zustand, zwei große und zwei kleine."

Er war Griechischprofessor in der Gegend von Bologna und hatte einen Hang zur Pedanterie, auch in den geringsten Details.

Ich stand in seiner Nähe und raunte ihm verächtlich ins Ohr:

„Du wirst mit deinen Scheren noch Karriere machen."

„Ich tue meine Pflicht", antwortete er gemessen.

Die Drahtscheren – alle sieben – waren sofort zur Stelle. Das erste Licht des heraufdämmernden Tages sickerte in den Wald ein, doch konnten wir in dem schwach erhellten Dunkel einander kaum sehen.

„Herr Hauptmann", befahl der Oberstleutnant meinem Bataillonsführer, „lassen Sie einen Offizier und zwei Mann vorgehen, um die Verhaue zu erkunden und um die Breschen mit den Scheren zu erweitern."

Der Hauptmann befahl, daß Oberleutnant Avellini von der neunten Kompanie mit zwei Soldaten hinausgehen sollte. Avellini, ein junger Berufsoffizier, war erst kürzlich zum Bataillon gestoßen.

Er kam, nahm den Befehl entgegen und sagte kein Wort. Er griff nach den Drahtscheren, gab je eine den Soldaten, die dritte behielt er selbst. Mit einem Sprung war er aus dem Graben und verschwand, gefolgt von den beiden Begleitern.

Einige Minuten vergingen; kein ungewöhnliches Geräusch war zu hören. Die Schüsse der Posten fielen in regelmäßigen, normalen Abständen. Ich gab Hauptmann Bravini zu bedenken:

„Wenn die Unsern die Verhaue erkunden und die Drähte zerschneiden sollen, werden sie Licht brauchen. Wenn es jedoch hell ist, werden auch die Österreicher sehen und auf die Unsern schießen. Die feindlichen Gräben müßten vollkommen leer sein, wenn so etwas gut ausgehen soll."

Der Hauptmann war nervös. Er sagte nichts, doch sah man ihm an, daß auch er sich Rechenschaft darüber ablegte, wie schwierig das Unterfangen war. Die Feldflasche mit dem Kognak hatte er halb leer getrunken.

Das Feuer vom österreichischen Graben wurde heftiger. Das waren nicht nur die Wachposten, die schossen. Es fielen mehr Schüsse, und dann feuerte die ganze Linie. Die Unsern waren also entdeckt worden. Wir konnten von unseren Gräben aus nicht genau erkennen, was vorging.

„Kein Zweifel", sagte ich flüsternd zu Bravini, „sie schießen auf die Unsern. Derartige Unternehmungen sind nur nachts möglich, wenn es ganz finster ist. Aber nachts sieht man nichts. Sie sind also bei Tag und Nacht unmöglich. Wir brauchen Artillerie. Ohne Artillerie kommen wir hier nicht voran."

„Wir brauchen Artillerie", echote der Hauptmann. Die Feldflasche schien ihm an die Lippen gewachsen zu sein. Auch der Oberstleutnant war nervös. Schweigend ging er im Graben auf und ab. Sein Adjutant folgte ihm, auf und ab, wie ein Schatten.

Durch die Schießscharten sahen wir Oberleutnant Avellini und einen Soldaten aus dem Unterholz kommen; sie waren dicht vor unseren Gräben. Wir rissen ein paar Sandsäcke aus der Wehr und halfen ihnen hereinzuklettern. Der Soldat war an einem Bein verwundet. Die Uniformbluse Avellinis war an der Seite mehrfach von Kugeln aufgerissen, ohne daß er selbst einen Kratzer davongetragen hatte. Er erstattete dem Oberstleutnant Meldung. Der zweite Soldat lag tot vor den österreichischen Verhauen. Die Österreicher hatten während der Nacht die von unseren Sprengungen aufgerissenen Breschen mit spanischen Reitern wieder gesperrt. Nur da und dort waren noch Lücken im Drahtverhau, durch die sich aber höchstens ein einzelner Mann hätte zwängen können. Die Österreicher hatten Alarm gegeben.

Die Drahtscheren schnitten nicht. Avellini hielt seine Drahtschere noch in der Hand und demonstrierte das dem Oberstleutnant. Im Graben lagen große Rollen Stacheldraht. Er griff nach einem Drahtende, nahm die Drahtschere und drückte sie zu. Die Schneidblätter glitten völlig wirkungslos über den Draht. Verärgert beobachtete der Oberstleutnant die Demonstration. Dann nahm er die Schere und versuchte selber, einen Draht durchzutrennen. Trotz schwedischer Gymnastik war er eher schwerfällig und tolpatschig; es fehlte nicht viel, daß er sich verletzt hätte. Er wiederholte das Experiment mehrmals, jedesmal mit dem gleichen Erfolg: Der Draht blieb intakt. Er ließ die Drahtschere fallen.

Der Griechischprofessor nahm eine der Scheren, die auf dem Boden liegengeblieben waren, eine von den sieben, und probierte sie am Draht aus. Sie schnitt.

„Aber die funktioniert ausgezeichnet", sagte er triumphierend zum Oberstleutnant.

„Sie funktioniert?"

„Zu Befehl, Herr Oberstleutnant, sie schneidet."

Und ein zweites Mal führte er uns allen seine Entdeckung vor.

„Dann", sagte der Oberstleutnant, „dann müssen wir den Versuch wiederholen."

„Aber es geht ja gar nicht um die Drahtscheren", sagte ich, indem ich an die Seite des Hauptmanns Bravini trat und mich an diesen wandte. „Es könnten alle Scheren schneiden, und es könnten die besten Drahtscheren der Armee sein, die Situation wird dadurch nicht verändert. Die Österreicher brauchen doch nur auf uns zu warten und jeden aus nächster Nähe zu erschießen, der sich den Verhauen nähert, ob mit oder ohne Drahtschere."

„Hier befehle ich!“ sagte der Oberstleutnant. „Und ich habe nicht nach Ihrer Meinung gefragt.“

Mein Hauptmann blieb stumm, und auch ich verzichtete auf eine Antwort.

Der Oberstleutnant fragte Bravini nach dem Namen eines anderen Offiziers des Bataillons, der mit den Drahtscheren vorgeschickt werden könnte.

Der Hauptmann versuchte gar nicht, Widerstand zu leisten. Er nannte gleich den Namen des Oberleutnants Santini und fügte hinzu, daß keiner das Terrain so gut kenne wie dieser. Er ließ Santini durch eine Ordonnanz holen. Es war nun schon heller geworden, und wir konnten den Verlauf der feindlichen Gräben deutlich erkennen. Jedermann mußte einsehen, daß Santini in einen sinnlosen Tod geschickt werden sollte.

Ich wagte noch einen Einwand:

„Es ist jetzt schon sehr hell“, sagte ich. „Außerdem ist Santini erst heute nacht mit den Rohren draußen gewesen. Könnte man das Ganze nicht verschieben auf morgen, oder bis es dämmert?“

Mein Hauptmann riskierte kein Wort zu meiner Unterstützung. Der Oberstleutnant warf mir einen feindseligen Blick zu und sagte:

„Nehmen Sie Haltung an, und schweigen Sie!“

Der Griechischprofessor ging mit der Drahtschere in der Hand im Kreis herum und demonstrierte allen Offizieren und Soldaten, wie hervorragend sie funktionierte.

Santini kam, hinter ihm sein Meldegänger. Der Oberstleutnant setzte ihm auseinander, was man von ihm erwartete, und fragte, ob er bereit sei, freiwillig zu gehen.

Santini war mutig und ein wenig zu stolz. Ich fürchtete, er würde ja sagen. Ich näherte mich ihm und raunte ihm zu:

„Sag nein.“ Dabei zupfte ich ihn am Saum der Uniformbluse.

„Es ist ein unmögliches Unternehmen“, antwortete Santini. „Es ist viel zu spät dazu.“

„Ich habe nicht gefragt, ob es früh oder spät ist“, warf der Oberstleutnant ein. „Ich habe Sie gefragt, ob Sie freiwillig gehen wollen.“

Ich zog wieder an Santinis Bluse.

„Nein, Herr Oberstleutnant“, antwortete Santini.

Der Oberstleutnant starrte Santini an, als weigerte er sich, das Gehörte zu glauben; er blickte auf Bravini, blickte auf mich und blickte der Reihe nach alle anderen an, Offiziere und Soldaten, die, an die Grabenwände gelehnt, in der Nähe standen, und rief dann aus:

„Das ist Feigheit!“

„Sie haben mich etwas gefragt, und ich habe geantwortet. Hier ist weder von Feigheit noch von Tapferkeit die Rede.“

„Sie melden sich also nicht freiwillig?“ fragte der Oberstleutnant.

„Nein, Herr Oberstleutnant.“

„Gut. Dann befehle ich Ihnen. Ich sage: Ich befehle Ihnen, daß Sie dennoch hinausgehen, und zwar sofort.“

Der Oberstleutnant sprach ruhig. Seine Stimme klang freundlich, beinahe bittend. Aber sein Blick war hart.

„Zu Befehl, Herr Oberstleutnant“, sagte Santini. „Wenn Sie es befehlen, dann muß ich es auch tun.“

„Aber einen solchen Befehl kann man nicht ausführen“, wandte ich mich an Hauptmann Bravini, in der Hoffnung, er werde eingreifen. Aber der blieb stumm.

„Nehmen Sie die Drahtscheren“, befahl der Oberstleutnant mit weicher Stimme und kalten Augen.

Der Bataillonsadjutant kam mit den Scheren heran. Er ging dicht an mir vorbei. Ich konnte nicht an mich halten und schrie ihn an:

„Du könntest ja auch hinausgehen mit deinen verdammten Scheren!“

Der Oberstleutnant hörte mich, doch wandte er sich an Santini:

„Gehen Sie nun, Herr Oberleutnant!“

„Zu Befehl, Herr Oberstleutnant.“

Santini nahm die Scheren. Dann schnallte er einen Hirschfänger – ein aus Wien stammendes Beutestück – vom Gürtel und reichte ihn mir.

„Behalte ihn, zur Erinnerung“, sagte er.

Er war blaß. Er zog die Pistole und sprang aus dem Graben. Die

Ordonnanz, die keiner von uns beachtet hatte, nachdem sie mit dem Oberleutnant zurückgekommen war, griff nach einer Schere und folgte Santini.

Ich stand da, den Hirschfänger in der Hand. Hauptmann Bravini hatte die Feldflasche an den Lippen. Ich stürzte zur nächsten Schießscharte.

Die beiden schritten aufrecht, einer an der Seite des andern, auf die feindlichen Gräben zu. Es war längst Tag.

Die Österreicher schossen nicht, obwohl die beiden völlig ungedeckt vorgingen.

Von uns aus waren es nicht mehr als fünfzig Meter zu den Gräben der Österreicher. Es gab nur wenige Bäume, aber dichtes Niederholz. Wenn sie sich hinter den Latschen zu Boden geworfen hätten, wären sie ungesehen bis zu den Verhauen gelangt. Santini steckte die Pistole wieder ein und behielt nur die Schere in der Hand. Die Ordonnanz blieb immer an seiner Seite, in der einen Hand das Gewehr, in der andern die Schere. Nun waren sie an den Verhauen angelangt und blieben stehen. Aus den Schützengräben fiel kein Schuß. Mein Herz hämmerte. Einen Augenblick lang nahm ich das Gesicht von der Schießscharte und sah mich im Graben um: Alle standen an den Schießscharten.

Wie lange mochten die beiden dort vor den Verhauen gestanden sein? Ich weiß es nicht.

Santini gab schließlich seinem Kameraden mit der Hand ein Zeichen zurückzugehen; er wiederholte die Geste mehrmals. Vielleicht hoffte er, ihn retten zu können. Aber es war die Gebärde eines müden, entmutigten Mannes. Der Soldat blieb an seiner Seite. Santini kniete vor dem Verhau nieder und begann, mit der Schere die Drähte zu zerschneiden. Der Meldegänger tat desgleichen. Da knatterte eine Gewehrsalve aus den feindlichen Gräben. Die beiden stürzten zu Boden.

In unserem Graben begannen Maschinengewehre und Gewehre zu feuern: eine wütende, aber sinnlose Vergeltungsmaßnahme.

Ich trennte mich von der Schießscharte und suchte den Griechischprofessor.

„Nach diesem grandiosen Unternehmen könnt ihr befriedigt essen gehen“, fuhr ich ihn an.

Er antwortete nicht und sah mich gequält an. Er hatte Tränen in den Augen. In mir aber war alles in Aufruhr, und ich konnte mich nicht zurückhalten:

„Du und dein Stratege, ihr zwei müßtet jetzt hinausgehen auf Patrouille mit deinen Scheren und die von Santini und der Ordonnanz unterbrochene Arbeit fortsetzen.“

„Wenn es mir befohlen wird, gehe ich sofort hinaus“, sagte er.

Der Oberstleutnant hatte den Angriff beider Bataillone für Punkt acht Uhr festgesetzt. Der Regiments- und der Brigadekommandant kamen in die vorderste Linie und sagten den Angriff ab.

In der folgenden Nacht brachte der Train wieder Sprengrohre und Schnaps. Der Angriff war nur verschoben. Der Offensivkrieg ging weiter.

[13]

Nach einem neuerlich gescheiterten Angriff, den das erste Bataillon unternommen hatte, hatten wir einige friedliche Tage. Sie wurden beiderseits dazu genützt, die Gräben auszubauen und zu verstärken. Es war nun schon Mitte Juli. Auf dem Hochplateau gab unsere Artillerie erste Lebenszeichen von sich. Eine motorisierte Batterie tauchte auf der Straße nach Gallio auf, verfeuerte ein rundes Hundert Granaten, die auf die Unsern fielen, und verschwand. Sie ließ nie wieder von sich hören. Die Soldaten tauften sie *Geisterbatterie*. Zur Vergeltung feuerte an diesem Tag auch die feindliche Artillerie auf unsere Stellungen, und der Kommandant der Brigade wurde schwer verwundet.

Unser Bataillon erhielt neuen Ersatz und füllte die Bestände auf. Jede Kompanie hatte nun wieder ihren Hauptmann und vier Subalternoffiziere. Hauptmann Bravini, Führer der zehnten Kompanie und ältester Offizier, blieb weiterhin Bataillonskommandant, bis ein im Rang höherer Offizier kommen würde.

Auch die Armeekorps an unseren Flanken hatten am Monte Interrotto, Monte Colombella, Monte Zingarella und darüber hinaus schwere Schlappen und Verluste erlitten. Nicht nur unsere Division, sondern die ganze Armee auf dem Hochplateau entfaltete eine gewaltige Aktivität. Die Idee des offensiven Drucks, der Verfolgung, ging auf eine Direktive des Oberkommandos zurück; General Leone aber hatte sie sich in besonderer Weise zu eigen gemacht. Die Nachricht vom Eintreffen etlicher Batterien Artillerie traf mit anderen Vorbereitungen für eine neue Angriffsaktion zusammen. Meinem Bataillon war mitgeteilt worden, daß es als erstes angreifen würde; es erhielt den Befehl, neuerlich Erkundungen durchzuführen. Ein Termin war für den Angriff jedoch noch nicht festgelegt worden. Es war, wenn ich mich recht entsinne, am 16. Juli. Ich hatte den Befehl erhalten, den Kompaniechef der Neunten in die vorderste Linie zu begleiten und ihm alles Nötige über die Beschaffenheit des Geländes und die feindlichen Stellungen mitzuteilen und zu zeigen. Der neue Kompaniechef war an jenem Tag zu uns gestoßen, an dem Santini gefallen war; er war wie wir an den Schießscharten gestanden und hatte dessen Sterben mit angesehen. Das Ereignis hatte ihn tief beeindruckt. Der Bataillonskommandant hatte mittlerweile einen neuen Turnus festgelegt, nach dem die Kompanien angreifen sollten: Danach hatte die Neunte bei der bevorstehenden Aktion den Sturmangriff zu eröffnen. Ihr Chef mußte also jeden Stein, jeden Strauch des Abschnitts kennen.

Ich traf den Hauptmann im Gefechtsstand seiner Kompanie an, die als Reserve hinter der vordersten Linie lag. Er trank und schien guter Dinge. Er wußte über die Vorbereitungen für die bevorstehende Aktion schon Bescheid. Ich unterrichtete ihn über die Weisung des Bataillonskommandanten.

„Ich weiß, ich weiß", sagte er. „Jetzt bin ich dran, als erster hinauszugehen. So erledigen sie uns alle, einen nach dem andern."

„Diesmal werden wir Artillerie haben", gab ich, um ihn aufzumuntern, zu bedenken.

„Die gegnerische Artillerie werden wir haben", entgegnete er. „Überall sind Drahtverhaue ... Es ist vollkommen sinnlos, daß ich das Gelände studiere. Es ist einerlei, ob man links oder rechts angreift. Und mir ist's egal, ob ich links oder rechts sterbe. Aber wenn der Herr Bataillonskommandant es wünscht, dann schauen wir halt."

Es dürfte nachmittags gegen fünf Uhr gewesen sein. Ich hatte vor, ihn auf die rechte Seite unseres Abschnitts zu führen, wo unsere Gräben am höchsten lagen. Von dort aus konnte man das gesamte Gelände zwischen unseren und den feindlichen Gräben überschauen; und sah man nach links, gegen den Monte Interrotto hin, so hatte man genau jenen Abschnitt der österreichischen Verhaue und Stellungen vor Augen, den die neunte Kompanie angreifen sollte. Dort rechts lag die Schießscharte vierzehn, der beste Beobachtungsstand in unserem Abschnitt. Der Graben war hier über eine Felsnase vorgezogen worden, die in spitzem Winkel vorsprang; an ihrem Ende lag die Schießscharte vierzehn. Das unmittelbar davor gelegene Terrain und die nach rechts zur Zebio-Alm vorlaufenden Stellungen konnte man von dort aus nicht beobachten, wohl aber die etwas tiefer gelegenen Gräben zur Linken. Und obgleich die Entfernung beträchtlich war, konnte man in einigen Abschnitten sogar die Bewegungen der Österreicher in ihren Schützen- und Laufgräben verfolgen. Ich war fast jeden Tag dort oben gewesen und hatte auch einige Geländeskizzen für das Regimentskommando angefertigt. In diesem Grabenstück lag die zwölfte Kompanie.

Wir hatten bereits den größten Teil des Grabens hinter uns gebracht und näherten uns dem Aufstieg zur Felsnase, als uns der diensthabende Offizier der Zwölften entgegenkam. Ich bat ihn, uns zur Schießscharte vierzehn zu begleiten.

„Die ist bei Tag verdeckt", sagte er. „Wir können sie nicht mehr benützen. Die Österreicher haben sie entdeckt. Sie haben ein Gewehr aufgebockt, das immer auf diese Schießscharte gerichtet ist. Gestern ist dort ein Wachposten getötet worden, heute haben sie einen verwundet. Der Kompaniechef hat angeordnet, daß die Scharte bei Tag geschlossen bleibt. Wir haben einen Stein davorgelegt."

„Schade", sagte ich. „Sie hätte dem Hauptmann sehr viel nützen können. Na, wir werden uns mit den übrigen Schießscharten begnügen."

„Was man durch die andern sieht", wandte der Offizier ein, „ist nicht der Rede wert. Aber ich habe ein paar Skizzen angefertigt; der Herr Hauptmann kann sie ansehen. Es ist, als würde er durch die Schießscharte vierzehn schauen."

„Lassen Sie mich mit Ihren Skizzen in Frieden!" rief der Hauptmann verärgert. „Ich will durch die Schießscharte schauen."

„Aber der Kompaniechef hat es ausdrücklich verboten", entgegnete der Offizier hartnäckig.

„Und ich werde trotzdem schauen“, schloß der Hauptmann die Debatte ab.

Er ließ uns stehen und eilte allein weiter, die Nummer der Schießscharte suchend.

„Laß sofort den Kompaniechef rufen“, sagte ich zu dem Offizier. „Der Mann hat getrunken und ist imstande, eine Dummheit zu machen.“

Ein Soldat war schon auf dem Weg zum Kompaniegefechtsstand, und wir beeilten uns, den Hauptmann einzuholen. Wir langten zugleich vor der Schießscharte vierzehn an. Der Hauptmann näherte sich ihr und streckte die Hand aus, um den Stein zu entfernen.

„Wenn der Hauptmann es befohlen hat“, sagte ich, ihn am Arm festhaltend, „müssen wir uns eben fügen.“

„Und ich? Was bin ich? Bin ich etwa kein Hauptmann?“ fuhr er mich im Befehlston an.

Es spielte sich alles innerhalb weniger Sekunden ab. Der Hauptmann stand vor der Schießscharte. Mit einer raschen Bewegung riß er den Stein aus der Öffnung und blickte hinaus. Ein Gewehrschuß hallte durch die Luft, und der Hauptmann stürzte zu Boden. Ein Explosivgeschoß hatte ihm die Kinnlade zerschmettert und den größten Teil davon aus dem Gesicht gerissen.

Nachts begleitete ich Oberleutnant Avellini, der nach der Verwundung des Hauptmanns das Kommando über die neunte Kompanie übernommen hatte, nach einem Inspektionsgang durch die vordersten Gräben zurück zu seiner Truppe. In einem an die Felswand geklebten Unterstand war noch Licht. Die Seitenwände des Unterstandes waren aus Sackleinen; das Licht im Innern konnte man nur durch ein paar Löcher sehen, wenn man ganz nahe vorbeikam. Ich blieb stehen und lugte durch ein Loch. In der Mitte des Unterstandes brannte eine Kerze. Im Kreis darum lagen, kauerten und saßen etwa dreißig Soldaten und rauchten.

„Hören wir einmal, was sie über die Verwundung des Hauptmanns sagen“, schlug ich Avellini flüsternd vor.

Wir schlichen uns an die Sackleinwand und horchten. Ein paar Soldaten redeten durcheinander.

„Auch morgen wieder Angriff."

„Ich wette, daß wir morgen angreifen werden."

„Und warum sollte nicht angegriffen werden? Sind wir nicht lauter Hurensöhne?"

„Es wird nicht angegriffen. Der Train hat weder Schokolade noch Schnaps gebracht."

„Das Zeug wird später kommen, wenn wir alle hin sind. Und der Spieß wird sich damit den Bauch vollschlagen."

„Nein, sag' ich dir. Einen Angriff ohne Schokolade und ohne Schnaps, das hat's noch nie gegeben. Gut, es kann die Schokolade ausbleiben, aber nicht der Schnaps."

„Diese Banditen lassen uns auch ohne Schokolade und Schnaps abschlachten. Ihr werdet noch draufkommen."

„Das meine ich auch. Denen ist's recht, wenn wir Hunger leiden, Durst haben und verzweifelt sind. So treiben sie uns die Freude am Leben aus. Je lausiger es uns geht, desto besser für sie. Und denen ist's auch egal, ob wir leben oder ob wir tot sind."

„So ist's."

„Ja, gerade so."

„Red du doch nicht so dumm daher. Frißt wie ein Geier jeden Tag und jammert dann. Und jetzt möchte dein feiner Magen auch noch Schokolade und Bonbons haben. Wenn du die eiserne Ration, die Fleischkonserven, die du zusammengefressen hast, nicht wiederbringst, dann wirst du sehen, was passiert. Ich will als Korporal keinen Ärger haben."

„Wer bezahlt dich denn fürs Spionieren?"

„Wenn der Hauptmann heute nicht verwundet worden wäre, hätte er dir den Bauch aufgeschnitten und die zwei Konserven herausgeholt."

„Ich? Nein, ohne Schnaps gehe ich nicht zum Angriff."

„Und wo, meinst du, soll ich jetzt zwei Fleischkonserven hernehmen?"

„Du wirst gehen, auch ohne Schnaps. Du bist noch immer gegangen."

„Nimm sie, wo du willst, aber bring sie wieder. Stiehl sie. Du bist schon so vollgefressen, daß du auch zum Stehlen nicht mehr taugst. Nicht einmal bei Nacht."

„Zwei Fässer Schnaps hab' ich heute morgen gesehen."

„Es war kein Schnaps. Ich hab' eine Schale voll gestohlen. Es war Waffenöl."

„Natürlich muß ich auch ohne Schnaps zum Angriff gehen. Wenn ich nicht gehe, erschießen sie mich. Aber macht dir das Spaß?"

„Sie werden uns noch alle umbringen, mit oder ohne Schnaps."

„Aber die gehen auch drauf. Die Verwundung des Generals, heißt es, ist ernst."

„Seine Angelegenheit. Er wird ja bezahlt fürs Generalsein."

„Natürlich gehen auch die drauf. Aber sie sterben mit allem Komfort. Kotelett zum Frühstück, mittags Kotelett, und Kotelett zum Abendessen."

„Und mit einer Monatsgage, mit der man bei mir daheim zwei Jahre leben könnte."

„Aber ihr werdet sehen, daß er nicht stirbt. Von der Sorte stirbt keiner wirklich."

„Auch wenn sie hin sind, geht's denen noch gut."

„Wenn sie alle draufgingen, würde es auch uns besser gehen."

„Wenn sie alle draufgingen, wäre der Krieg aus."

„Man müßte sie alle umbringen."

„Wir haben es nicht einmal fertiggebracht, den Divisionskommandanten umzubringen. Wir sind elende Hunde. Wir taugen zu nichts."

„Wir taugen zu nichts."

„Zu nichts."

„Zu nichts."

„Der Hauptmann, heißt es, hat gesagt: ‚Ich führe meine Soldaten nicht hinaus, daß man sie abschlachtet wie die Hennen.' Also hat er sich lieber die Kugel durch den Kopf schießen lassen."

„Woher weißt du das?"

„In der Kompanie haben sie's gesagt, als sie ihn auf der Bahre vorbeigetragen haben."

„Alle müßte man umbringen, alle, vom Hauptmann aufwärts. Anders gibt's keine Rettung."

„Und den Bataillonskommandanten?"

„Auch er will Karriere machen. Aber der Tag kommt, auch für ihn."

„Alle wollen sie Karriere machen, alle. Ihre Tressen – das sind lauter Tote."

„Man sagt, der Oberleutnant Santini hat ein Testament hinterlassen."

„Ja, ich habe auch davon gehört."

„Ich auch."

„Und was steht im Testament? War er denn verheiratet, der Oberleutnant?"

„Ach was, verheiratet!? Im Testament steht: ‚Ich rate meinen lieben Soldaten, sie alle umzubringen, sobald sie es, ohne sich selbst zu gefährden, tun können; alle ausnahmslos.'"

„Der war ein Mann."

„Vor nichts hatte er Angst."

„Er war ein armer Teufel wie wir."

„Der Oberleutnant, der den Zug führt, wird sich gewiß nicht für uns umbringen lassen. Der hat die Hosen voll vor Angst."

„Und du, hast du etwa keine Angst? Hast du keine Angst, du, he?"

„Wenn ich Schnaps habe, habe ich keine Angst, vor nichts."

„Wenn du keine Angst hättest, wärst du schon davongelaufen."

„Davongelaufen? Wohin?"

„Wer gibt mir einen Schluck Schnaps?"

„Schnaps? Schießpulver kannst du haben."

„Wenn mir jemand Schnaps gibt, ich gebe eine halbe Zigarre dafür."

„Warte, ich schau' nach."

„Darüber ließe sich reden."

„Ruhe! Es ist jemand draußen."

„Da, die halbe Zigarre."

„Ruhe!"

Wir standen hinter dem Laufgraben, dicht am Unterstand. Am andern Ende trat nun der Kompaniefeldwebel in den Eingang und schrie:

„Fünf Mann zum Train! Schokolade und Schnaps fassen!“

„Die mästen die Sau gut, bevor sie sie abstechen.“

„Die mästen sie gut.“

„Die mästen uns gut.“

[14]

Der Divisionskommandant ließ es sich nicht nehmen, die Vorbereitungen für die neue Aktion selbst zu leiten. Kaum tagte es, war er schon in vorderster Linie, im Grabenabschnitt meines Bataillons. Der Regimentskommandant begleitete ihn. Der General hatte es sich zur Gewohnheit gemacht, alles selbst zu beaufsichtigen. Sein ruheloser Eifer war seinem Wagemut absolut ebenbürtig. Er war entschlossen, diesmal den Durchbruch zu erzwingen.

Schon während der Nacht hatte sich das Gerücht verbreitet, viele Batterien aller möglichen Kaliber würden den Angriff unterstützen. Endlich sollte also die Artillerie die verdammten Gräben und Verhaue zusammenkartätschen. Es wurde schließlich auch Zeit. Nach der *Geisterbatterie* hatte man auf dem Hochplateau nichts von Artillerie gehört.

Es gab jedoch auch diesmal kein Massenaufgebot an Geschützen. Immerhin, General Leone geruhte uns wenigstens ein Exemplar zu schicken. Auf seine Weisung hin kam eine 7,5-cm-Kanone in die Stellung. Von Maultieren und Trägern transportiert, traf die Kanone nach einem schwierigen Aufstieg über Saumpfade und steinige Steige kurz nach dem General in der Feuerstellung ein. Es war eine mit Schutzschild versehene Feldkanone vom Typ Déport. Ihr einsames Auftreten ließ sie gleichsam als würdige offizielle Repräsentation des Artilleriekorps erscheinen. Wo sich ihre Kameraden befanden, erfuhren wir nie. Vermutlich hatte man auch sie in den Rang von Sonderbotschaftern erhoben und den verschiedenen über das

Hochplateau verstreuten Einheiten zugeteilt. Ihre Stimmen drangen jedenfalls nie bis zu uns.

Artilleristen und Infanteristen öffneten eine breite Scharte in der Brustwehr unseres Grabens und bauten die Kanone auf: die Räder außerhalb des Grabens, die Lafette im Graben. Als die Österreicher das Geschütz entdeckten, begannen sie zu schießen. Aber der vorne und seitlich durch dicke Panzerschilder geschützten Kanone konnten die Schüsse nichts anhaben. Der General erteilte einen kurzen Befehl, und der Artillerieleutnant, der das Detachement befehligte, ließ das Feuer eröffnen.

Der General, der Oberst, Hauptmann Bravini und ich standen im Schutz des Grabens in nächster Nähe der Kanone. Als die ersten Abschüsse dröhnten, rieb sich der General – ohne die strenge Würde seines Gesichtsausdrucks zu verändern – vergnügt und zufrieden die Hände. Seine harten Augen suchten die Blicke der ihn umstehenden Soldaten, Zustimmung fordernd. Er sprach kein Wort, doch brachte seine ganze Haltung zum Ausdruck, was er dachte: „Seht doch, was euer General vermag, was er euch da in den Graben gebracht hat!"

Die Soldaten blieben ungerührt. Offensichtlich waren sie nicht imstande, das Geschenk gebührend zu würdigen.

Nach den ersten Schüssen der Kanone war das feindliche MG- und Gewehrfeuer allmählich dünner geworden und hatte schließlich ganz aufgehört. Nun trat ein einzelner Scharfschütze gegen die Kanone an. Mit gutliegenden, mit immer besser gezielten Schüssen versuchte er den Richtkanonier zu treffen. Er schoß auf den schmalen Sehschlitz im Schutzschild der Kanone. Die von der Arbeit warm gewordene Geschützbedienung beschleunigte die Feuerfolge. Das beharrliche armselige Knallen des einsamen Scharfschützen wurde verschlungen von den krachenden Detonationen der Granaten vor den feindlichen Gräben.

Der General rieb sich die Hände.

„Bravo, Leutnant!" sagte er zum Artilleristen. „Sehr gut so. Sehr gut."

Eine im Assatal, wenigstens sieben Kilometer von unseren Gräben entfernt liegende österreichische 15-cm-Batterie nahm unsere

7,5-cm-Kanone unter konzentrisches Feuer. Eine Lawine von Granaten ging innerhalb weniger Augenblicke rund um uns nieder. Die Geschützbedienung schien nichts zu merken: Alle Mann harrten an ihren Plätzen aus. Einige Granaten schlugen vor unseren Gräben ein. Verwundet wurde niemand. Andere trafen die österreichischen Gräben. Unsere Kanone hatte wirkungsvolle Assistenz erhalten. Als wären auch diese Treffer von unserem Geschütz abgefeuert worden, steigerten sie die Begeisterung des Generals.

„Bravo, Leutnant“, wiederholte er. „Ich werde Sie für eine außerordentliche Beförderung für Tapferkeit vor dem Feind vorschlagen.“

Die Schüsse des einsamen Scharfschützen wurden immer präziser. Er schoß mit Methode. Eine Kugel schlug durch den Sehschlitz und zerschmetterte den Arm des Richtkanoniers. Der Mann sagte kein Wort, hielt dem Leutnant den verwundeten Arm hin, und der Offizier nahm seine Stelle ein und setzte das Feuer fort. Auch der Scharfschütze drüben schoß wieder.

Die 15-cm-Batterie schwieg, offensichtlich mit ihrer Leistung zufrieden. Unsere 7,5er-Kanone schoß weiter, aber ihre Granaten landeten bald in den Verhauen, bald auf den Wehren, ohne die geringste Wirkung. So hätte man den ganzen Tag lang weiterschießen können, mit dem gleichen Ergebnis.

Der Oberst, der bis dahin schweigend neben dem General gestanden war, ließ sich zu dem Ausruf hinreißen:

„Das ist doch alles völlig sinnlos!“

Der General blieb ruhig. Ja, es hatte den Anschein, als wollte er sich den Erwägungen des Obersten nicht verschließen.

„Meinen Sie wirklich, daß es sinnlos ist?“

„Völlig sinnlos“, erwiderte überzeugt der Oberst, „ganz und gar sinnlos, Herr General.“

Ich staunte. Es war das erstemal, daß der Oberst eine antihierarchische Ansicht bekundete.

Der General überlegte. Mit dem Ende des Bergstocks kratzte er sich am Kinn und stand lange nachdenklich da. Auch er mußte bemerkt haben, daß dieses 7,5-cm-Kanönchen gegen eine tief in die

Erde gegrabene Stellung und gegen die dichten und breiten Hindernisse nichts ausrichten konnte. Während der General noch überlegte, wurde auch der Leutnant von einer Kugel am Arm getroffen. Sogleich trat ein Wachtmeister an seine Stelle; mit mechanischen Bewegungen fütterten die Artilleristen ihre Kanone.

Der Leutnant verband sich den Arm und kam am General vorbei. Dieser schien zu einer Entscheidung gelangt zu sein. Er klopfte dem Leutnant mit der Hand auf die Schulter und befahl ihm, das Feuer einzustellen.

Dann wandte sich der General an den Obersten.

„Und nun lassen wir die *Farinaharnische* in Aktion treten."

Ich sah auf die Uhr; es war gerade acht vorbei.

Eine Trainabteilung brachte achtzehn dieser Harnische in den Graben. Ich sah das Zeug zum ersten Mal. Es unterschied sich von jenem leichten Panzer meines Majors, der nur Brust und Unterleib bedeckt hatte. Die *Farinaharnische* bestanden aus zwei oder drei Teilen; es waren dicke Panzerplatten, die Hals und Schultern schützten und den Körper bis fast zu den Knien bedeckten. Sie wogen wenigstens fünfzig Kilo. Zu jedem Harnisch gehörte ein Helm aus dem gleichen dicken Stahl.

Hoch aufgerichtet stand der General vor den Harnischen. Nach der Begeisterung, in die ihn die ersten Kanonenschüsse vorübergehend versetzt hatten, wirkte er nun wieder vollkommen gefaßt. Er dozierte nach der Art eines Wissenschaftlers:

„Dies sind die berühmten *Farinaharnische.* Die wenigsten wissen, daß es sie gibt", erklärte er. „Sie sind deshalb besonders berühmt, weil mit ihnen extrem kühne Unternehmungen auch bei hellichtem Tag durchgeführt werden können. Schade, daß wir nicht mehr davon haben. Es gibt im ganzen Armeekorps nur achtzehn Stück, aber diese achtzehn haben wir, sie gehören uns. Uns gehören sie!"

Ich stand im Graben neben Hauptmann Bravini. Ein paar Meter von uns entfernt hatte sich eine Gruppe von Soldaten gesammelt. Der General hielt seinen Vortrag in normalem Gesprächston, doch konnten auch die Soldaten seine Worte verstehen. Zwischen den Zähnen kommentierte ein Soldat:

„Eine Feldflasche voll gutem Kognak wäre mir lieber."

„Uns allein ist der Vorzug zuteil geworden", fuhr der General fort, „über diese Harnische zu verfügen. Der Feind mag Gewehre haben, Maschinengewehre und Kanonen: Mit den *Farinaharnischen* kommt man überall durch."

„Überall ...? *Sozusagen* überall", wandte der Oberst ein; der seinen heldischen Tag zu haben schien.

Der gefürchtete General reagierte nicht; er schaute den Obersten an, als hätte dieser einen rein technischen Einwand vorgebracht. Der Oberst, dem Temperament nach eher schwerfällig und passiv, gestattete sich zuweilen Eigenheiten, die sich kein anderer hätte leisten dürfen. Er hatte die Statur eines Riesen und war von Haus aus reich begütert. Solche Eigenschaften machten Eindruck.

„Ich habe mit *Farinaharnischen* zu tun gehabt", erklärte der Oberst. „Ich habe keine sehr gute Erinnerung daran. Vielleicht sind diese da besser."

„Gewiß sind sie besser, gewiß", entgegnete der General. „Mit denen da kommt man überall durch. Die Österreicher ..."

In einem plötzlichen Anfall von Mißtrauen dämpfte der General die Stimme und sah zu den österreichischen Linien hin, als wollte er sich vergewissern, daß dort auch niemand mithören konnte.

„Die Österreicher haben sich in gewaltige Unkosten gestürzt, um uns dieses Geheimnis zu entreißen. Doch ist es ihnen nicht gelungen. Dieser Hauptmann der Pioniertruppe, den man in Bologna erschossen hat, scheint von den Österreichern dieser Harnische wegen gekauft worden zu sein. Man hat ihn jedoch rechtzeitig erschossen. Herr Oberst, würden Sie die Güte haben, das Ausrücken des Sprengtrupps zu befehlen?"

Die Männer des Sprengtrupps waren seit dem Vortag auf ihren Einsatz vorbereitet worden und warteten nun darauf. Es waren Freiwillige aus der Pionierabteilung; ein Unteroffizier, auch er Freiwilliger, führte sie. In ein paar Minuten standen sie im Graben, jeder mit einer Drahtschere bewaffnet, und hängten sich die Harnische um. Der General ging von einem zum andern und legte da und dort beim Festschnallen der Riemen selber mit Hand an.

„Sie sehen aus wie mittelalterliche Krieger“, stellte der General fest.

Wir schwiegen. Die Freiwilligen zeigten kein Lächeln. Sie beeilten sich und schienen voller Entschlossenheit. Die übrigen Soldaten im Graben schauten voll Mißtrauen zu. Unruhig verfolgte ich, was da vorging. Ich dachte an den Harnisch des Majors auf dem Monte Fior. Gewiß, diese Panzer waren viel solider, sie boten viel mehr Schutz. Was aber sollten die paar Freiwilligen ausrichten können, selbst wenn es ihnen gelänge, die Verhaue zu überwinden und in die Gräben vorzustoßen?

Neben der Kanone wurde eine zweite Bresche in die Grabenwehr gerissen. Der Führer der Freiwilligen salutierte vor dem General. Dieser erwiderte den Gruß in strammer Haltung, die Hand starr am Helmrand. Der Unteroffizier kletterte als erster aus dem Graben; die andern folgten ihm, langsam wegen der schweren Last der Stahlpanzer, aber ihrer Sache sicher. Dennoch gingen sie, tief zur Erde gebeugt, da der Helm nur Kopf, Schläfen und Genick bedeckte, aber das Gesicht freiließ. Der General stand stramm, bis der letzte der Pioniere den Graben verlassen hatte, und sagte dann in ernstem Ton zum Obersten:

„Die Römer siegten dank ihren Harnischen.“

Ein österreichisches Maschinengewehr eröffnete aus der rechten Flanke das Feuer. Gleich darauf begann auch von links ein Maschinengewehr zu schießen. Ich beobachtete die Soldaten im Schützengraben; ihre Gesichter verzerrten sich zu Grimassen des Entsetzens. Sie begriffen, was geschehen würde. Die Österreicher lauerten ihnen auf, die Maschinengewehre hielten den Sprengtrupp im Kreuzfeuer.

„Avanti!“ schrie der Unteroffizier.

Die gepanzerten Pioniere fielen alle, einer nach dem andern. Kein einziger erreichte die feindlichen Hindernisse.

„Avan–“, hörten wir die Stimme des verwundeten Unteroffiziers; er lag direkt vor den österreichischen Drahtverhauen.

Der General schwieg. Die Soldaten sahen einander entsetzt an. Was stand ihnen nun bevor?

Der Oberst trat vor den General hin und fragte:

„Werden wir um neun Uhr trotzdem angreifen?“

„Selbstverständlich“, erwiderte der General, als hätte er vorausgesehen, daß alles sich so abspielen würde, wie wir es mit angesehen hatten. „Pünktlich um neun Uhr. Meine Division wird an der ganzen Frontbreite angreifen.“

Hauptmann Bravini faßte mich unterm Arm und sagte:

„Jetzt kommen wir dran.“

Er griff nach der Feldflasche und trank sie, glaube ich, leer.

[15]

Die Kanone hatte nicht mehr als die Verwundung des Richtschützen und des Leutnants eingebracht. Die Männer des Sprengtrupps waren alle gefallen. Aber der Angriff mußte trotzdem stattfinden. Der General stand noch immer da wie ein Großinquisitor, entschlossen, der Hinrichtung der Verurteilten bis zuletzt beizuwohnen. Es fehlten nur noch wenige Minuten auf neun Uhr.

Das Bataillon stand bereit, die Bajonette aufgepflanzt. Die gesamte neunte Kompanie drängte sich um den für die Pioniere angelegten Grabenausstieg. Unmittelbar dahinter stand die zehnte. Die übrigen Kompanien hatten sich im Graben oder in den Laufgräben gesammelt oder warteten im Schutz der Felsen, die hinter der Stellung lagen. Kein Flüstern war zu hören. Und zu sehen waren nur die Schnapsflaschen: Sie wanderten vom Gürtel zum Mund, vom Mund zum Gürtel, vom Gürtel zum Mund, wie die Schiffchen eines Webstuhls in Bewegung.

Hauptmann Bravini hielt die Uhr in der Hand und folgte starr dem gnadenlosen Vergehen der Minuten. Ohne den Blick von der Uhr zu heben, schrie er:

„Fertigmachen zum Angriff!“

Und wieder:

„Fertigmachen zum Angriff! Die Herren Offiziere an die Spitze der Einheiten!“

Der verwundete Unteroffizier des Sprengtrupps schrie noch immer:

„Avan–“

Die weit geöffneten Augen der Soldaten suchten unsere Augen. Aber sie fanden nur meine, denn der Hauptmann war noch immer über die Uhr gebeugt.

Ich zwang mich zu lächeln; gleichmütig sprach ich ein paar Worte. Aber diese fragenden, angsterfüllten Augen erschreckten mich.

Von allem, was der Krieg mit sich bringt, ist der Augenblick vor dem Angriff das Schrecklichste.

„Fertigmachen zum Angriff!“ wiederholte der Hauptmann noch einmal.

Angriff. Wohin würde er führen? Man ließ den schützenden Graben hinter sich und ging hinaus. Die Maschinengewehre lagen alle auf der Lauer, die Bäuche mit Patronengurten gefüllt, und erwarteten uns. Wer diese Augenblicke nicht erlebt hat, kennt den Krieg nicht.

Die Befehle des Hauptmanns fielen wie Axtschläge. Die neunte Kompanie stand bereit, aber ich sah nicht alle ihre Soldaten, so sehr drückten sie sich an die Grabenwand.

Die zehnte Kompanie war an der gegenüberliegenden Grabenseite aufgestellt; da konnte ich jeden einzelnen Mann beobachten. Zwei Soldaten bewegten sich; sie standen nebeneinander; ich sah, wie sie die Läufe ihrer Gewehre unter das Kinn schoben. Der erste krümmte sich, drückte ab und sank zusammen. Der andere tat es ihm nach und stürzte zu Boden, an der Seite des ersten. War das Feigheit, Mut, Wahnsinn? Der erste war ein Veteran vom Karst gewesen.

„Savoia!“ schrie der Hauptmann Bravini.

„Savoia!“ wiederholten die Abteilungen.

Der Schrei klang wie eine Klage, wie ein verzweifelter Hilferuf. Die neunte Kompanie sprang durch den Ausstieg und stürzte sich mit Oberleutnant Avellini an der Spitze in den Angriff. Der General und der Oberst schauten durch die Schießscharten.

„Das Bataillonskommando geht mit der Zehnten!“ rief der Hauptmann.

Als die Spitze der zehnten Kompanie den Ausstieg erreicht hatte, stürzten auch wir nach vorne. Die zehnte, die elfte, die zwölfte folgten im Laufschritt. Innerhalb weniger Sekunden stürmte das ganze Bataillon auf die feindlichen Linien zu.

Ob wir schrien oder nicht, die feindlichen Maschinengewehre erwarteten uns. Kaum hatten wir den felsigen Geländestreifen überwunden und wandten uns, völlig deckungslos, dem Tal zu, in das wir absteigen mußten, eröffneten sie das Feuer. Unser Geschrei wurde von ihren Feuerstößen übertönt. Mir kam vor, als würden zehn Maschinengewehre auf uns feuern, so sehr war das Terrain von Krachen und Pfeifen erfüllt. Die getroffenen Soldaten stürzten schwer zu Boden, als hätte man sie aus dem Geäst der Bäume geworfen.

Für einen Augenblick verfiel ich in völlige geistige Stumpfheit, der ganze Körper wurde schwer und steif. Vielleicht bin ich verwundet, dachte ich, obwohl ich spürte, daß ich unversehrt war. Das nahe MG-Feuer und das Lärmen der nachdrängenden Truppen brachten mich wieder zu Bewußtsein. Sogleich gewann ich wieder völlige Klarheit über die Lage. Ich fühlte weder Zorn noch Haß, wie man sie bei einer Rauferei empfindet, es erfüllte mich vielmehr eine absolute Ruhe, eine Art grenzenlose Müdigkeit, die den wachen Verstand umschloß. Dann fiel auch diese Müdigkeit von mir ab; ich begann wieder zu laufen, und zwar schnell.

Ich glaubte mich wieder vollkommen in der Hand zu haben, und ich beobachtete alles, was um mich vorging. Offiziere und Soldaten fielen mit ausgebreiteten Armen, im Stürzen schleuderten sie die Gewehre weit von sich, nach vorne. Hauptmann Bravini schrie immerzu:

„Savoia!"

Der Leutnant der zwölften Kompanie stürzte an mir vorbei, den Karabiner umklammernd, hochrot im Gesicht. Er war Republikaner und haßte den monarchistischen Schlachtruf. Er erkannte mich und brüllte:

„Viva l'Italia!"

Ich hatte den Bergstock in der Hand, schwenkte ihn in der Luft, wollte ihm antworten, brachte jedoch keinen Laut über die Lippen. Wären wir durch ebenes Gelände vorgegangen, hätte keiner von uns die feindlichen Hindernisse erreicht. Die Maschinengewehre hätten uns allesamt niedergemäht. Das Terrain war jedoch leicht abfallend und obendrein mit Gesträuch und Steinen übersät. Die Maschinengewehre waren gezwungen, immer wieder Höhe und Ziel zu korrigieren, wodurch ihr Feuer an Wirkung verlor. Dennoch lichteten sich die Sturmreihen, und von den tausend Mann des Bataillons waren nur noch wenige auf den Beinen. Ich schaute auf die feindlichen Gräben vor uns. Die Verteidiger lagen nicht hinter den Schießscharten in Deckung, sie standen aufrecht und ragten über den Grabenrand, sie fühlten sich sicher. Manche waren sogar auf die Brustwehr geklettert, und alle schossen auf uns, ruhig zielend, wie auf dem Schießstand.

Ich stieß auf den Unteroffizier des Sprengtrupps. Er lag auf der Seite, gefangen in seinem Harnisch. Ein Geschoß hatte den Helm durchschlagen. Der Unteroffizier war getroffen worden, während er die Kameraden anfeuerte, und er wiederholte den Ruf, den er nicht hatte vollenden können, in einer mitleiderregenden Litanei:

„Avan–, avan–“

Neben ihm lagen drei andere Pioniere mit aufgerissenen Harnischen.

Wir waren nun dicht vor den Gräben. Auch Hauptmann Bravini war getroffen worden. Ich sah, wie er mit ausgebreiteten Armen ins Gebüsch stürzte. Ich glaubte, er sei tot. Doch gleich danach hörte ich seinen Schrei: „Savoia!“ Er wiederholte den Schlachtruf von Zeit zu Zeit mit schwacher Stimme.

Das Bataillon hätte auf einer Breite von etwa zweihundertfünfzig oder dreihundert Metern angreifen sollen. Aber durch die Unebenheiten des Geländes waren wir – wider unseren Willen – alle auf einem Stück Boden vor den feindlichen Gräben zusammengedrängt worden, das knapp fünfzig Meter breit war.

Die Maschinengewehre konnten uns wohl nichts mehr anhaben, aber für die im Graben stehenden Schützen boten wir ein kompaktes Ziel.

Was vom Bataillon noch übrig war, war an dieser Stelle massiert. Man schoß aus nächster Nähe auf uns.

Plötzlich hörten die Österreicher auf zu schießen. Ich blickte in die weit aufgerissenen Augen derer, die uns gegenüberstanden. Die Augen waren vom Schreck geweitet, als wären sie und nicht wir im Feuer gelegen. Einer, der kein Gewehr hatte, schrie auf italienisch:

„Basta! Basta!"

„Basta! Genug!" wiederholten andere, die auf dem Grabenrand standen.

Der Mann ohne Gewehr schien ein Feldgeistlicher zu sein.

„Basta! Genug, ihr tapferen Soldaten. Laßt euch doch nicht auf diese Weise umbringen."

Einen Augenblick lang hielten wir inne. Wir schossen nicht, sie schossen nicht. Derjenige, der Geistlicher zu sein schien, beugte sich so weit gegen uns vor, daß ich ihn hätte berühren können, wenn ich den Arm ausgestreckt hätte. Er hielt die Augen unverwandt auf uns gerichtet. Auch ich sah ihn an.

Eine schneidende Stimme drang von unseren Schützengräben herüber:

„Avanti! Vorwärts, Soldaten meiner ruhmreichen Division. Vorwärts! Vorwärts gegen den Feind!"

Es war General Leone.

Oberleutnant Avellini stand ein paar Meter von mir entfernt. Wir sahen einander an. Dann sagte er:

„Gehen wir weiter."

Ich wiederholte:

„Gehen wir weiter."

Ich hielt nicht die Pistole in der Hand, sondern den Bergstock. Es fiel mir nicht ein, die Pistole zu ziehen. Ich schleuderte den Stock auf die Österreicher. Einer fing ihn in der Luft auf. Avellini hatte die Pistole gezogen. Er versuchte über einen Baum, der quer über die vollkommen unbeschädigten Drahthindernisse gefallen war, weiterzugelangen. Avellini war auf den von einer Granate gefällten Stamm geklettert und arbeitete sich mühsam vorwärts, wie über einen schwankenden Steg. Er feuerte seine Pistole ab und rief den Soldaten zu:

„So schießt doch! Feuer!“

Einige Soldaten schossen.

„Avanti! Avanti!“ brüllte von hinten der General.

Avellini lief über den Baumstamm und bemühte sich das Gleichgewicht zu halten. Zwei Soldaten folgten ihm, es fiel ihnen schwer, nicht abzurutschen. Ich hatte im Drahthindernis eine Stelle entdeckt, an der man, wie ich glaubte, durchschlüpfen konnte: Zwischen den Drähten war eine schmale Bresche. Ich zwängte mich durch. Doch schon nach einigen Schritten stand ich vor spanischen Reitern, mit denen man die Lücke verrammelt hatte. Hier ging es nicht weiter. Ich wandte mich um und sah, daß mir einige Soldaten der zehnten Kompanie gefolgt waren. Ich war also eingesperrt und blieb stehen. Von den Schützengräben fiel kein Schuß. In einer großen Schießscharte gerade vor mir tauchte der Kopf eines Soldaten auf. Er starrte mich an. Ich sah nur die Augen. Ich hatte das Gefühl, daß der Mann nur aus Augen bestehe, so groß erschienen sie mir. Langsam, Schritt für Schritt, bewegte ich mich rückwärts, ohne mich je umzuwenden, immer unter dem Blick jener großen Augen. Die Augen eines Ochsen, dachte ich. Ich befreite mich aus dem Stacheldraht und stürzte zu Avellini. Auf dem Fichtenstamm befand sich eine Gruppe von Soldaten, die versuchten einander im Gleichgewicht zu halten. Während ich mich dem Baum näherte, vernahm ich aus dem österreichischen Graben ein Kommando:

„Feuer!“

Vom Graben fielen Schüsse. Der Baumstamm drehte sich, und die Soldaten fielen herunter. Avellini war nicht verletzt und erwiderte mit seiner Pistole das Feuer. Wir warfen uns alle zu Boden und suchten hinter Buschwerk oder Bäumen Deckung. Der Angriff war zu Ende. So lang diese Schilderung auch ist, das Ganze muß sich in weniger als einer Minute zugetragen haben.

Avellini lag in meiner Nähe und flüsterte:

„Was sollen wir nun tun?“

„Nicht rühren und die Nacht abwarten“, antwortete ich.

„Und der Angriff?“ fragte er weiter.

„Der Angriff?“

Die Österreicher schossen weiter, aber das Feuer lag hoch, und wir befanden uns in Sicherheit. Müde drang die Stimme des Hauptmanns Bravini an unser Ohr. Noch immer wiederholte er sein: „Savoia!" Auf dem Boden kriechend, suchte ich ihn. Ich glaube, es dauerte eine Stunde, bis ich ihn gefunden hatte. Er lag lang ausgestreckt da, den Kopf hinter einem Stein, eine Hand an der Stirn. Er hatte die Bluse ausgezogen; ein Arm stak in einem völlig durchbluteten Verband. Rund um ihn lagen nur Tote. Offenbar hatte er sich den Verband selbst angelegt. Das Unterholz verhinderte, daß er von den Schützengräben aus gesehen werden konnte. Ich gelangte zu ihm, ohne daß er mich bemerkte. Erst als ich sein Bein berührte, nahm er mich wahr. Er schaute mich lange an und wiederholte noch einmal, die Stimme gesenkt:

„Savoia!"

Ich legte den Finger an die Lippen, um ihm zu zeigen, daß er schweigen solle; dann schob ich mich zu seinem Kopf und raunte ihm ins Ohr:

„Still!"

Er schien aus einem tiefen Schlaf zu erwachen. Auch er legte den Finger an die Lippen und schwieg. Es war, als hätte ich den Schaltknopf eines Automaten berührt und das Werk zum Stillstand gebracht.

Nun herrschte Stille im Tal. Das Gewimmer unserer Verwundeten hatte aufgehört. Auch der Unteroffizier der Freiwilligen schwieg, in die Ruhe des Todes versunken. Die Österreicher schossen nicht mehr. Die Sonne brannte auf das kleine Schlachtfeld. So verging der Rest dieses Tages – ein Augenblick und eine Ewigkeit.

Als wir nachts in unsere Gräben zurückkehrten, ließ der General es sich nicht nehmen, jedem Offizier die Hand zu drücken: Wir waren fünf, einschließlich der Verwundeten.

Ehe er sich entfernte, sagte er zu Hauptmann Bravini, dessen Unterarm zerschossen war:

„Sie können mit der Silbernen Tapferkeitsmedaille rechnen."

Der Hauptmann behielt Haltung, bis der General verschwunden

war. Als er mit uns allein war, setzte er sich hin und weinte die ganze Nacht. Nicht ein Wort kam über seine Lippen.

Wir bargen die Verwundeten und die Toten: Die Österreicher ließen uns dieses Werk verrichten, ohne einen Schuß abzugeben. Als dies getan war, legte ich mich nieder und versuchte zu schlafen. Mein Kopf schien leicht, federleicht, als ob ich mit dem Hirn atmete. Ich war erschöpft, doch gelang es mir nicht, einzuschlafen. Der Griechischprofessor kam zu Besuch. Er war bedrückt. Sein Bataillon hatte den Angriff gleichfalls mitgemacht, auf dem linken Flügel, und es war wie das unsere aufgerieben worden. Während er mit mir redete, hielt er die Augen geschlossen:

„Ich habe Angst, wahnsinnig zu werden", sagte er. „Ja, ich werde wahnsinnig. Früher oder später werde ich mich umbringen. Man muß sich umbringen."

Ich wußte nicht, was ich ihm sagen sollte. Auch ich fühlte, wie die Wogen des Wahnsinns sich näherten und sich wieder entfernten. Zeitweise glaubte ich das Gehirn in der Schädelschale glucksen zu hören wie das Wasser in einer Flasche, die man schüttelt.

[16]

General Leone gönnte sich keine Ruhe. Er war in einem Tagesbefehl des Armeeoberkommandos genannt worden, und diese Auszeichnung spornte ihn zu neuen wagemutigen Taten an. Bei Tag und Nacht tauchte er vorne in den Gräben auf. Es war offenbar, daß er über weitere Unternehmungen nachdachte. Die Brigade hatte jedoch so schwere Verluste erlitten, daß sie aufgefüllt werden mußte, ehe man sie wieder einsetzen konnte. Mein Bataillon zählte nur noch zweihundert Soldaten, und dies einschließlich der MG-Abteilung Ottolenghis, die während der Aktion als Besatzung in den Gräben geblieben war. Wir waren nur noch drei Offiziere: Hauptmann Bravini, dessen Verwundung am Arm man als leicht klassifiziert hatte, war in jenen Tagen gestorben. Ein anderer am Fuß verwundeter Offizier mußte ins Spital gebracht und dort operiert werden.

Die letzten Julitage und die ersten zwei Augustwochen waren für uns eine Zeit langer, wohltuender Ruhe. Kein einziger Angriff in all den Tagen. Das Grabenleben mag hart sein, doch ist es ein Kinderspiel, verglichen mit einem Angriff. Das Drama des Krieges ist der Sturmangriff. Der Tod ist ein alltägliches Ereignis, und man stirbt ohne Schrecken. Aber das Bewußtsein, in den Tod zu gehen, die Gewißheit, dem Tod nicht entrinnen zu können, machen die Stunden, die dem Sterben vorangehen, zur Tragödie. Warum hatten sich die beiden Soldaten der zehnten Kompanie erschossen? Im Grabenalltag denkt niemand daran, daß er sterben könnte, niemandem scheint der Tod unausweichlich. Wenn der Tod einen ereilt, dann kommt er unangesagt, plötzlich und mild. In einer großen Stadt gibt es im übrigen mehr Tote durch unvorhergesehene Unfälle als im Grabenabschnitt einer Armee-Einheit. Auch Entbehrungen und Mühsal sind erträglich, ja sogar die allerschlimmsten Seuchen. Selbst die Cholera, was ist sie schon? Gar nichts. Wir hatten die Cholera, in der ersten und zweiten Armee, und viele starben daran, aber die Soldaten lachten über die Seuche. Was ist schon die Cholera, verglichen mit dem Frontalfeuer eines Maschinengewehrs?

Diese Tage geruhsamen Lebens im Schützengraben waren geradezu heiter.

Die Soldaten dösten im Schatten, summten ein Liedchen vor sich hin; immer wieder lasen sie die Briefe von daheim. Sie lösten die Messingringe von den Granaten und verarbeiteten sie, emsig ziselierend, zu Armbändern. Selig entlausten sie sich und rauchten.

Hin und wieder kamen ein paar Zeitungen, und wir tauschten sie untereinander aus. Sie waren alle gleich, und wir ärgerten uns darüber. Der Krieg war in einer derart sonderbaren Weise beschrieben, daß wir ihn nicht wiedererkannten. Das Campomulotal, das wir nach der Einnahme des Monte Fior durchquert hatten, ohne auch nur einen Verwundeten zu Gesicht zu bekommen, wurde als „von Leichen verstopft" geschildert, österreichischen Leichen, versteht sich. Bei Sturmangriffen marschierte hier immer die Musikkapelle an der Spitze, und das ganze Soldatenleben war ein Taumel von Gesang und Eroberungen. Auch unsere kleinen Soldatenzeitungen waren sehr langweilig. Die Wahrheit kannten nur wir, wir hatten sie vor Augen.

Eines Tages besuchte mich der Leutnant Montanelli. Er war ein Veteran des zweiten Bataillons und führte die Pionierabteilung. Er studierte Bautechnik an der Universität Bologna. Wir kannten uns vom Karst her. Er war einer der wenigen, die die Kämpfe auf der Hochebene überlebt hatten. Ich las gerade, als er kam.

„Du liest?" fragte er. „Schämst du dich nicht?"

„Warum sollte ich nicht lesen?" antwortete ich.

Er trug einen Regenmantel, der von oben bis unten zugeknöpft war. Von seiner Bekleidung sah man nur den Stahlhelm, den Regenmantel, den unteren Teil der Wickelgamaschen und die Schuhe.

Diese waren total zerrissen, nur ein paar wirre Drähte hielten sie noch zusammen. Aber die Sohlen waren neu, aus Fichtenrinde. Er knöpfte sich den Mantel auf und stand nackt da, vom Helm bis zu den Gamaschen. Dies war das Ergebnis von zwei Monaten Schützengraben. Seit Ende Mai hatte es keine Ergänzung der Bekleidung gegeben. Wir sahen alle mehr oder weniger wie Landstreicher aus.

„Und die Wäsche?“ erkundigte ich mich.

„Habe ich abgeschafft, da es sich nicht um einen lebenswichtigen Artikel handelt. Meine Fauna zwang mich zu derart aufreibenden Jagden auf Klein- und Großwild, daß ich es vorgezogen habe, die Schlupfwinkel zu verbrennen. Nun fühle ich, daß ich mehr Mensch bin, besser gesagt mehr Tier. Und du liest! Du tust mir leid. Leben des Geistes! Der Geist ist lächerlich. Der Geist! Hatte der Urmensch, der sich mit dem Wisent herumschlug, vielleicht ein Geistesleben? Wir wollen leben, leben, leben!“

„Es steht aber nirgendwo geschrieben, daß man, um leben zu können, das Hemd abschaffen muß.“

„Trinken und leben. Kognak. Schlafen und leben und Kognak. Im Schatten liegen und leben. Und noch einmal Kognak. Und an nichts denken. Denn wenn wir an irgend etwas denken müßten, müßten wir uns gegenseitig umbringen und ein für allemal Schluß machen mit allem. Und du liest?“

Ich hatte in der halbwegs zwischen Gallio und Asiago mitten im Wald gelegenen Villa Rossi einige zurückgelassene Bücher entdeckt. Es war Nacht, und mein Patrouillengang ließ mir nicht viel Zeit. In der Eile entschied ich mich für den *Orlando furioso* Ariosts, ein Buch über Vögel und die französische Ausgabe der *Fleurs du mal* Baudelaires. Dem Vogelbuch fehlten die ersten Seiten, der Autor blieb mir daher für immer unbekannt. Diese Bücher hatte ich auf die Hochebene mitgenommen. In kritischen Lagen wurden sie bald von mir, bald von meiner Ordonnanz in Sicherheit gebracht und sorgsam aufbewahrt. Wahrscheinlich war dies die einzige ambulante literarische Bibliothek der Armee. Meine Ordonnanz hatte eine besondere Vorliebe für Vögel; und das illustrierte Buch über die Vogelwelt war sein liebster Zeitvertreib. Er war Jäger. Er konnte kaum lesen;

was ihn vor allem fesselte, waren die Abbildungen. Wenn ich las, las auch er, und wir tauschten unsere Eindrücke aus.

„Was hast du Neues gefunden?“ fragte ich ihn.

„Das Buch ist interessant, *Bertoldo e Bertoldino* brachte mich mehr zum Lachen, aber das da ist viel spannender und abwechslungsreicher. Es sind alle Vögel drinnen, nicht ein einziger fehlt. Sogar die Feigenfresser sind da. Ehrlich gesagt, ich esse Vögel mit Polenta gern. Und die Feigenfresser passen gut dazu. Aber – ohne den Leuten im Veneto unrecht zu tun – gebraten sind mir Amseln und Drosseln lieber.“

„Es scheint, daß die Drosseln aus Deutschland zu uns kommen, wenn auch nicht alle“, sagte ich zu ihm.

„Die können herkommen, wo sie wollen, am Spieß sind sie alle gleich. Alle sind gut. Merken Sie sich, Herr Oberleutnant: Die Drosseln schmecken besonders fein, wenn der Spieß aus Holz ist. Nie dürfen Sie in Gottes Namen die Dummheit begehen und Eisenspieße verwenden. Nehmen Sie immer nur hölzerne Spieße. Und jeden Spieß nur einmal. Jede Drossl braucht ihren eigenen Spieß. Und achten Sie darauf, daß das Holz süß ist. Zuerst müssen Sie das Holz kosten. Sie nehmen ein Stück in den Mund, kauen es und prüfen den Geschmack. Ich halte es immer so ...“

Da meine Ordonnanz in den Stunden der Muße das Buch über die Vögel für sich beanspruchte, blieb mir nichts übrig, als ständig den *Orlando furioso* und die *Fleurs du mal* zu lesen. Aber die waren unerschöpflich. Sicherlich waren wir beide die einzigen gewohnheitsmäßigen Leser auf der Hochebene.

Auf den Bergen von Asiago habe ich zwei der bedeutendsten Geister der westlichen Kultur kennengelernt. Ich kannte Ariost und Baudelaire schon vorher, aber nur oberflächlich, wie sie eben einer kennt, der sie am Schreibtisch daheim, in der Stadt, in normalen Zeiten liest. Von beiden war recht wenig in meinem Gedächtnis haftengeblieben. Ganz anders wirken sie, wenn man sie während der Ruhestunden im Krieg liest.

Ariost ähnelte ein wenig unseren Kriegsberichterstattern; er schilderte hundert Schlachten, ohne je auch nur eine gesehen zu haben. Indessen – welche Anmut, welche Heiterkeit erfüllt die Welt seiner Helden. Sicherlich war er ein Zweifler, der sich zum Optimismus verpflichtet fühlte: Ariost ist das Genie des Optimismus. Große Schlachten sind für ihn angenehme Ausflüge über blühende Matten, und selbst der Tod erscheint ihm als freundliche Fortsetzung des Lebens. Einmal läßt er einen seiner Heerführer sterben, aber dieser fährt fort zu kämpfen, ohne zu merken, daß er tot ist.

Das Gegenstück dazu ist Baudelaire. Die Sonne der Hochebene war geeignet, Licht in sein düsteres Leben zu werfen. Wie der Student aus Bologna hätte auch er nackt über die Berge streifen und Sonne und Kognak trinken können. Und für den Oberstleutnant vom Beobachtungsstand bei Stoccaredo hätte er einen guten Kriegsgefährten abgegeben. Ähnlich wie dieser – ähnlich wie tausend andere meiner Kameraden – mußte er trinken, um sich zu betäuben und um zu vergessen. Für ihn war das Leben das gewesen, was für uns der Krieg war. Aber welche Funken menschlicher Freude entsprühten seinem Pessimismus!

Es war ein Sonnentag, und an der ganzen Front war es ruhig. Nur aus dem Assatal trug der Wind ab und zu den Lärm eines Gewehrschusses zu uns herauf. Mein Diener saß da, das Gewehr wie einen Spieß über die Knie gelegt, ganz in die Vogelwelt vertieft. Ich saß neben ihm und verfolgte Orlando und Angelica auf einer Flucht. Eine heitere Stimme schreckte uns auf.

„Guten Morgen, Kollega!“

Es war ein Oberleutnant der Kavallerie. Ich schlug das Buch zu und erhob mich. Wir drückten einander die Hand und stellten uns vor. Er war vom Regiment *Piemonte Reale*. Da er dem Armeestab zugeteilt war, kam er zum erstenmal in die vorderen Linien. Er hatte noch nie einen Schützengraben gesehen. Auch jetzt hatte ihn kein dienstlicher Auftrag hierhergeführt, er kam vielmehr zum persönlichen Vergnügen, um zu erkunden, wo und wie die Frontlinie eigentlich verlief und wie wir da vorn lebten. Eine Ordonnanz des Regimentsstabes begleitete ihn. Der Oberleutnant war elegant und makellos sauber gekleidet: weiße Handschuhe, Reitgerte, gelbe Reitstiefel und Sporen.

Ich sagte ihm gleich:

„Sei vorsichtig, denn mit dieser strahlenden Uniform gibst du für alle Scharfschützen auf der anderen Seite das ideale Ziel ab."

Er scherzte über die Scharfschützen, er scherzte über mein Buch. Er fragte nach dem Namen des Verfassers und gestand dann, daß er nie eine Zeile von Ariost gelesen hatte.

Ich reichte das Buch dem Diener, griff nach meinem Bergstock und kehrte zum Oberleutnant zurück. Um das Gespräch wieder in Gang zu bringen, sagte ich:

„Der *Orlando* ist großartig."

„Er würde verdienen, Ministerpräsident zu werden "

„Ministerpräsident", wandte ich ein, „wäre vielleicht übertrieben. Aber als Oberkommandierender des Heeres würde er sich gewiß nicht schlechter machen als der General Cadorna."

„Nein, Seine Exzellenz versteht nichts von militärischen Dingen. Doch ist er sicherlich der größte Redner und der beste Staatsmann, den unser Parlament hat."

„Seine Exzellenz?"

Die Angelegenheit schien einigermaßen verworren. Der kurzen Aufklärung, die folgte, entnahm ich, daß mein Kollege nicht, wie ich, Ariosts *Orlando* meinte, sondern den Abgeordneten Orlando, den Justizminister des Kabinetts Boselli. Der Oberleutnant war Sizilianer wie der Minister, und er empfand für diesen eine schrankenlose Verehrung. Der Gast zog sich indessen elegant aus der Affäre. Aber meinem Stolz als Infanterieoffizier schmeichelte dieses Mißverständnis. Auch die Aussprache des Kavallerieoberleutnants belustigte mich. Er sprach mit gezierter Grazie und reichlich affektiert, das R unterdrückte er nach Art der Franzosen beinahe vollkommen, so wie es bei uns in Italien sonst nur die Filmschauspielerinnen taten.

In Wirklichkeit war es zunächst für einen Augenblick lang eher an mir als an ihm gewesen, verlegen zu sein. Er war so fein gekleidet, und meine Uniform bestand zum Teil aus Flicken, zum Teil aus Löchern. Gewiß, ich war Offizier einer berühmten Brigade, und er Lanzenreiter in einem Etappenregiment, obendrein versah er bei dem nicht gerade in Frontnähe siedelnden Armeekommando Dienst. Mein Aufzug war aber allzu ungehörig. Einen Moment lang hatte ich geradezu das Gefühl, einem Ranghöheren gegenüberzustehen. Ich wehrte mich gegen solche Empfindungen, und nach und nach gelang es mir, jenes Minderwertigkeitsgefühl zu überwinden, das ein schmutziger Mensch angesichts eines sauberen empfindet. Innerhalb weniger Minuten wurden wir zu guten Kameraden.

Ich ging voraus, und wir stiegen zum Schützengraben auf. Er hatte keine Angst, und er versuchte auch zu zeigen, daß er keine Angst hatte. Dies aber ist im Schützengraben äußerst gefährlich. Ich sagte ihm: „Mach es wie ich ... Hier bücken ... Hier auf allen vieren gehen ... Stehenbleiben“ – aber er bückte sich nicht, ging nicht auf allen vieren, blieb nicht stehen. Er wollte überall schauen, durch die Schießscharten, über die Brustwehr der Schützengräben. Ich bemühte mich, ihm etwas Vorsicht beizubringen. Glücklicherweise fiel kein Schuß.

In einer Grabenecke rasteten wir ein wenig im Schatten. Er sagte:

„Ich habe das Gefühl, daß ihr von der Infanterie übertrieben vorsichtig seid. Mit der Vorsicht gewinnt man keinen Krieg.“

Diese Bemerkung war sicherlich unangebracht. Ich fühlte mich im Innersten getroffen. Mein Korpsgeist lehnte sich gegen eine solche unnötige Lektion auf.

„Es verhält sich so“, kehrte ich den Spieß um, „daß wir nur auf unsere zwei Beine zählen können. In einer kritischen Lage können dem Infanteristen die Knie zittern. Mit zitternden Knien kommst du keinen Schritt vorwärts. Ihr seid da glücklicher: Auch wenn ihr vor Angst umkommt, tragen euch die Beine eurer Pferde noch weiter nach vorne.“

Später tat es mir leid, daß ich das gesagt hatte. Für den Augenblick verspürte ich eine gewisse Genugtuung. Ich hatte das Gefühl, es dem Reiter gebührend heimgezahlt zu haben. Er antwortete nicht.

Wir kamen an der Schießscharte vierzehn vorbei.

„Dies“, erklärte ich ihm, „ist die beste Schießscharte unseres gesamten Abschnitts. Aber sie kann nur bei Nacht benützt werden, wenn die Österreicher Leuchtkugeln einsetzen. Bei Tag ist es verboten, hier hinauszuschauen. Einige Offiziere und Soldaten sind dabei getötet oder verwundet worden. Drüben haben sie ein Gewehr aufgebockt, das genau auf diese Schießscharte eingeschossen ist, und es liegt immer auch ein Schütze bei diesem Gewehr. Die Soldaten vergnügen sich mitunter damit, daß sie dem Schützen Holzstäbe oder Papier oder an Zweigen befestigte Münzen hinhalten, und der Schütze trifft immer in die Öffnung und verfehlt das Ziel nie."

Wir sahen uns die Schießscharte an. Sie war nicht mehr wie früher einfach ein Loch in der Grabenwehr und durch einen Stein verdeckt. Die Soldaten hatten hier eine gepanzerte Schießscharte eingebaut, die sie in den Trümmern von Asiago gefunden hatten. Es war eine schwere Stahlplatte mit einem Guckloch. Das Loch konnte mit einem gleichfalls stählernen Verschluß durch Verschieben geöffnet oder verdeckt werden. Ich schob den Verschluß zur Seite, selber in Deckung bleibend, und wartete auf den Schuß. Der Schuß blieb jedoch aus.

„Der Posten schläft", sagte der Oberleutnant.

Ich ließ den Verschluß über die Öffnung fallen und hob ihn wieder auf. Ein Sonnenstrahl fiel durch das Loch wie das Lichtbündel eines Scheinwerfers. Etwas zischte durch die Luft, und erst danach hörten wir den Knall des Gewehrschusses. Die Kugel war durch die Öffnung gefahren.

Auch der Oberleutnant wollte den Schützen auf die Probe stellen. Er öffnete den Verschluß und hielt das Ende der Reitgerte vor die Öffnung. Ein zweiter Schuß und die Spitze der Gerte war weg. Er lachte. Er nahm ein Stück Holz, steckte eine Kupfermünze daran und wiederholte das Experiment.

„Heute abend werde ich denen beim Armeekommando etwas erzählen", sagte er.

Das Geschoß riß die Münze aus dem Holz; zischend wirbelte sie durch die Luft.

Ich ging weiter und zeigte dem Kavallerieoberleutnant die nächste Schießscharte.

„Von hier aus kann man einen anderen Abschnitt beobachten, der weniger wichtig ist. Hier ist es völlig gefahrlos. Siehst du dort am Ende den Haufen, der aussieht wie ein Sack Kohle? Das ist ein getarntes MG-Nest. Wir haben es erst in einer der letzten Nächte entdeckt, als es während eines Alarms feuerte. Wir haben es auch schon dem Regimentskommando gemeldet, denn wenn wieder einmal eine Aktion unternommen werden sollte, wird es nötig sein, dieses Maschinengewehr mit einem Geschütz außer Gefecht zu setzen."

„Und habt ihr nun auch Artillerie?"

„Ja, einige Geschütze, sie kommen so nach und nach. Siehst du das dort, weiter rechts? Es schaut aus wie ein weißer Hund. Das ist eine Beobachtungsstellung, die den nächsten Abschnitt beherrscht. Und dort, wo du das dichte Fichtenwäldchen siehst, beginnt eine Schlucht. Dort ist die Grabenlinie unterbrochen. Sie geht erst auf der andern Seite, jenseits der Schlucht, wieder weiter."

Ich dachte, er stünde hinter mir und beobachtete, was ich ihm zeigte. Die Schießscharte war groß, und es war Platz für zwei. Plötzlich vernahm ich aus einiger Entfernung seine Stimme:

„Einem Offizier des *Piemonte Reale* zittern die Knie weniger leicht als seinem Pferd.

Diesen Worten folgte ein Schuß. Ich wandte mich um. Der Oberleutnant war vor der Schießscharte vierzehn: Er sank zu Boden. Ich stürzte hin, um ihn zu stützen, aber er war schon tot. Die Kugel hatte ihn in die Stirn getroffen.

[17]

Um die Augustmitte begann man wieder von einer bevorstehenden Aktion zu reden. Die Bataillone waren aufgefüllt worden, und im Abschnitt des Armeekorps hatten einige Batterien Feld- und Gebirgsartillerie Stellung bezogen. Bei Nacht war in den Schützengräben nicht mehr an Schlaf zu denken. Patrouillen und Sprengrohrtrupps waren wieder ständig in Bewegung. Eines Tages hieß es, morgen würde der Angriff stattfinden, aber er wurde dann verschoben. Man konnte also damit rechnen, daß das Leben wieder für einen Tag lang gesichert war. Wer den Krieg nicht mitgemacht hat – und zwar unter jenen Bedingungen, unter denen wir ihn erlebten –, wird nie begreifen können, welch freudige Gewißheit dies ist. Eine einzige gesicherte Stunde bedeutete in unserer Lage schon viel. Sich am Morgen, wenn man – eine Stunde vor dem Angriff – aufwachte, sagen können: „Ich schlafe noch eine halbe Stunde lang. Ja, ich kann noch eine halbe Stunde lang schlafen. Dann werde ich aufstehen, eine Zigarette rauchen, den Kaffee wärmen und die Schale austrinken, Schlückchen für Schlückchen, und dann noch eine Zigarette" – dies erschien einem wie das Programm für ein erfülltes Leben.

Der Befehl, uns auf neue Kampfhandlungen vorzubereiten, kam zugleich mit der Nachricht, daß die Fahnen der beiden Regimenter der Brigade mit der Goldenen Tapferkeitsmedaille ausgezeichnet worden waren. Die seltene Ehrung hob uns wieder einmal aus allen Infanteriebrigaden heraus; wir alle hätten sie noch mehr zu schätzen gewußt, wenn wir uns in Ruhestellung befunden hätten. Der Brigadekommandant wollte das Ereignis dennoch feiern und befahl alle

Offiziere zum Rapport. In einer kurzen Rede skizzierte er die Geschichte der Brigade und ordnete an, daß die Kompaniechefs dies auch der Truppe in Erinnerung rufen sollten.

Ich befand mich unter den Offizieren meines Bataillons. Nach dem beim Brigadekommando abgehaltenen Rapport stiegen wir miteinander wieder zu den Stellungen auf. Unmittelbar hinter uns folgten die Offiziere des ersten Bataillons, an dessen Spitze nunmehr Hauptmann Zavattari stand. Er war vom zweiten zum ersten Bataillon versetzt worden und hatte nach dem Tod des Majors die Führung übernommen. Mein Bataillon lag in den Gräben, das erste dahinter in Reserve. Auf dem Weg zu den Schützengräben kamen wir am Gefechtsstand des ersten Bataillons vorüber.

Wir waren eben dort angelangt, als man uns mitteilte, General Leone sei tot, ein Explosivgeschoß habe ihm, hieß es, die Brust zerrissen. Weshalb sollte man die Dinge nicht beim Namen nennen? Wir waren froh und feierten ein Fest. Hauptmann Zavattari lud uns ein, bei ihm im Gefechtsstand zu bleiben, und ließ einige Flaschen entkorken. Das Glas in der Hand, hielt er eine kurze Ansprache:

„Meine Herren Offiziere! Es sei einem Angehörigen des Unterrichtsministeriums und altem Hauptmann gestattet, das Glas zu erheben auf das Glück, das unserer Truppe zuteil geworden ist. Eingedenk der schönen Tradition einiger starker Völker, bei denen der Tod eines Familienmitgliedes mit Festessen und Tänzen gefeiert wird, wollen wir – da uns anderes hier nicht möglich ist – auf das Andenken unseres Generals trinken. Keine Tränen, meine Herren, sondern Freude, Freude in geziemendem Maß! Gottes Hand hat sich auf die Hochebene von Asiago gesenkt. Wir wollen nicht hadern wegen der Verspätung, mit welcher die Vorsehung ihren hehren Willen erfüllt hat, doch wollen wir immerhin feststellen, daß es hoch an der Zeit war. Er ist dahingeschieden. Der Friede sei mit ihm. Mit ihm der Friede und mit uns die Freude. Und es sei uns nun gestattet, den General, den wir als Lebenden verabscheuten, als Toten zu ehren."

Wir standen da mit erhobenen Gläsern, als auf dem steinigen Weg, der von Croce di Sant'Antonio heraufführte, von den Fichten noch halb verdeckt, ein berittener Offizier auftauchte. Ich erblickte ihn zuerst, da ich am Rand des Weges stand. Der Offizier ritt auf uns zu. Ich rief:

„Aber das ist doch nicht möglich!"

Wir rissen die Augen auf: Es war General Leone. Auf seinem Maultier sitzend, den Stahlhelm tief in die Stirn gezogen, den Bergstock quer über dem Sattelknauf, den Feldstecher am Hals baumelnd, das Gesicht finster, so ritt er auf uns zu.

„Offiziere, habt Acht!" befahl der Hauptmann.

Wir fanden nicht einmal Zeit, die Gläser abzustellen. Wie wir waren, nahmen wir Haltung an. Auch der Hauptmann stand stramm, das Glas in der Hand.

„Welches glückliche Ereignis feiern denn die Herren?" erkundigte sich gallig der General.

Wir waren alle reichlich verlegen. Der Hauptmann faßte sich als erster und erwiderte mit einer Stimme, die aus dem Jenseits zu kommen schien:

„Die an die Fahnen unserer Regimenter gehefteten Goldmedaillen."

„Die Herren erlauben, daß ich mit ihnen trinke."

Der Hauptmann reichte dem General sein noch unberührtes Glas. Der leerte es auf einen Zug, reichte das Glas zurück, gab dem Maultier die Sporen und trabte davon.

Am folgenden Tag fand die von der Artillerie unterstützte Aktion statt. Zwei Batterien schossen breite Breschen in die Hindernisse und zerstörten einen Teil der österreichischen Grabenstellungen, sodaß das erste Bataillon mit zwei Kompanien einen Einbruch erzielte. Es fielen ein paar hundert Gefangene in unsere Hände, doch mußte das besetzte Grabenstück, das von beiden Flanken her dem feindlichen Beschuß ausgesetzt war, wieder geräumt werden. Das Unternehmen hatte nur an dieser einen Stelle zu einem Teilerfolg geführt.

Mein Bataillon lag in Reserve, und ich beobachtete den vom zweiten Bataillon vorgetragenen Sturmangriff. Dieses Bataillon griff sehr weit rechts an, am Fuß der großen Felswände der Zebio-Alm. Diese Variante hatte sich der Divisionskommandant einfallen lassen, der meinte, man sollte hier nicht die Artillerie einsetzen, sondern noch einmal das Glück mit einem Überraschungsangriff versuchen. Für den Frontabschnitt einer Division waren zwei Batterien ohnedies viel zuwenig, sodaß gar keine andere Wahl blieb, als in diesem Sektor auf das Vorbereitungsfeuer zu verzichten. Der General hatte auch sein Vertrauen in die *Farinaharnische* nicht verloren. Nach seinen Vorstellungen mußte eine geschlossen angreifende geharnischte Kompanie wie eine stählerne Lawine wirken, der das feindliche Feuer nichts würde anhaben können. Oberstleutnant Carriera hatte sich als einziger für diesen Plan erwärmt, und seinem Bataillon war die Auszeichnung zuteil geworden, ihn auszuführen.

Ich befand mich als Zuschauer im Schützengraben, in der Nähe des Gefechtsstandes des zweiten Bataillons. Die von Oberleutnant Fiorelli geführte sechste Kompanie legte die Harnische an. Sie hatte Befehl, als erste anzugreifen, die andern sollten ihr folgen. Auch der Oberleutnant trug einen Harnisch und sprang als erster aus dem Graben, die Kompanie ihm nach. Die ganze Aktion dauerte höchstens einige Minuten. Die auf den Kämmen der Felswände in Stellung gebrachten feindlichen Maschinengewehre überschütteten die Kompanie mit einem Hagel von Feuer und Stahl und vernichteten sie. Die Kompanie hatte nur einige wenige Schritte aus unseren Schützengräben hinaus tun können. Vor unsern Augen lagen die Körper der Soldaten, die Harnische waren aufgerissen, als wäre die Kompanie von Artillerie beschossen worden. Der Oberstleutnant mußte die Aktion abbrechen.

An jener Stelle, an der die sechste Kompanie zum Angriff angetreten war, betrug die Entfernung von unseren Gräben bis zu den Felswänden nicht weniger als zweihundert Meter. Man versuchte, die Verwundeten im Schutz des Unterholzes zu bergen. Als der Oberstleutnant zu den ersten in den Graben gebrachten Verwundeten ging, geriet er vor den Ausstieg, der für den Angriff angelegt worden war, und stand einige Augenblicke lang deckungslos da. Eine Kugel traf ihn in den Arm, er stieß einen Schrei aus und brach bewußtlos zusammen.

Obwohl das Geschoß den Arm durchschlagen hatte, war die

Verwundung offenbar nicht schwer. Der Oberstleutnant war groß und massig; wie er, so der Länge nach auf dem Boden ausgestreckt, dalag, schien er noch viel größer und viel dicker; sein Körper verlegte den Graben in ganzer Breite. Totenblässe hatte sein Gesicht entfärbt, und einen Moment lang glaubte man, er sei wirklich tot. Die Soldaten bespritzten ihn mit Wasser und brachten ihn wieder zu sich. Er röchelte und knirschte mit den Zähnen. Er sagte ein paar Worte, doch tat er die Augen nicht auf. Der Bataillonsadjutant, der Griechischprofessor, setzte ihm vorsichtig die Kognakflasche an die Lippen, die er, ohne innezuhalten, leer trank. Ich stand nicht sehr nahe bei ihm, doch hörte ich das Glucksen in der Gurgel derart laut, daß ich an den Wasserwirbel in einem großen Trichter dachte.

Ohne Unterlaß wurden Verwundete in den Graben geschleppt. Der Oberstleutnant hatte sich endlich, von zwei Soldaten gestützt, aufzusetzen vermocht und lehnte mit dem Rücken an der Grabenwand. Ein Sanitäter legte ihm einen Verband an. Ohne die Augen zu öffnen, fragte der Oberstleutnant mit einer dünnen, kindlichen Stimme:

„Wie spät ist es?“

„Zehn Uhr“, antwortete der Adjutant.

„Und wann bin ich verwundet worden?“

„So um ein Viertel vor zehn.“

Der Chef der fünften Kompanie, der älteste Hauptmann des Bataillons, erkundigte sich, ob er die Führung des Bataillons übernehmen solle.

„Nein“, erwiderte der Oberstleutnant, noch immer mit geschlossenen Augen. „Das Bataillon führe noch ich.“

Er erkundigte sich über den Verlauf der Aktion und erteilte einige Befehle.

Auch Oberleutnant Fiorelli hatte man in den Graben gebracht. In Schulterhöhe klaffte in seinem Harnisch ein derart breites Loch, daß man eine Hand hätte hineinlegen können. Nachdem man ihn unter vielen Mühen von dem nutzlosen Panzer befreit hatte, konnte man ihm einen Verband anlegen. Schulterblatt und Schlüsselbein waren zerschmettert.

Der Oberstleutnant erkundigte sich ab und zu nach der Zeit.

Als es ein Viertel nach zehn Uhr war, rief er den Adjutanten zu sich und diktierte mit geschlossenen Augen einen Brief:

Vom Kommando des zweiten Bataillons des Infanterieregiments 399.

An das Kommando des Infanterieregiments 399.

Der endesgefertigte Oberstleutnant Carriera Cavaliere Michele, Kommandant des zweiten Bataillons des Infanterieregiments 399, beehrt sich, diesem Kommando das Verhalten des Oberstleutnants Carriera Cavaliere Michele während des Gefechts vom 17. August 1916 zur Kenntnis zu bringen. Nachdem er, während er das Bataillon zum Sturmangriff führte, am Arm schwer verwundet worden war, weigerte er sich – trotz schweren Blutverlusts und großer Schmerzen –, das Kommando des Bataillons abzugeben und sich zum Verbandsplatz tragen zu lassen. In heldenmütiger Entschlossenheit und der Gefahr nicht achtend, harrte er unter seinen Soldaten aus und behielt weiter die Führung der Aktion in der Hand, zu welchem Behufe er alle erforderlichen Weisungen erteilte. Erst nach einer halben Stunde, als der erfolgreiche Verlauf der Operationen gesichert war und nachdem er dem Nachfolger die nötigen Instruktionen für deren Fortführung erteilt hatte, gab er das Kommando ab und verließ das Bataillon. Der Endesgefertigte beehrt sich, dem Kommando den Vorschlag zu unterbreiten, es wolle wegen dieses Verhaltens gemäß Kgl. Dekr. von 1848 dem Oberstleutnant Carriera Cavaliere Michele die Silberne Medaille für Tapferkeit vor dem Feind zuerkennen. Er hat seinen Untergebenen ein strahlendes Beispiel an Mut und aufopfernder Selbsthingabe gegeben usw. usw.

Oberstleutnant, Kommandant des zweiten Bataillons.

Als dies vollbracht war, schlug der Oberstleutnant die Augen auf. Er nahm die Feder und unterschrieb: Michele Carriera. Dann schloß er die Augen wieder.

Der Hauptmann der fünften Kompanie übernahm das Bataillonskommando, und die Sanitäter trugen den Oberstleutnant auf einer Bahre weg. Der Griechischprofessor stand da, verblüfft wie alle anderen, Papier und Feder in der Hand. Nach einigem angestrengten Nachdenken bemerkte er gewissenhaft:

„Ich habe das Datum vergessen."

Und er ergänzte den Brief: Casara Zebio, 17. August 1916.

Während dieses ungewöhnlichen bürokratischen Vorgangs hatte sich der Schützengraben mit Verwundeten gefüllt. Die Österreicher schossen noch immer, an der ganzen Front, da der Kampf in unserem Abschnitt noch fortdauerte. Der Oberstleutnant war kaum verschwunden, als der Unterarzt meines Bataillons in den Graben kam; der Oberarzt hatte ihn vom Verbandsplatz nach vorn geschickt, damit er im Graben Erste Hilfe leiste. Er war Medizinstudent an der Universität Neapel und noch nicht Arzt. Der Kriegslärm brachte ihn aus der Fassung. Er sah einen Harnisch am Boden liegen und versuchte ihn anzuziehen – ohne zu ahnen, was die Träger dieser Panzer erlebt hatten. Irgend jemand machte ihn auf die Harnische aufmerksam, in denen noch die Verwundeten steckten und die zerfetzt waren wie dünne Baumwollhemden. Dieser Anblick verwirrte den Studenten derart, daß er auf seine Mission vergaß. Obwohl die Schutzwehr des Grabens hoch war, viel höher als er, bewegte er sich nur halb kriechend vorwärts, mit wirrem Blick und über die Verwundeten stolpernd.

„Gib auf die Verwundeten acht und hilf ihnen!" schrie ihn ein Oberleutnant des Bataillons zornig an.

Der Student sah ihn verzweifelt lächelnd an. Er war außerstande, sich aufrecht zu halten, ließ sich zu Boden fallen und kroch nun auf allen vieren weiter.

„Alarm!"

Die Rufe kamen vom äußersten rechten Flügel unseres Abschnitts.

„Alarm! Alarm!"

Alles rannte kreuz und quer durcheinander. Das Bataillon stürzte an die Schießscharten, und unsere Maschinengewehre, die bis dahin geschwiegen hatten, begannen zu feuern. Auch ich lief zu einer

Schießscharte und sah eine Abteilung Österreicher, die am Rand der Schlucht von den Felsen abgestiegen war und nun unsere rechte Flanke angriff. Das plötzliche heftige Feuer hielt sie auf, und sie gingen hinter die Felsblöcke zurück. Nachdem wieder Ruhe eingekehrt war, suchten wir den Unterarzt, konnten ihn aber nicht finden.

Als ich eine halbe Stunde danach zum Bataillonsgefechtsstand zurückkehrte, nahm ich den Weg über den Verbandsplatz, wohin Oberleutnant Fiorelli gebracht worden war. Fiorelli und ich kannten einander aus Padua, wo er Architektur studiert hatte, und ich wollte mich erkundigen, wie es im ging. Ich befand mich im Laufgraben; aus einer seitlich gelegenen Kaverne vernahm ich fröhlichen Gesang mit Mandolinenbegleitung. Wer brachte es fertig, an einem Kampftag, mitten unter Toten und Verwundeten, so vergnügt zu singen? Ich wußte, daß der Unterstand als Depot für Sanitätsmaterial diente. Ich ging hin und hob die Zeltplane, die den Eingang verschloß. Im hinteren Teil der Kaverne brannte eine Kerze. Im Lichtschein saß, allein, der Medizinstudent auf einer Medikamentenkiste. Er sang und spielte dazu auf der Mandoline. An seiner Seite standen zwei Flaschen Mandarinenlikör: die eine leer, die andere nur noch halbvoll.

„A mare chiare ce sta 'na fenestra

A mare chiare ...

A mare chiare ..."

Ich trat ein. Die Augen weit aufgerissen, hörte der Kadett zu singen auf. Die Mandoline fiel ihm aus der Hand. Er starrte mich erschreckt an, als sähe er ein Gespenst.

Es war im allgemeinen üblich, daß Subalternoffiziere und Kadetten einander duzten. Aber um meine Empörung und den Rangunterschied noch eindringlicher hervorzukehren, fuhr ich ihn an:

„Sie, Herr Kadett, schämen Sie sich denn nicht? Ist das hier Ihr Platz?"

Er hatte Haltung angenommen, doch stand er gebeugt, da der Kopf an die Kavernendecke stieß. Er antwortete nicht.

„Waren Sie es, der diese Flaschen leer getrunken hat?"

Mit dünner Stimme und unterwürfigem Blick sagte er:

„Ja, Exzellenz."

[18]

Während der friedlichen Tage, die folgten, ging in der Brigade das Gerücht um, wir würden nun endlich zur Retablierung in die Etappe geschickt werden. Es gab kein anderes Gesprächsthema mehr. Der Divisionskommandant erfuhr davon und reagierte mit einem Tagesbefehl, dessen Schlußsatz folgendermaßen lautete: „Es sollen alle, Offiziere und Soldaten, wissen, daß es außer dem Sieg nur eine Art Ruhe gibt, den Tod." Von da an war bei uns von Ruhe und Retablierung nicht mehr die Rede. Zur gleichen Zeit trat ein Ereignis ein, das zwar ohne Auswirkungen auf die Kriegsgeschichte blieb, doch muß ich den Leser, damit er das Folgende versteht, auch darüber unterrichten: Ich wurde zum Oberleutnant-Kompanieführer ernannt. Solche Kompanieführer bezeichnete man damals wegen der rot unterlegten Sterne als *Tenenti col robbio,* als *Oberleutnants mit dem Hauptmannsrot.* Ich übernahm die Führung der zehnten Kompanie, in der ich seit Kriegsanfang gedient und die ich schon im Karst befehligt hatte.

An ebendem Tag brachten die Österreicher, als wollten sie mein Avancement feiern, ein leichtes Gebirgsgeschütz in die vorderste Linie und feuerten ein paar Granaten auf den von meiner Kompanie gehaltenen Grabenabschnitt. Anhand eines nicht explodierten Geschosses stellten wir fest, daß es sich um ein 3,7-cm-Geschütz handelte. Es konnte immer nur wenige Schüsse nacheinander abfeuern. So nahm es die Schießscharten der Reihe nach aufs Korn, und zwei Beobachtungsposten der Kompanie wurden verwundet. Obschon wir uns anstrengten, den Standort des Geschützes festzustellen, konnten wir nicht ausmachen, ob es vorn im Graben oder weiter hinten in Stellung lag.

Das kleine Geschütz belästigte uns tagtäglich, immer zu einer anderen Zeit, mit überraschendem Beschuß. Der Divisionskommandant hatte die Detonationen gehört und wünschte Details zu erfahren. Das Brigadekommando lieferte ihm alle verfügbaren Beobachtungsergebnisse. Der General gab sich damit jedoch nicht zufrieden und kam selbst in den Graben.

Ich war gerade vorn, als er eintraf. Meine Kompanie lag auf der rechten Flanke des vom Bataillon gehaltenen Grabenabschnitts; ihr Bereich endete wenige Meter vor der Schießscharte vierzehn, welche die höchste Erhebung unserer Gräben markierte. Unmittelbar rechts von uns lag die MG-Abteilung, die von Oberleutnant Ottolenghi geführt wurde, mit ihren beiden Maschinengewehren. Ihr war der äußerste rechte Flügel des Abschnitts anvertraut. General Leone ließ das Bataillonskommando links liegen und kam direkt in den Graben. Ich erblickte ihn und ging ihm entgegen.

Er fragte sogleich nach Neuigkeiten über das Geschütz, und ich meldete ihm, was ich wußte. Als ich meine Darlegungen beendet hatte, überschüttete er mich mit Fragen; wieder einmal bewunderte ich sein Interesse für jedes Detail und sein Streben nach exaktester Information. Er inspizierte der Reihe nach die fünfzig Schießscharten, jede einzelne lang und gründlich, sodaß er sich nicht weniger als eine Stunde lang im Abschnitt meiner Kompanie aufhielt.

„Ihre Schießscharten", wandte er sich schließlich an mich, „schauen alle zu Boden wie die Fallen des *Palazzo della Signoria* in Florenz. Sie sind eher dazu geeignet, Grillen zu suchen, als die feindlichen Gräben zu beobachten."

Ich hütete mich, ein Lächeln zu riskieren. Er sprach mit düsterer Miene. Immerhin versuchte ich zu erklären, aus welchen Gründen die Schießscharten in meinem Abschnitt nur so und nicht anders gelegt sein konnten; ich verwies auf den Verlauf des Terrains, auf die Bäume und auf die vor uns aufragenden Felsen.

„Der Fehler", sagte ich, „liegt nicht bei denen, welche die Schießscharten angelegt haben. Die Anlage erfolgte vielmehr geländebedingt. Betrachten Sie zum Beispiel diese Schießscharte hier, Herr General. Wollte man das Schußfeld nach links verlegen, dann stünde jene Fichte im Weg, und man könnte dann überhaupt nichts sehen. Wenn man es aber nach rechts verschöbe, dann geriete man an jene Felswand. Wir konnten auch nicht höher gehen, denn dann hätten wir die Äste als Vorhang vor den Augen."

Der General beobachtete alles, und er tat es gründlich. Hin und wieder schaute er auch durch den Feldstecher.

„Sie haben recht", sagte er dann. „Wir können die Schießscharten nicht so anlegen, wie wir möchten. Aber wie finde ich nun heraus, wo dieses lästige Geschütz steht? Ich will es mit meiner Artillerie zum Schweigen bringen."

Der General war vernünftig und zahm. Als wir die letzte Schießscharte meines Abschnitts hinter uns gebracht hatten, wurde er geradezu höflich:

„Ich habe Sie zum erstenmal auf dem Monte Fior gesehen, wenn ich mich recht erinnere."

„Zu Befehl, Herr General."

„Sie können sich glücklich preisen. Sie sind noch immer nicht tot."

„Nein, Herr General."

Zu meiner nicht geringen Überraschung holte er das Zigarettenetui heraus und bot mir zu rauchen an. Da er jedoch seine Zigarette nicht anzündete, erlaubte auch ich mir nicht, die meine anzuzünden.

Wir waren am Ende meines Kompanieabschnitts angelangt. Ich sagte:

„Hier endet mein Abschnitt, und es beginnt jener der MG-Abteilung. Soll ich Sie weiter begleiten?"

„Ja, begleiten Sie mich. Danke. Haben Sie die Güte, mir Gesellschaft zu leisten."

Er hätte wahrhaftig nicht liebenswürdiger sein können. Ich war hingerissen. Was war nur geschehen, daß sein Charakter sich derart verändert hatte?

Wir befanden uns schon im nächsten Abschnitt, und ich ging dem General voran. Oberleutnant Ottolenghi kam uns – offensichtlich über den Besuch unterrichtet – entgegen. Ich machte den General auf ihn aufmerksam und sagte:

„Das ist der Oberleutnant, der diesen Sektor befehligt."

Ich trat zur Seite, und der General stand vor Ottolenghi. Der Oberleutnant meldete sich zur Stelle.

„Zeigen Sie mir Ihre Schießscharten", sagte der General. „Kennen Sie Ihre Schießscharten auch? Ist es schon lange, daß Sie in diesem Abschnitt liegen?"

„Seit mehr als einer Woche, Herr General. Ich habe alle Schießscharten neu herrichten lassen. Ich kenne sie gut."

Ottolenghi ging voran, der General folgte. Ich reihte mich hinter dem General ein, vor den beiden Carabinieri, die mit dem General in den Schützengraben gekommen waren, und meiner Ordonnanz. Es war ruhig in den Gräben. Während der ganzen Inspektion hatte sich das kleine Geschütz nicht ein einziges Mal gerührt. Ab und zu wurde in den feindlichen Linien ein Gewehrschuß abgefeuert, und unsere Posten schossen zurück.

Ottolenghi blieb zwischen zwei Schießscharten, die er als weniger wichtig bezeichnete, stehen und sagte:

„Hier kann man nur das Gelände unmittelbar vor unseren Hindernissen unter Feuer nehmen, für die Beobachtung eignen sie sich nicht."

Der General blickte lang durch die beiden Schießscharten, zuerst durch die eine, dann durch die andere.

„Diese Schießscharten eignen sich weder zum Schießen noch zum Beobachten", folgerte er aus dem Gesehenen. „Tun Sie mir den Gefallen, ihre Zerstörung zu befehlen. Lassen Sie neue anlegen. Wo befinden sich Ihre wichtigen Schießscharten?"

Der General besann sich wieder seiner Autorität.

„Da vorn haben wir die beste Schießscharte des ganzen Abschnitts", antwortete Ottolenghi. „Von dort aus hat man das ganze vor unseren Gräben liegende Terrain und die gesamte feindliche Linie in all ihren Details vor Augen. Hier ist sie, die Schießscharte vierzehn. Es gibt keine bessere."

Vierzehn? dachte ich. Ich war seit mehreren Tagen nicht mehr in diesem Grabenabschnitt gewesen und nahm an, Ottolenghi könnte die eine oder die andere Schießscharte aufgelassen und die verbliebenen neu numeriert haben. Vierzehn konnte nur eine andere Schießscharte sein. Wo der Graben die erste Biegung machte, blieb Ottolenghi stehen. Die Schießscharten waren unverändert. Jenseits der Biegung, etwas abseits und höher gelegen als alle anderen, gut sichtbar, war die Schießscharte vierzehn mit dem Panzerschild. Ottolenghi war jenseits der Schießscharte stehengeblieben, sodaß diese zwischen ihm und dem General lag.

„Hier", sagte er zum General, indem er den Verschluß rasch hob und wieder fallen ließ. „Die Öffnung ist klein. Es kann immer nur einer durchschauen."

Ich schlug mit meinem Bergstock auf die Steine, um Ottolenghi durch den Lärm auf mich aufmerksam zu machen. Ich suchte seine Augen, um ihm ein Zeichen zu geben, er solle von dem Spiel ablassen. Er wich jedoch meinem Blick aus. Sicherlich begriff er, doch wollte er mich nicht ansehen. Er war blaß geworden. Mein Herz hämmerte.

Instinktiv öffnete ich den Mund, um den General zu warnen, doch brachte ich kein Wort über die Lippen. Vielleicht hinderte mich die Erregung am Reden. Ich will um kein Jota verkleinern, was in jenem Augenblick meine Mitverantwortung sein mochte: Man war drauf und dran, den General umzubringen, ich stand dabei, ich hätte es verhindern können, aber ich schwieg.

Der General ging zur Schießscharte. Er legte die Stirn an die Stahlplatte, hob den Verschluß und führte das Auge an die Öffnung. Ich schloß die Augen.

Wie lange dieses Warten gedauert hat, kann ich nicht mehr sagen. Ich hielt die Augen geschlossen. Es fiel kein Schuß. Der General sagte:

„Das ist großartig! Einfach großartig!"

Ich öffnete die Augen. Der General hatte sein Auge noch immer am Sehschlitz der Schießscharte und meinte:

„Also jetzt glaube ich zu begreifen ... Ich glaube nicht, daß das Geschütz im Schützengraben steht ... Oder doch? Vielleicht, wo die

Grabenlinie eine Ecke macht, dort wär's immerhin möglich ... Aber nein, ich glaube doch nicht ... Wie gut man da alles sieht ... Bravo, Oberleutnant! ... Wahrscheinlich steht es hinter den Gräben, wenige Meter dahinter, im Wald ..."

Ottolenghi erteilte Ratschläge.

„Sehen Herr General genau hin, links, da liegt etwas wie ein weißer Sack, sehen Sie's?"

„Ich sehe, ja, ganz deutlich sehe ich's. Es ist alles sehr klar."

„Ich habe den Eindruck, daß das Geschütz dort steht. Man sieht zwar nichts, keinen Rauch, aber der Abschußlärm kommt von dort. Sehen Sie's?"

„Ja, ich sehe."

„Beobachten Sie genau. Bewegen Sie sich nicht."

„Es ist wahrscheinlich ... Ja, wahrscheinlich ..."

„Wenn Sie gestatten, Herr General, sorge ich für etwas Bewegung in unserem Graben. Ich lasse ein Maschinengewehr schießen. Es ist möglich, daß die Kanone dann antwortet."

„Ja, lassen Sie schießen, Oberleutnant!"

Der General zog den Kopf von der Schießscharte zurück und ließ den Verschluß fallen. Ottolenghi befahl, daß ein Maschinengewehr in Aktion treten solle. Gleich darauf ratterte die erste Garbe. Der General legte die Stirn wieder an die Panzerplatte und hob den Verschluß.

Die Kanone rührte sich nicht. Im österreichischen Graben fielen nur ein paar Gewehrschüsse. Zwei-, dreimal hob der General den Kopf von der Schießscharte, um mit Ottolenghi zu reden, und jedesmal fiel ein Sonnenstrahl durch die Öffnung. Während das Maschinengewehr schoß, blickte der General abwechselnd mit dem linken und mit dem rechten Auge durch die Öffnung.

Die paar Schüsse und das Feuer unseres Maschinengewehrs hatten den Scharfschützen am aufgebockten Gewehr drüben nicht geweckt.

Der General entfernte sich. Ottolenghi war verärgert:

„Ich lasse ein paar Handgranaten werfen", schlug er vor. „Es wird gut sein, wenn Sie noch einmal schauen."

„Nein“, erwiderte der General, „für heute ist’s genug. Sehr gut, Herr Oberleutnant. Morgen werde ich meinen Stabschef herschikken, damit er den genauen Verlauf der feindlichen Stellungen studieren kann. Auf Wiedersehen.“

Er reichte uns beiden die Hand und entfernte sich, gefolgt von den beiden Carabinieri. Wir blieben allein.

„Du bist wahnsinnig“, fuhr ich Ottolenghi an.

Meine Ordonnanz stand nur ein paar Schritte abseits. Der Mann schien nicht zu hören und nicht zu sehen.

Ottolenghi antwortete nicht einmal. Er war hochrot im Gesicht und ging ununterbrochen im Kreis, als kreiste er um sich selbst.

„Ich wette, wenn ich den Verschluß noch einmal hebe, wacht dieser Trottel von einem Scharfschützen auf.“

Er fingerte eine Zehn-Centesimi-Münze aus der Hosentasche und klemmte sie vorsichtig zwischen Daumen und Zeigefinger, dann öffnete er den Verschluß und hob die Münze vor das Loch. Ein Sonnenstrahl fiel in den Graben, und dann folgten in einem das Pfeifen der Kugel und der Knall des Gewehrschusses. Das Geschoß schleuderte die Münze über den Graben hinaus in den Wald.

Ottolenghi verlor vollends die Beherrschung. Wütend stampfte er mit den Füßen, er biß sich in die Finger und fluchte.

„Und nun will er uns auch noch den Stabschef schicken.“

In der folgenden Nacht rissen wir die Schießscharte vierzehn ein.

[19]

Von neuen Angriffen war nicht mehr die Rede. Für lange Zeit schien im Tal Ruhe eingekehrt zu sein. Auf beiden Seiten verstärkte man die Stellungen. Die Pioniere arbeiteten nächtelang. Das 3,7er-Geschütz fuhr fort, uns zu belästigen, und blieb weiter unsichtbar. Tagelang gab es keinen einzigen Schuß ab. Dann eröffnete es unversehens das Feuer gegen eine unserer Schießscharten und verwundete unsere Posten.

Mein Bataillon lag noch immer vorn; wir erwarteten die Ablösung durch das Ersatzbataillon. Ich hatte vor, dem Führer der Truppe, die uns ablösen würde, möglichst genaue Angaben zu hinterlassen. Deswegen hatte ich einen besonderen Beobachtungsdienst eingerichtet, der Tag und Nacht auf der Lauer lag; der Feuerschein des Abschusses oder das Hin und Her der Bedienungsmannschaft, hoffte ich, würden früher oder später die Stellung des Geschützes verraten.

Da auch dieser Beobachtungsdienst zu nichts geführt hatte, unternahm ich selbst in der der Ablöse vorangehenden Nacht, nur von einem Korporal begleitet, den Versuch, die Stellung des Geschützes zu erkunden. Der Korporal hatte viele Patrouillengänge absolviert und kannte die Gegend. Das Mondlicht erhellte den Wald, und wenn gelegentlich eine Leuchtkugel aufstieg, hatte man den Eindruck, als bewegten sich die Bäume im plötzlichen Lichtschein. Es war nicht leicht festzustellen, ob die Bewegung jedesmal reine Illusion war. Es konnten auch Menschen sein, die sich fortbewegten, und nicht nur Bäume, die sich im rasch vorüberhuschenden Lichtschein der Leuchtkugeln zu bewegen schienen. Wir hatten die Gräben am äußersten linken Ende verlassen, wo unsere Stellungen den feindlichen am nächsten waren. Kriechend hatten wir ein Gebüsch erreicht, das gute zehn Meter vor unserer Linie lag. Bis zu den österreichischen Gräben waren es noch etwa dreißig Meter. Eine kleine Bodenwelle befand sich zwischen unseren Stellungen und dem Gebüsch, das eine Kuppe krönte, von der aus man die tiefer liegenden österreichischen Stellungen beherrschte.

Wir lagen regungslos da und wußten nicht, ob wir weiter vorwärtskriechen oder warten sollten, als wir plötzlich den Eindruck hatten, in den feindlichen Stellungen, links von uns, herrsche eine gewisse Betriebsamkeit. In diesem Abschnitt standen keine Bäume; was wir sahen, konnte somit keine optische Täuschung sein. Jedenfalls wurde uns klar, daß wir einen Punkt erreicht hatten, von dem aus man direkt in die österreichischen Gräben hineinschauen konnte. Einen derart guten Beobachtungsposten hatten wir nie zuvor und nirgends im ganzen Frontabschnitt gefunden. Deshalb beschloß ich, die Nacht hier zu verbringen, um am Morgen im ersten Licht des Tages das erwachende Leben im feindlichen Graben zu beobachten. Ob das Geschütz feuerte oder schwieg, war mir nun schon gleichgültig. Es war mir einzig und allein wichtig, diesen unerhofften Beobachtungsposten zu halten. Die Kuppe und das Gebüsch tarnten und schützten uns so gut, daß ich den Beschluß faßte, eine Verbindung zu unseren Gräben herstellen zu lassen, um hier ständig einen getarnten Beobachtungsposten einzurichten. Ich schickte den Korporal zurück, um einen Verantwortlichen der Pioniere zu holen; diesem erteilte ich rasch alle für die Arbeit nötigen Weisungen. Innerhalb weniger Stunden wurde ein Verbindungsgraben zwischen dem Gebüsch und unseren Stellungen ausgehoben. Das Knallen der Schüsse unserer Postenkette tarnte das Arbeitsgeräusch. Der Verbindungsgraben war zwar nicht sehr tief, doch bot er einem einzelnen Mann auch bei Tag die Möglichkeit, kriechend ungesehen zur Kuppe zu gelangen. Die ausgehobene Erde wurde in unseren Graben geschafft, und der Verbindungsgraben hinterließ keine auffallenden Spuren. Frische Zweige und Latschen vervollständigten die Tarnung.

Hinter das Gebüsch geduckt, blieben der Korporal und ich die ganze Nacht über auf der Lauer, ohne jedoch neuerlich Lebenszeichen in den feindlichen Stellungen zu erkennen. Aber der Morgen entschädigte uns. Zuerst huschten einige verschwommene Soldaten durch die Laufgräben; dann erschienen Soldaten mit Eßgeschirren in den Gräben. Sicherlich war der Kaffee gebracht worden. Die Soldaten gingen vor uns hin und her, einzeln oder zu zweit, ohne sich zu ducken: Sie waren sicher, daß niemand sie sah, da Gräben und Wehren sie schützten; von unserer Linie aus konnten sie weder eingesehen noch direkt beschossen werden. Nie hatte ich ein solches Schauspiel erlebt. Nun waren sie also da, die Österreicher: ganz nahe, beinahe zum Greifen nah, und ruhig wie Fußgänger auf den Gehsteigen einer Stadt. Der Anblick löste seltsame Empfindungen in mir aus. Mit festem Griff umklammerte ich den Arm des Korporals, der rechts von mir lag, um ihm, ohne zu reden, mein Erstaunen mitzuteilen. Auch er war gespannt und verblüfft zugleich, und in meiner Hand spürte ich, wie er infolge des lange angehaltenen Atems an allen Gliedern zitterte. Mit einemmal bot sich unseren Augen ein völlig unbekanntes, fremdartiges Leben dar. Immer wieder hatten wir diese Stellungen angegriffen, und jedesmal vergeblich, angesichts des heftigen Widerstandes. Nach und nach aber waren sie uns wie tot vorgekommen, als düstere Stätten, in denen Lebende nicht geduldet wurden, die unheimlichen, schreckerregenden Gespenstern als Unterschlupf dienten. Jetzt aber lagen diese Gräben offen vor unseren Augen. Wir sahen das Leben, den Alltag dieser Gräben. Das also war er, der Feind, das waren sie, die Österreicher. Menschen und Soldaten wie wir, die aussahen wie wir, in Uniform wie wir. Sie bewegten sich, redeten miteinander und tranken Kaffee, genauso wie es um diese Stunde unsere Kameraden hinter uns taten. Seltsam. Nie zuvor hatte ich gedacht: Jetzt trinken sie Kaffee. Seltsam. Doch warum hätten sie nicht Kaffee trinken sollen? Weshalb schien es einem ungewöhnlich, daß sie Kaffee tranken? So zwischen zehn und elf Uhr würde auch da die Verpflegung kommen, genau wie bei uns. Dachten wir etwa, der Feind könnte leben, ohne zu trinken und ohne zu essen? Natürlich nicht. Doch was war dann der Grund meines Erstaunens?

Sie waren so nahe, daß wir sie einzeln, Mann für Mann, zählen konnten. Zwischen zwei schweren Traversen war im Graben ein kleiner, runder Raum ausgespart, wo einige von Zeit zu Zeit länger stehenblieben. Wir sahen, daß sie redeten, doch drangen ihre Stimmen nicht bis zu uns. Dieser runde Platz mußte der Vorhof eines Unterstandes sein, der größer war als die andern, denn da herrschte die regste Betriebsamkeit. Als ein Offizier erschien, hörte das Kommen und Gehen auf. Wir erkannten an der Uniform, daß es sich um einen Offizier handeln mußte. Er trug Schuhe und Ledergamaschen aus braunem Leder, die Uniform schien nagelneu zu sein. Wahrscheinlich war der Offizier erst in jenen Tagen an die Front gekommen, vielleicht direkt aus der Militärakademie. Er war sehr jung, das Blond der Haare ließ ihn noch jugendlicher erscheinen. Dem Aussehen nach konnte er kaum achtzehn Jahre alt sein. Als er ins Freie trat, zerstreuten sich die Soldaten, und er blieb allein auf dem runden Platz. Offensichtlich hatte gerade in dem Augenblick die Kaffeeausgabe begonnen. Ich sah nur den Offizier.

Ich war, seit der Krieg begonnen hatte, an der Front. Jahrelanges Im-Krieg-Sein hat zur Folge, daß man sich in Gewohnheiten und Denken dem Krieg anpaßt. Die große Jagd, die Menschen aufeinander machten, unterschied sich nicht sonderlich von der andern Großwildjagd. Ich sah niemals einen Menschen. Ich sah stets nur den Feind. Nach so langem Warten, nach so vielen Patrouillengängen und nach so viel verlorenem Schlaf hatte ich ihn jetzt endlich im Fadenkreuz. Die Jagd war zu gutem Ende gediehen. Ganz mechanisch, ohne klare Absicht und ohne einen Gedanken auf mein Tun zu verschwenden, einfach dem Instinkt folgend, packte ich das Gewehr des Korporals. Er überließ es mir, und ich brachte es in Anschlag. Wären wir wie in andern Nächten hinter dem Gebüsch auf dem Bauch gelegen, hätte ich wahrscheinlich einfach gezielt und geschossen, ohne eine Sekunde zu verlieren. Aber wir knieten bequem im ausgehobenen Verbindungsgraben, das Gebüsch deckte uns. Es war, als befände ich mich am Schießstand. Ich konnte mir beim Zielen jede Bequemlichkeit leisten. Ich stützte die Ellbogen fest auf der Erde.

Der österreichische Offizier zündete eine Zigarette an. Jetzt rauchte er. Diese Zigarette stellte eine plötzliche Beziehung zwischen ihm und mir her. Ich sah den Rauch und empfand mit einemmal das Bedürfnis, auch zu rauchen. Dieser Wunsch setzte mein Denken in Gang. Auch ich habe Zigaretten bei mir, dachte ich. Dies dauerte nur einen Augenblick lang. Trotzdem zielte ich nun nicht mehr automatisch, sondern mit Überlegung. Ich mußte daran denken, daß ich zielte und daß ich auf jemanden zielte. Der Zeigefinger, der eben noch gespannt am Abzugshahn gelegen war, wurde schlaff.

Ich dachte. Ich war gezwungen zu denken.

Gewiß, ich war völlig bewußt in den Krieg gezogen. den ich moralisch und politisch für gerechtfertigt hielt. Zwischen meinem Gewissen als Mensch und Bürger und meinen militärischen Verpflichtungen bestand kein Konflikt. Ich betrachtete den Krieg als harte, schreckliche Notwendigkeit, doch unterwarf ich mich ihr wie anderen üblen, aber unvermeidlichen Notwendigkeiten des Lebens. Deswegen war ich Soldat, deswegen führte ich Soldaten. Moralisch gesehen, nahm ich also auf zweifache Weise am Krieg teil. Ich hatte auch schon viele Gefechte mitgemacht. Es war nach alldem logisch, daß ich auf einen feindlichen Offizier schoß. Dies umso mehr, als ich von meinen Soldaten verlangte, auf Posten wachsam zu sein und, sobald ein Feind sich zeigte, gut gezielt zu schießen. Was also konnte mich davon abbringen, jetzt auf diesen Offizier zu schießen? Es war meine Pflicht zu schießen. Ich war mir dieser Pflicht bewußt. Ohne dieses Bewußtsein wäre es verbrecherisch gewesen, weiter Kriegsdienst zu leisten und andere zu zwingen, Kriegsdienst zu leisten. Nein, es konnte keinen Zweifel geben, ich hatte die Pflicht zu schießen.

Und dennoch schoß ich nicht. Ruhig entwickelten sich meine Gedanken. Ich war absolut nicht nervös. Am vergangenen Abend hatte ich vier, fünf Stunden geschlafen, ehe wir den Graben verlassen hatten; ich fühlte mich in bester Verfassung, und hier, hinter dem Gebüsch, im Graben, drohte mir keine Gefahr. Ich hätte, wäre ich daheim gewesen in meiner Wohnung, in meiner Heimatstadt, nicht ruhiger sein können.

Vielleicht war es auch diese völlige Ruhe, die meinen kriegerischen Sinn einschläferte. Ich hatte vor mir einen jungen Offizier, der nicht ahnte, in welcher Gefahr er schwebte. Ich konnte ihn nicht verfehlen. Ich hätte auf diese Entfernung tausendmal schießen können und hätte kein einziges Mal danebengeschossen. Ich brauchte nur abzudrücken, und er würde zu Boden fallen. Die Gewißheit, daß sein Leben von meinem Willen abhing, ließ mich zögern. Es stand ein Mensch vor mir. Ein Mensch!

Ich sah deutlich seine Augen und jeden Zug seines Gesichts. Der Morgen wurde heller, und hinter den Berggipfeln kündigte sich die aufgehende Sonne an. Auf einen Menschen schießen, so, auf ein paar Schritte ... wie auf ein Wildschwein?

Nun begann ich zu denken, daß ich vielleicht doch nicht schießen würde. Ich dachte weiter. Es ist nicht einerlei, ob man hundert oder meinetwegen tausend Menschen zum Angriff führt gegen hundert oder tausend andere, oder ob man *einen* Menschen aus allen andern herausgreift und sagt: „So, halt jetzt still, ich schieße, ich bringe dich um." Nein, es ist wahrhaftig nicht einerlei. Krieg führen ist eine Sache, einen Menschen umbringen eine andere. Einen Menschen auf diese Weise umbringen, das ist Mord.

Ich weiß nicht, inwieweit mein Denken sich logisch entwickelte. Tatsache ist, daß ich das Gewehr vor mich hingelegt habe und daß ich nicht schoß. In mir war ein doppeltes Bewußtsein erwacht, zwei einander feindselige Wesen stritten in mir. „Nun, es wirst doch nicht gerade du einen Menschen umbringen wollen, auf die Art", sagte ich zu mir selbst.

Obwohl ich diese Minuten selbst erlebt habe, bin ich nicht mehr imstande, jenen psychologischen Prozeß noch einmal zu überprüfen. Es ist da ein Sprung, über den ich mir nicht recht klar bin. Ich frage mich noch immer, wieso ich – nachdem ich für mich die Entscheidung getroffen hatte – daran denken konnte, von einem andern vollbringen zu lassen, was zu vollbringen mir das Gewissen verbot. Das Gewehr lag vor mir im Gebüsch. Der Korporal befand sich dicht an meiner Seite. Ich schob ihm die Waffe zu und sagte leise:

„Weißt du ... ein einzelner Mensch ... einfach so ... Ich schieße nicht. Willst du?“

Der Korporal nahm das Gewehr und antwortete:

„Ich auch nicht.“

Wir krochen in den Graben zurück. Der Kaffee war schon ausgegeben worden; nun tranken auch wir.

Am Abend wurden wir abgelöst.

[20]

In den Operationen war, offensichtlich aufgrund höherer Befehle, eine Pause eingetreten. Sie liefen an anderen Fronten ab, vor allem im Karst. Auf der Hochebene war alles ruhig. Mitte September wurde die Brigade für vierzehn Tage zur Retablierung geschickt, und zwar in die Gegend von Foza. Wir faßten endlich neue Wäsche, neue Uniformen und kleideten uns von Kopf bis Fuß neu ein. Die vierzehn Tage vergingen für uns wie vierzehn Nächte: Wir schliefen fast ohne Unterbrechung.

Im Oktober, knapp vor Einbruch des Winters, der im Hochgebirge schon im Herbst einsetzt, waren wir wieder vorn. Die Tage im Schützengraben verliefen grau und eintönig. Sie waren aber trotz allem nicht schlimmer als das Leben, das Millionen Bergleute in allen Bergbaugebieten Europas auch in normalen Zeiten Tag für Tag zu führen haben. Hin und wieder wurde jemand verwundet, selten gab es einen Toten. Es war die Ausnahme, wenn die Detonation einer schweren Granate oder der Treffer eines Minenwerfers eine Katastrophe zur Folge hatte, so wie eine Schlagwetterexplosion unter Tag ein Ausnahmefall ist. Danach ging das Leben im gewohnten Trott weiter: Turnus im Graben, Reserve einen Kilometer weiter hinten, Turnus im Graben. Kälte, Schnee, Eis und Lawinen bedeuten für kräftige Männer keine Verschärfung des Krieges. Für diejenigen, die in den Bergen oder in den Regionen des ewigen Schnees leben, sind dies Erscheinungen, die zum normalen Leben im Frieden gehören. Für die Infanterie ist der Krieg der Sturmangriff. Ohne Angriff gibt es wohl Schwerarbeit, aber keinen Krieg.

Deswegen habe ich auch keine Erinnerung, und wäre sie noch so verschwommen, an diese einförmig verlaufenen Monate. Es geht mir mit dieser Zeit wie mit den im Internat verbrachten Jugendjahren. Ich weiß über ganze Monate nichts zu berichten. So werde ich bei Episoden verweilen, die oft nur wenige Minuten dauerten, die ich aber besonders intensiv erlebt habe und die mir deutlich im Gedächtnis geblieben sind.

General Leone rückte in eine höhere Kommandoposition auf und verließ die Division. Wir feierten seinen Abgang eine Woche lang. Sein Nachfolger, General Piccolomini, trat das Divisionskommando an, als die Brigade schon wieder vorn lag. Er wollte sich sogleich der Mannschaft zeigen und erschien zu diesem Zweck im Graben. Meine Kompanie lag im bekannten alten Abschnitt auf dem rechten Flügel in Stellung. Eine Ordonnanz des Bataillonsstabes kündigte mir den Besuch an, und ich ging dem General entgegen. Der General Leone war gespensterhaft und streng gewesen, der neue General war heiter und springlebendig. Ich stellte zwischen den beiden einen raschen Vergleich an, und General Piccolomini schien mir der bessere Mann zu sein.

Ich weiß nicht, woher er zu uns kam. Wahrscheinlich hatte er bis dahin eine Militärakademie geleitet, denn sein Denken war schulmeisterlich und ganz der Theorie verhaftet.

Ich erwartete Fragen über meine Soldaten, über die Veteranen unter ihnen, über die Stimmung in der Truppe, über die Schützengräben, über den Feind. Der General aber benahm sich, als fände ein Examen statt.

„Wollen einmal sehen, Herr Oberleutnant. Lassen Sie mich hören, wie Sie den Sieg definieren würden. Will sagen: unseren Sieg, den militärischen Sieg."

Auf solche Fragen war ich nicht gefaßt. Ich deutete ein Lächeln des Verständnisses an, jenes besondere Lächeln, das all jenen eigen ist, die nichts begriffen haben, aber es für unschicklich halten, zu sagen: „Ich habe nicht begriffen, wollen Sie sich bitte klarer ausdrücken?" Und die eben durch ihr Lächeln dem Gesprächspartner zu verstehen geben, daß sie natürlich begriffen haben, aber auf derart diskrete Art, daß es beinahe so ist, als hätten sie nicht begriffen.

Der General wiederholte:

„Der Sieg! Habe ich mich klar ausgedrückt oder nicht? Wozu kämpfen wir? Um zu siegen oder um zu verlieren? Offensichtlich, um zu siegen!"

„Selbstverständlich."

„Gut. Die Aktion des Siegens ist: der Sieg. Ich hätte nun gerne, daß Sie mir diesen Sieg auch definieren."

Jetzt begriff ich in der Tat. Und ich dachte, wenn schon nicht mit Sehnsucht, so doch mit geringerem Schrecken an den General Leone, der sich in der letzten Zeit nicht mehr hatte blicken lassen, und auch sonst etwas vernünftiger geworden war.

Der General ließ nicht locker. Ich mußte antworten:

„Ich wüßte nicht, Herr General. Der Rechtsgelehrte Paulus äußert einmal, er meint ..., es berge jede Definition eine Gefahr." Und ohne Anflug von Hochmut, eher schüchtern, wagte ich, das Zitat durch einen lateinischen Ausspruch – einen der wenigen, die mir aus der Zeit meines Jusstudiums in Erinnerung geblieben waren – zu untermauern.

Mein Latein verwirrte den General ein wenig. Dies hatte er nicht erwartet. Er hatte mich mit dem Sieg überrascht, ich ihn mit Paulus. Um wieder Oberwasser zu bekommen, setzte er mir entschlossen auseinander:

„Ich bin kein Pfarrer, und ich bin auch nie im Seminar gewesen. Deshalb kann ich kein Latein."

Ich hielt es für klug, zu schweigen.

„Lassen wir Sankt Paulus aus dem Spiel. Mich interessiert der Sieg. Der Sieg!" betonte beharrlich der General.

Mit Genugtuung konstatierte er, daß ich nicht in der Lage war, mich zu äußern; er ließ sich herbei, mir zu helfen. Der General gab seine Definition des Sieges und gebrauchte dabei Begriffe, die vermutlich aus einem militärischen Traktat stammten; ich habe sie vergessen; ich weiß nur noch, daß ein *Nervensprung* darin vorkam. Der General unterschied zwischen dem Sieg in der Offensive und dem Sieg in der Defensive. Im ersten Fall wurde der *Nervensprung* zum rechten Zeitpunkt ausgelöst, im zweiten Fall zum rechten Zeitpunkt zurückgehalten.

Hoffentlich, dachte ich, ist er in der Praxis besser als Leone. Der General riß mich aus meinen Überlegungen:

„Ich wette, daß es in Ihrem ganzen Bataillon nicht einen einzigen Offizier gibt, der diese grundlegende Definition kennt."

Das will ich hoffen, dachte ich.

Aber ich sagte:

„Höchstwahrscheinlich, Herr General."

Während wir durch den Graben gingen, fielen nur einzelne Gewehrschüsse. Der General schritt rüstig und sicher aus, und ich ging ihm voran. Wie viele, die an das Leben im Schützengraben nicht gewöhnt sind, machte er sich offensichtlich keinerlei Sorgen um seine persönliche Sicherheit. Seine Gedanken kreisten ausschließlich um die Theorie des Krieges.

Sooft wir innehielten, sagte er:

„Ja, ja, in dieser Brigade führt man Krieg, aber man denkt zuwenig. Wie kann man nur von den elementarsten Erkenntnissen so gar keine Ahnung haben. Als Offizier!"

Ich antwortete nicht.

„Vorsicht, Herr General. Bücken Sie sich. Hier wird geschossen."

„Sollen sie schießen!" erwiderte er barsch.

Er ging weiter und bückte sich kaum, jedenfalls zu wenig. Ein Gewehrschuß mahnte uns zu größerer Vorsicht. Er blieb stehen und sagte:

„Den Burschen dort will auch ich ein wenig antworten."

Der General hielt einen Soldaten an, der gerade mit dem Traintrupp vorbeikam, und ließ sich das Gewehr geben. Dann machte er ein paar Schritte und blieb bei der nächsten Schießscharte stehen. Es war nicht eine der besten. Sie war angelegt worden, um einen Abschnitt unserer Hindernisse im Auge behalten zu können, an den österreichische Patrouillen sich im Schutz einer Geländewelle ungesehen anschleichen konnten. Das Schußfeld der Schießscharte lag weitab von den österreichischen Gräben. In keinem Fall war es möglich, von da aus auf die österreichischen Stellungen zu schießen. Die Schießscharte gehörte zu jener Sorte, von der General Leone gesagt hatte, sie taugten nur zum Grillensuchen.

Der General beobachtete lang, dann stellte er den Aufsatz ein und zielte sachkundig. Gemächlich verpulverte er die sechs Patronen des Magazins. Die Trainsoldaten waren respektvoll stehengeblieben und schauten zu. Der General wandte sich an sie:

„Ich habe den Verbrechern dort persönlich eine kleine Lektion erteilen wollen. Berichtet ruhig euren Kameraden, daß euer General sich nicht scheut, zum Gewehr zu greifen wie der Geringste seiner Soldaten."

Er war zufrieden mit sich und auch ein wenig gerührt. Die Soldaten wußten sehr wohl, daß man von dieser Schießscharte aus nicht auf die österreichischen Stellungen feuern konnte. Ich hielt es nicht für erforderlich, ihn darauf aufmerksam zu machen, daß er nur den Boden und unsere Hindernisse beschossen hatte.

Ich hoffte, die kurze Darbietung wäre beendet, als der General seine ganze Aufmerksamkeit auf den Lauf des Gewehres, das er in der Hand hielt, zu konzentrieren schien. Es war ihm aufgefallen, daß das Bajonett nicht aufgepflanzt war, wie dies für die Soldaten im Graben Vorschrift gewesen wäre.

„Wo ist das Bajonett?" fragte er mich.

Ich setzte ihm auseinander, daß die zum Train abkommandierten Soldaten nie das Bajonett aufgepflanzt hätten und daß das Gewehr, das er in der Hand hielt, eben die Waffe eines Trainsoldaten sei.

Er verlangte das Bajonett zu sehen. Der Soldat reichte es ihm sofort. Der General nahm es und betrachtete die Spitze. Das Bajonett war scharf geschliffen, aber an der Spitze hatte sich Rost festgefressen. Der General starrte auf die Spitze. Auch ich schaute hin und sah den Rost. Der Esel von einem Unteroffizier, dachte ich, hat beim letzten Waffenappell die Bajonette vergessen, jetzt wird es ein Donnerwetter geben. Ich erwartete, daß der General mich als den verantwortlichen Kompanieführer zurechtweisen würde, und ich suchte nach einer plausiblen Ausrede. Der General hatte indes anderes im Kopf als mich. Nachdem er die Spitze des Bajonetts genauestens untersucht hatte, fragte er einen Soldaten:

„Was ist hier?“

Auch der Soldat sah die Rostflecken und wurde rot im Gesicht.

Der General sprach weiter:

„Was ist hier? Ihr braucht nicht verlegen zu werden. Kommt her. Schaut genau hin. Was steht hier geschrieben? Hier steht etwas geschrieben.“

Der Soldat trat näher und schaute das Bajonett aufmerksam an. Nicht alle Soldaten der Kompanie konnten lesen. Der Anteil der Analphabeten war, vor allem unter den Bauern, sogar ziemlich groß. Ich dachte: Hoffentlich kann er lesen.

Der Soldat sah ganz so aus, als könnte er lesen; sein Blick verriet Intelligenz. Nachdem er das Bajonett von der Spitze bis zum Kreuz angesehen hatte, antwortete er verwirrt:

„Ich sehe nichts, Herr General.“

Auch ich schaute das Bajonett an und sah nichts. Weder auf der Klinge noch auf der Spitze war auch nur ein Buchstabe zu sehen. Nur Rost war da.

Der General schlug dem Soldaten mit der Hand auf die Schulter und rief aus:

„Ach, du Unglücksrabe! Hier steht ein Wort geschrieben, das alle lesen können, sogar die Analphabeten; das alle sehen können, selbst die Blinden, so strahlend ist es.“

Der General wandte sich an mich und fragte:

„Ist es nicht so, Herr Oberleutnant?“

Da auch ich nichts gesehen hatte, konnte ich nicht gut sagen, ich hätte etwas gesehen. Ich war einigermaßen verlegen, und mit dem Kopf nickend, deutete ich halbe Zustimmung an, als hätte ich sagen wollen: Ganz wie Sie meinen.

Der General wandte sich um. Er sprach nun zum geschlossenen Traintrupp, der Habtacht an der Grabenwand stand. Der General war ganz Volkstribun: „Sieg steht hier geschrieben, Sieg! Ja, Sieg! Begreift ihr das? Es ist der Sieg, für den wir kämpfen, von der Adria bis zum Tyrrhenischen Meer, vom Tyrrhenischen Meer bis ... Sieg!

Sieg im Namen des Königs, im Namen Seiner Majestät des Königs. Sieg im Namen ..."

Der General hüstelte leise.

„Im Namen ..."

Da ihm nicht einfiel, in wessen Namen noch gesiegt werden könnte, hustete er ein zweites und ein drittes Mal. Plötzlich durchzuckte ihn eine Erleuchtung, und er schloß:

„Es lebe der König!"

Im Feuer der Rede hatte der General die Stimme sehr gehoben. Auch die Österreicher mußten ihn gehört haben. Das nach wie vor unsichtbare 3,7er-Geschütz feuerte drei Granaten auf uns ab. Für uns bestand keine Gefahr, wir befanden uns in voller Deckung. Da, wo wir standen, konnte uns die kleine Kanone nichts anhaben. Wir hatten nicht einmal Wachposten an dieser Stelle. Der General konnte dies nicht wissen; trotzdem blieb er unbeweglich, die Ruhe selbst. Ohne im geringsten die Fassung zu verlieren, fragte er:

„Schießt es häufig?"

„Selten", sagte ich. „Meistens als Vergeltung."

„Vielleicht wollte man meine Schüsse erwidern."

„Das ist möglich."

Der General hatte Bajonett und Gewehr zurückgegeben. Der Traintrupp war abmarschiert. Wir blieben allein. Er wurde nun sehr vorsichtig und führte das weitere Gespräch mit ganz leiser Stimme.

„Haben alle Ihre Soldaten Messer?"

„Nicht alle, Herr General. Die einen haben eines, die andern nicht."

„Das Bajonett ist zuwenig. Im Nahkampf, Mann gegen Mann, besonders nachts, ist das Messer unerläßlich. Ein geschliffenes Messer, scharf geschliffen, wirklich scharf geschliffen. Sie verstehen mich?"

„Zu Befehl, Herr General."

„Wie viele Messer gibt es in Ihrer Kompanie?"

Ich hatte nicht die geringste Ahnung. Im allgemeinen besaß jeder Soldat ein Messer oder wenigstens einen kleinen Taschenfeitel. Es gab aber auch solche, die keines besaßen. Die Erfahrung hatte mich gelehrt, daß es angesichts derartiger Fragen auch im Interesse des

Dienstes ratsam war, mit Zahlen aufzuwarten. Ich überschlug rasch: Die Kompanie zählte damals an die zweihundert Mann.

„Hundertfünfzig Messer“, antwortete ich.

„Mit feststehendem Griff?“

„Nein, Herr General. Ein Messer mit feststehendem Griff habe ich in der Kompanie noch nicht gesehen.“

„Sie führen nicht häufig Appelle zur Zählung der Messer durch?“

„Nein, Herr General. Die Messer sind Privateigentum. Daher hielt ich es nicht für nötig.“

„Machen Sie ab sofort solche Appelle.“

„Zu Befehl, Herr General.“

„Benützen Ihre Soldaten die Messer oft?“

„Ja, Herr General.“

Der General dämpfte seine Stimme noch mehr. Er trat ganz nahe an mich heran und raunte mir ins Ohr:

„Und zu welchem Zweck?“

Ich antwortete ebenso leise:

„Zum Brotschneiden ...“

Der General riß die Augen auf, sie wurden rund und immer runder.

Ich konnte nun nicht mehr zurück.

„Zum Wurst- und Käseschneiden ...“

Die Augen des Generals verschlangen mich.

Ich fuhr fort:

„... und zum Schälen von Orangen.“

„Nein, nein!“ wehrte der General ab, mit einer Gebärde des Ekels. „Sie sollen mir sagen, ob sie die Messer im Kampf gebrauchen.“

Ich besann mich einen Atemzug lang. Das leise, nur gehauchte Gespräch lud ja zur Besinnlichkeit ein. Im Kampf? Ich wollte diese Inspektion, die allen Klippen zum Trotz ein gutes Ende zu nehmen verhieß, keiner neuen Belastung aussetzen. Was aber hätte ich antworten sollen? Im Kampf? Wir waren den Österreichern noch nie so nahe gekommen, daß wir mit den Gewehren hätten nach ihnen schlagen können, von Messern gar nicht zu reden. Anstatt zu antworten, wiederholte ich, kaum hörbar:

„Im Kampf?"

Bei dem hohen Flug seiner Gedanken bemerkte der General nicht einmal, daß ich seine Frage nicht beantwortet hatte, und fuhr fort:

„Es versteht sich, daß das Gewehr mit aufgepflanztem Bajonett mit beiden Händen zu halten ist. Um nicht behindert zu sein, muß man das Messer also zwischen die Zähne nehmen."

Er ahmte die Geste nach, indem er den Zeigefinger zwischen die Zähne schob. Seine absonderliche Stellung, die Art, wie er dabei die Augen rollte, und der borstige Schnurrbart an der Oberlippe ließen ihn mir wie einen Otter erscheinen, der einen Fisch im Maul hat. Eifrig nickend bekundete ich, daß ich verstanden hatte.

„Und dann zustechen, schnell. Ins Herz oder in die Kehle, das ist egal. Wichtig ist, daß es schnell geht."

Ich nickte wieder. Je weniger ich redete, desto besser der Verlauf der Dinge. Dies war offensichtlich.

„Es ist vorteilhafter, wenn man einen einzigen Typ von Messer mit feststehendem Griff hat. Verstanden?"

„Zu Befehl, Herr General."

„Reden Sie darüber mit dem Bataillonskommando."

„Zu Befehl, Herr General!"

Der General drückte mir die Hand, in einer seltsam kabbalistischen Art, als hätten wir beide eben einen mysteriösen Kriegspakt abgeschlossen.

Einige Tage nach dem Besuch im Graben wünschte der General, daß ihm der Kommandant der Brigade die Offiziere der beiden Regimenter vorstelle. Beim Rapport waren alle Kompaniechefs und die übrigen dienstfreien Offiziere zugegen. Er wollte uns alle kennenlernen und nützte den Anlaß zu einem Vortrag im Freien. Das Treffen fand im Abschnitt des Reservebataillons der Brigade statt. Im Tagesbefehl war uns auch das Thema des Vortrags mitgeteilt worden: *Der Akkord der Intelligenzen*. Es war ein herrlicher Tag. Einen strahlenderen hatte es auf der Hochebene noch nicht gegeben.

Nach einigen an die Offiziere und die Brigade gerichteten Begrüßungsfloskeln kam der General zum Thema. Immer wieder fiel der

Terminus *Akkord der Intelligenzen*. Akkord zwischen der Intelligenz des Führers und jener der Untergebenen; zwischen der Intelligenz der Infanterie und jener der Artillerie; zwischen Offizieren und Soldaten und so weiter, und so fort. Der General bot viele Definitionen auf. Er kannte sie alle auswendig. Ich hörte auch jene vom Sieg mit dem dazugehörigen Nervenmanöver wieder. Aber das zentrale Anliegen blieb die Intelligenz. Nun überließ er sich dem Improvisieren:

„Eine wache Intelligenz, sonnenklar wie das Licht dieses strahlenden Tages, in dem die ungezählten Atome in göttlichem Akkord tanzen, so wie ich wünschte, daß meine Offiziere an den Tagen des Kampfes tanzen ..."

Der Vortrag wurde manchmal rasend schnell. Der General hatte keine Notizen vor sich, er sprach frei:

„Eine Intelligenz, welcher ein winziger Schlüssel genügt, um die Tür zum größten Geheimnis zu öffnen; ein Wort, um den Sinn eines Befehls zu erfassen; eine Intuition, um sofort, auf Anhieb, einen unbekannten Tatbestand zu ergründen. Beispielsweise ..."

Der General unterbrach sich. Er hatte auf einem kleinen Hügel eine halbkreisförmige, offensichtlich frische Grabung entdeckt, durch Äste und Laubwerk getarnt. Der Hügel lag etwa hundert Meter von uns entfernt an einer der Verteidigungslinien des Abschnitts.

„Beispielsweise ... Was mag jene Grube dort sein? Ist es nötig, mitgegraben zu haben, um zu wissen, worum es sich handelt? Nein, meine Herren, dies ist nicht nötig. Man braucht sie nur zu sehen. Sie spricht für sich. Man erkennt es intuitiv. Was stellt sie dar? Eine Maschinengewehrstellung."

Der General tänzelte wie ein Zauberkünstler, der eben die Taube aus der Rose gezaubert hat und nun auf den Applaus des staunenden Publikums wartet.

Der Adjutant des zweiten Bataillons, der Griechischprofessor, war viel zu pedantisch, um dem General eine derartige Ungenauigkeit ohne Einwand durchgehen zu lassen. Sein Bataillon stellte die Brigadereserve. Er kannte jeden Stein in diesem Abschnitt. Und Präzision ging ihm über alles.

Er trat einen Schritt vor und sagte:

„Herr General erlauben?“

„Bitte, sprechen Sie“, antwortete der General.

„In Wahrheit, Herr General, also in Wahrheit handelt es sich nicht um eine MG-Stellung.“

„Sondern?“

„Um eine Feldlatrine.“

Es folgte ein für alle unguter Augenblick. Der General hustete. Auch einige von uns husteten. Der Vortrag war zu Ende.

[21]

Im November lag schon tiefer Schnee. Nach jedem Neuschnee mußten wir die Grabensohle heben und die Schießscharten der Schneelage anpassen. Unsere Armee hatte einen neuen Kommandanten erhalten, und es wurde von bevorstehenden Aktionen gesprochen. Die Pioniere bauten Tag für Tag tragbare Stege und Leitern, und wir übten an diesem Gerät. Die Stege waren aus Fichtenästen gefügt; sie sollten über die feindlichen Hindernisse geworfen werden und uns das Vordringen zu den Gräben ermöglichen. Die zwischen sechs und acht Meter langen Leitern waren für den Sturm auf jene Stellungen bestimmt, welche die Österreicher oben auf dem Kamm der Felswände angelegt hatten: Die Leitern sollten zum Aufstieg benützt werden. Bei Tag und bei Nacht wurde nur noch über Stege und Leitern geredet und gewitzelt. Alles deutete darauf hin, daß die Aktion unmittelbar bevorstand.

Meine Kompanie befand sich in der ersten Grabenlinie, auf dem rechten Flügel des Abschnitts, wo die Entfernung zwischen unseren Stellungen und jenen der Österreicher am größten war: rechts die hohen Felswände, links das enge, nur schütter mit Bäumen bestandene Tal. Zur Linken und zur Rechten rückten die Stellungen einander näher, in der Mitte aber entfernten sie sich voneinander bis auf zwei- bis dreihundert Meter. In diesem mittleren Teil verliefen die österreichischen Stellungen über den Kamm, sie beherrschten die unseren, die an die dreißig Meter tiefer lagen, von der Höhe aus.

Das Bataillonskommando hatte mir den Soldaten Giuseppe Marrasi zugeteilt, der mit zwei Wochen strengen Arrests bestraft worden war. Marrasi hatte, um dem Leben im Schützengraben zu entkommen, zu verstehen gegeben, er könne Deutsch, und er war daraufhin vor einiger Zeit zum Abhören des österreichischen Fernsprechverkehrs eingeteilt worden. Als man dann draufgekommen war, daß er von Deutsch keine Ahnung hatte, bestrafte man ihn und schickte ihn zum Bataillon zurück. Ich hatte den Mann seit den Tagen von Monte Fior nicht mehr gesehen, obwohl er in der neunten Kompanie diente. Nun teilte ich ihn dem zweiten Zug zu, und er nahm sofort seinen Dienst auf. Wer im Graben lag, brauchte den Arrest nicht abzusitzen, es wurde nur der Sold einbehalten.

Als ich nachts die Linie inspizierte, erregte die eifrige Unterhaltung, die aus dem Unterstand des zweiten Zuges zu mir drang, meine Aufmerksamkeit. Dieser Unterstand lag an die zwanzig, dreißig Meter hinter der Grabenlinie. Ich ging hin. Die Soldaten saßen rund um die geheizten Schwarmöfen, rauchten und redeten. Der Zug war ohne Offizier; der Unteroffizier Cosello, der ihn führte, beteiligte sich als einziger nicht am Gespräch. Mit gekreuzten Beinen saß er da, die Tonpfeife, die ein außergewöhnlich langes Rohr hatte, zwischen den Zähnen. Er rauchte und hörte zu.

„Ich bin an einem Freitag zur Welt gekommen", erzählte ein Soldat, „da konnte ich natürlich kein Glück haben. Meine Mutter starb noch am Tag meiner Geburt. Der Tag, an dem ich einrücken mußte, war ein Freitag. An einem Freitag mußte ich zum erstenmal ins Gefecht. Als ich zum erstenmal verwundet wurde, war ein Freitag, und an einem Freitag bin ich auch zum zweitenmal verwundet worden. Ihr werdet sehen, sie werden mich auch an einem Freitag umbringen. Ich wette, daß es am Freitag wieder losgehen wird mit der Aktion."

„Ich bin am Sonntag geboren", sagte ein zweiter, „aber ich habe nicht mehr Glück gehabt als du; meine Mutter starb, als ich ein halbes Jahr alt war. Das macht keinen großen Unterschied. Mein Vater mußte wieder heiraten, um mich aufzuziehen; als Taglöhner konnte er sich kein Kindermädchen leisten. Die Stiefmutter klopfte mich aus wie eine Matratze. Ihre Schläge sind meine erste Kindheitserinnerung. Keinem Hund möchte ich das

Leben wünschen, das ich gehabt habe. Dann kam der Krieg. Als mir die Granate zwischen den Beinen krepierte, erinnert ihr euch noch, wer war damals dabei?“

„Ich war dabei.“

„Das war an einem Sonntag. Ich schenke dir meinen Sonntag, gerne sogar.“

„Und wann bist du zur Welt gekommen, Marrasi?“

Marrasi antwortete nicht.

„Wenn es einen Tag in der Woche gibt, der Glück bringt, dann ist es der Tag, an dem du zur Welt gekommen bist. Sag ehrlich: Wie oft hast du an einem Gefecht teilgenommen? Bald mit der einen, bald mit der andern Ausrede hast du dich jedesmal gedrückt. Das nenne ich Glück.“

Marrasi verteidigte sich, indem er angriff.

„Wer gibt mir eine halbe Zigarre?“ fragte er.

„*Ja**, eine halbe Zigarre.“

„*Ja, ja*!*“

„*Kamerad**, eine halbe Zigarre.“

So machten sie sich über seine Deutschkenntnisse lustig, aber eine Zigarre gaben sie ihm nicht.

„Und dieser Schuß in die Hand. Ein blitzgescheiter Schuß.“

„Wie hast du das nur angestellt, daß du getroffen hast.“

„Damals allerdings, als sie dich gefangen haben, da hast du nicht gerade Glück gehabt. Nein, da hast du kein Glück gehabt.“

Alle lachten. Der Unteroffizier verzog keine Miene und sog an seiner Pfeife.

Ich vergaß Marrasi wieder. Am nächsten Tag saß ich in meiner kleinen Baracke und fertigte ein paar Skizzen an, die das Bataillonskommando angefordert hatte. Es war vielleicht gegen zwei Uhr nachmittags. Aus dem Graben hörte ich Alarm rufen; einige Schüsse fielen. Sofort flackerte entlang der ganzen Linie das Feuer auf. Mit vier Sätzen war ich im Graben. Die Soldaten rannten zu den Schießscharten. Jenseits unserer Hindernisse, in der Mitte des

* Im Original deutsch.

schmalen Tals, stapfte der Soldat Marrasi, bis zu den Hüften im Schnee, die Hände erhoben, ohne Gewehr, mühsam Schritt um Schritt auf die österreichischen Stellungen zu.

Durch den Lärm der Schüsse drang die feste Baritonstimme des Unteroffiziers Cosello:

„Erschießt den Deserteur!"

In den österreichischen Gräben rührte sich nichts.

Ich wurde zum Telefon gerufen. Der Bataillonskommandant wollte wissen, was vorging. Er sprach in großer Erregung:

„Was ist los? Was ist los? Soll ich Verstärkungen schicken?"

Ich beruhigte ihn.

„Aber nein. Ein Soldat läuft gerade zum Feind über, allein, ohne Waffen, und die Kompanie schießt auf ihn. Die Österreicher wollen ihn nicht erschrecken; sie schießen gar nicht."

„Eine solche Schande, in meinem Bataillon!"

„Ich weiß, ich weiß. Mir brauchen Sie das nicht zu sagen. Aber was kann ich denn tun?"

„Schicken Sie ihn mir, lebend oder tot."

„Lebend? Das wird nicht leicht sein. Es schießen alle auf ihn."

„Umso besser. Tot ist besser. Schicken Sie ihn mir tot."

„In Ordnung. Kann ich nun gehen?"

„Ja, gehen Sie, aber geben Sie mir sofort wieder Nachricht."

Ich kehrte an meine Schießscharte zurück. Das Feuer der Kompanie wurde nun durch die beiden Maschinengewehre des Bataillons verstärkt. Marrasi schleppte sich weiter, aber äußerst mühsam. Wo das schmale Tal zu Ende war, wurde das Gelände sehr steil, und der Schnee lag sehr hoch. Ich wunderte mich, daß er noch nicht getroffen war. Da sah ich, etwa fünfzig Meter hinter ihm, den Unteroffizier Cosello. Auch er stak bis zu den Hüften im Schnee. Er hielt das Gewehr mit beiden Händen, blieb nach jedem Schritt stehen und gab einen Schuß auf Marrasi ab. Aber der fiel noch immer nicht um. Ich schrie, so laut ich konnte, und befahl dem Unteroffizier, in den Graben zurückzukehren.

Cosello blieb stehen. Er stand aufrecht, mitten im Tal. Ich fürchtete, die Österreicher könnten auf ihn schießen, und wiederholte brüllend den Befehl. Die Österreicher schossen nicht. Er wandte sich um und rief zurück:

„Zu Befehl, Herr Oberleutnant."

Der Schnee reichte ihm hoch über die Knie. Stehend zielte er lang und feuerte das ganze Magazin auf den Deserteur. Der stürzte und wälzte sich im Schnee. Ich dachte, er wäre getroffen. Aber nach ein paar Augenblicken erhob er sich wieder und schleppte sich weiter. Die ganze Linie feuerte auf ihn.

Marrasi kam voran. Auch Cosello, der ein Scharfschütze war, hatte ihn verfehlt. Ich habe immer wieder beobachtet, daß die Soldaten, wenn sie erregt sind, mit offenen Augen drauflosschießen, ohne zu zielen.

Der Unteroffizier war wieder im Graben. Schweißgebadet kam er zu mir. Er redete keuchend:

„Die Schande! Welche Schande!" stieß er hervor. „Der zweite Zug ist entehrt."

Der zweite Zug war entehrt. Die Kompanie war entehrt. Das Bataillon war entehrt. Bald würden sich auch das Regiment, die Brigade, die Division, das Armeekorps und mit einiger Wahrscheinlichkeit die ganze Armee als entehrt betrachten. Marrasi arbeitete sich weiter vor.

Der Telefonposten rannte herbei, um mir mitzuteilen, daß der Bataillonskommandant mich wieder zu sprechen wünsche, da der Regimentskommandant auf dem laufenden gehalten werden wolle.

„Sag, daß ich im Graben bin und daß ich mich nicht entfernen kann. Sag, daß ich bald kommen werde."

Der Posten verschwand.

Marrasi entfernte sich immer mehr von unseren Stellungen. Die Österreicher hatten zwei gestaffelte Hindernisse vor ihren Gräben. Das erste hatte Marrasi nun erreicht. Der Schnee hatte den Stacheldraht zwar größtenteils unter sich begraben, doch erwies sich das Hindernis gleichwohl als unüberwindlich. Er klammerte sich an die Drähte, zerrte an ihnen, versuchte über sie hinwegzuklettern, alles vergeblich. Es wurde ihm klar, daß es kein Durchkommen gab. Entmutigt blieb er stehen. Einen Augenblick lang preßte er mit einer

Geste der Verzweiflung beide Hände an den Kopf. Es hatte den Anschein, als fehlte ihm nun die Kraft weiterzugehen. Völlig sinnlos machte er ein paar Schritte, immer an derselben Stelle. Unverwundbar und doch verloren, drehte er sich unter dem Feuer der Kompanie im Kreis.

Marrasi faßte sich wieder. Entschlossen ging er auf einen Baum zu, der wenige Meter von ihm stand. Dieser Baum befand sich außerhalb der österreichischen Hindernisse, auf der uns zugewandten Seite; von der andern Seite war ein spanischer Reiter an den Stamm geschoben. Marrasi schnallte den Gürtel mit den Patronentaschen ab und warf ihn in den Schnee. Flink kletterte er den Stamm hinauf. Seine Unbeholfenheit war verschwunden. Als er einige Meter über der Erde war, setzte er mit einem gewaltigen Sprung über das Hindernis und versank im Schnee. Das erste Hindernis hatte er hinter sich.

Die Unsern schossen weiter. Die Österreicher schwiegen.

Der Telefonposten kam wieder: Der Bataillonskommandant werde ständig vom Regimentskommandanten bedrängt, und diesem liege wieder der Brigadekommandant ununterbrochen in den Ohren; der Bataillonskommandant bitte mich also zum Telefon. Ich schickte ihn zurück und schrie ihn an:

„Schieß auf die Telefonleitung. Und dann geh zum Bataillonskommandanten, und teile ihm mit, daß die Leitung unterbrochen ist."

„Zu Befehl!"

„Ist das klar?"

„Ja, Herr Oberleutnant."

Unter dem wütenden Feuer der Gewehre und der Maschinengewehre nahm Marrasi seine Wanderung wieder auf. Das letzte Wegstück war das steilste und mühevollste. Es waren nur noch ein paar Meter bis zu den österreichischen Gräben. Eine Hand schob sich durch eine Schießscharte und gab ihm Zeichen. Marrasi bewegte sich auf diese Schießscharte zu. Unsere Scharfschützen mit den *Benaglia*-Gewehrgranaten schienen sich nun auf ihn eingeschossen zu haben. Die Explosion einer Granate erfaßte ihn und schleuderte ihn in den Schnee. Er rappelte sich jedoch sogleich wieder auf. Jetzt eröffnete der ganze Abschnitt das Feuer auf Marrasi. Außerdem hatte es sich von der Kompanie auf das Bataillon und von diesem auf die Nachbarbataillone ausgebreitet, es wurde überall geschossen, über den Monte Interrotto hinaus bis ins Assatal. Alle schossen, die Unsern und die Österreicher. Man hätte meinen können, das ganze Armeekorps wäre in ein Gefecht verwickelt. Nur in den österreichischen Gräben oben auf dem Kamm rührte sich nichts.

Marrasi hatte die zweite Hindernislinie vor den höchstens noch zwei Meter entfernten österreichischen Gräben erreicht. Durch die große Schießscharte redete jemand auf ihn ein, offensichtlich italienisch, ich hatte den Eindruck, daß zwischen ihm und dem Mann im Graben ein Gespräch in Gang war. Während Marrasi an den Draht griff, sank er um. Und so blieb er, reglos, die Beine aufrecht im tiefen Schnee, den Oberkörper nach vorne gebeugt, Arme und Hände auseinandergespreizt. Das Feuer aus unserem Graben tobte sich an dem nun leblosen Ziel aus.

Es dauerte lange, ehe es mir gelang, das Feuer in unserem Abschnitt zum Schweigen zu bringen. In den Nachbarabschnitten hielt es noch geraume Zeit an, nachdem es bei uns aufgehört hatte. Die Telefonleitung war unterbrochen, und ich meldete den Vorfall schriftlich an das Bataillonskommando. Bis zum späten Abend mußte ich mich gegen die Befehle des Regimentskommandanten wehren, der unbedingt wollte, ich sollte eine von einem Offizier geführte Patrouille zur Bergung des Toten ausschicken, um solcherart die Schande des Regiments zu tilgen. Der Oberst kam schließlich selbst in den Graben, um sich von der Durchführung des Befehls zu überzeugen. Aber dadurch änderte sich noch nichts an der Lage. Der Leichnam lag noch immer dort vorn, dreihundert Meter von uns, zwei Meter vom Feind entfernt. Obendrein war es Tag. Aber der Oberst ließ nicht locker, und ich rettete mich, da jedes andere Argument auf taube Ohren stieß, in eine literarische Ausflucht. Aus meinen frischen Erinnerungen an die Ariost-Lektüre zitierte ich heiter die Episode von Cloridano und Medoro:

Daß es nicht sehr kluges Denken wäre,
Lebende zu opfern, um einen Toten zu retten.

Die Antwort des Obersten fiel knapp und trocken aus. Er verdonnerte mich zu Arrest. Aber die Patrouille rückte nicht aus.

Als wir nach Einbruch der Nacht die erste Leuchtkugel steigen ließen, stellten wir fest, daß der Leichnam Marrasis verschwunden war.

Der Angriff mit den Leitern und den Stegen wurde verschoben.

[22]

Mit dem Wintereinbruch wurden die Urlaubsturnusse wiederaufgenommen. Die vierzehn Tage, die man bei der Familie verbringen durfte, schienen uns ein Glück sondergleichen zu sein. Avellini und ich gehörten zu den Ältesten im Bataillon, wir hätten also schon bei den ersten Offiziersturnussen an die Reihe kommen sollen. Doch waren noch immer die Vorbereitungen für die mehrfach aufgeschobene Aktion mit Stegen und Leitern im Gang, und der Oberst erlaubte nicht, daß wir das Regiment verließen. Ich mußte außerdem meinen Urlaubstermin mit dem meines Bruders abstimmen, der in einem karnischen Infanterieregiment diente. Es war uns gestattet worden, den Urlaub gemeinsam zu verbringen. Bei den großen Entfernungen voneinander war es jedoch schwierig, sich auf einen Termin zu einigen. Zu Weihnachten befanden wir uns deshalb noch in den Gräben.

Im allgemeinen pflegten die Österreicher die religiösen Feste zu achten. An hohen Feiertagen wurde aus den Gräben nicht geschossen, auch die Artillerie schwieg. Doch diesmal hatten unsere Horchposten einen feindlichen Fernspruch aufgefangen, in dem von einer Mine die Rede war, die in der Christnacht, und zwar um Mitternacht, explodieren würde. Wir nahmen an, daß diese Mine sich in den Felsen unter unseren Gräben, auf dem rechten Flügel des Abschnitts, befand. Unsere Apparaturen hatten schon seit Oktober Bohrgeräusche registriert; die Stäbe waren deshalb in steter Sorge. Würden unsere Stellungen an dem Punkt in die Luft gejagt, hätten die Österreicher, die Verwirrung nützend, unsere hinteren Verbindungen unterbrechen und den das Tal beherrschenden Abschnitt besetzen können, der die Nahtstelle zwischen den beiden Divisionen bildete. Die rechte Planke unserer Brigade wäre vollkommen aufgerissen gewesen.

Unser Bataillon war mit diesen Stellungen besser vertraut als jede andere Einheit, und so befahl das Regimentskommando, daß zwei Kompanien, die neunte Avellinis und die meine, die zehnte, in der Weihnachtsnacht in der Linie bleiben sollten. Das Regiment wurde – gerade am Weihnachtsabend – abgelöst. Unseren beiden Kompanien aber war die Aufgabe zugedacht, in diesem äußerst heiklen Abschnitt, in dem neue Einheiten sich schwerlich zurechtgefunden hätten, die Kontinuität des Dienstes zu gewährleisten.

Nach dem Einbruch der Dunkelheit stieg das Regiment in die Ruhestellungen nach Campomulo ab. Die neunte Kompanie bezog die Gräben, unter denen die Mine lag. Meine Kompanie lag als Eingreifreserve unmittelbar dahinter; sie mußte sich bereit halten, sofort nach dem Hochgehen der Mine einen Gegenangriff zu unternehmen. Es war nur uns Offizieren bekannt, was zu erwarten stand. Die Soldaten waren nur darüber traurig, daß man sie vorn in den Gräben gelassen hatte, während das Regiment Weihnachten in den Ruhestellungen feiern durfte. Die großzügige Zuteilung von Schnaps und Schokolade hatte zunächst einige Befürchtungen ausgelöst, doch zerstreute man jeden Verdacht mit der Überlegung, Schnaps und Schokolade seien nur Entschädigung für den außertourlichen Dienst.

Bevor Avellini seinen Posten über der Mine bezog, übergab er mir ein versiegeltes Paket mit Briefen. Das Päckchen war elegant verschnürt, und es entströmte ihm ein weicher Duft von Parfüm. Über die Art der Briefe war mir alles gesagt. Ich wußte zwar nichts Genaues, doch war mir nicht verborgen geblieben, daß Avellini in eine junge Dame verliebt war. Das Paket enthielt wohl ihre Briefe. Mit einem Lächeln, das dazu bestimmt schien, das glückliche Geheimnis zu verschleiern, sagte er:

„Die Sache ist nicht wichtig. Und natürlich handelt es sich nicht um eine dienstliche Angelegenheit. Wenn mich jedoch heute nacht die Mine begraben sollte, dann wirst du dieses Paket an jene Person senden, deren Adresse du im ersten versiegelten Brief findest."

Ich wollte ihm keine Fragen stellen. Ich wollte nicht indiskret erscheinen. Vor allem aber fürchtete ich, eine genaue Antwort würde eine Hoffnung vernichten, die ich unter tausend Zweifeln und Sorgen hegte. War die junge Dame, deren Briefe meiner Obhut anvertraut waren, am Ende die gleiche, an die ich seit geraumer Zeit dachte? Avellini und ich hatten sie gemeinsam kennengelernt, im September in Marostica bei Bassano. Wir waren, während das Regiment in der Gegend von Gallio zur Retablierung lag, mit einem dienstlichen Auftrag in das Städtchen geschickt worden. Ein befreundeter Offizier hatte uns bekanntgemacht und in die Familie eingeführt. Die junge Dame hatte mich tief beeindruckt, und ich hoffte, sie würde sich auch für mich interessieren; ja, es schien mir sogar, ich könnte dessen gewiß sein. Doch hatte Avellini Gelegenheit gehabt, die junge Dame allein wiederzusehen. Da meine Gedanken oft um jenes Haus in Marostica kreisten, verfolgte mich der quälende Zweifel, ob nicht doch Avellini der Bevorzugte sei. Mehr als einmal war ich entschlossen, mich mit ihm auszusprechen, dann aber wagte ich es nicht. An diesem Abend, als ich mit dem Paket in den Händen dastand und Avellini sich anschickte, wieder in den Graben zu gehen, konnte ich mich nicht mehr zurückhalten.

„Ist sie blond?" fragte ich.

Er nickte.

„Ist sie hübsch?"

Er schloß die Augen bis auf einen schmalen Spalt und antwortete glücklich:

„Wunderschön."

Ich wagte nicht weiterzufragen.

Aber warum sollte es gerade sie sein? War es denn nicht möglich, daß es sich um eine andere Frau handelte? Gewiß war dies möglich.

Avellini hatte recht, wenn er sich gefährdet glaubte und an die Möglichkeit dachte, diese Nacht könnte die letzte seines Lebens sein. Er hatte jedoch nicht bedacht, daß auch ich in ernster Gefahr schwebte. Wer im Krieg einen Meter weiter vorne liegt, glaubt, die hinter ihm wären in Sicherheit. Auch ich hatte zunächst nicht daran gedacht. Als ich jedoch allein war, wurde mir klar, daß das Paket in meinen Händen um nichts besser aufgehoben war. Wenn die Mine hochging, dann hatte ich unmittelbar danach zum Gegenangriff vorzugehen, und wer wußte, was mir zustoßen würde. Ich beschloß, das Paket in Sicherheit zu bringen.

Etwa hundert Meter weiter hinten war eine Talsperre angelegt worden, eine Linie mit zwei Bunkern und einem kleinen Fort, in dem eine Gebirgsbatterie untergebracht war. Mit dem Batteriechef, einem Artilleriehauptmann, den ich seit seinem Eintreffen hier oben kannte, war ich gut befreundet. Ich hatte ständig mit ihm zu tun, bald wegen Geländeskizzen, bald wegen topografischer Aufnahmen oder wegen der Arbeiten an seiner kleinen Festung. Auch in dieser Nacht sollten wir miteinander in Verbindung bleiben, da der Einsatz seiner Haubitzen nach der Explosion der Mine mit dem Gegenstoß meiner Kompanie koordiniert werden mußte. Die Nacht war eben erst hereingebrochen. Die Mine würde erst tief in der Nacht explodieren, um Mitternacht, hieß es im Bericht der Abhörstelle.

Ich traf den Hauptmann im kleinen Kasinoraum, den die Batterie hinter dem Fort errichtet hatte, allein an. Die Offiziere einer Gebirgsbatterie genossen in den Stellungen die gleichen Annehmlichkeiten, deren sich bei der Infanterie nur der Stab eines Frontregiments erfreuen kann. Die Holzwände des Kasinoraums waren gestrichen, zur weiteren Verschönerung trugen einige Kriegsbilder bei. Der Hauptmann saß an dem noch nicht abgeräumten Tisch. Die Offiziere hatten gerade das Abendessen beendet und kehrten auf ihre Posten zurück. Der Hauptmann hatte das Telefon und zwei Flaschen vor sich: Die eine enthielt Kognak, die andere Benedictine. Er trank und rauchte.

„Das müssen muselmanische Bosniaken sein“, sagte er, als er meiner ansichtig wurde. „Wenn man sich das vorstellt: In der Christnacht eine Mine hochgehen lassen! Eine schöne Krippe, die die uns da bereiten. Aber meine Geschütze sind alle so gerichtet, daß die, wenn sie Mohammedaner sind, heute nacht noch vor ihrem Propheten stehen werden.“

„Ich hoffe sehr“, warf ich ein, „daß Sie uns nicht für Bosniaken halten und uns in den Rücken schießen werden. Vergessen Sie nicht, daß wir ein paar Sekunden nach der Explosion schon zum Gegenangriff vorgehen und jene Stellungen besetzen werden, auf die Sie Ihre Kanonen gerichtet haben.“

„Für wen halten Sie uns? Wir sind keine Festungsartillerie, daß wir uns solche Späße erlauben. Ich habe angeordnet, daß ständig durch Leuchtkugeln für die erforderliche Sicht gesorgt wird, und vom Beobachtungsstand aus werde ich die kleinsten Details genau im Auge behalten können.“

Das Gespräch drehte sich um die Gebirgsartillerie und die völlig andersgeartete Feldartillerie, um jene mittleren und schweren Feldgeschütze, die ganz besonders dazu neigten, ihre Ziele zu verfehlen und auf die eigenen Leute zu schießen. Der Hauptmann ließ Kaffee zubereiten. Der Kaffee war eine Spezialität der Batterie. Die Spezialität bestand in drei Gläschen erstklassigen Kognaks, die in dieser Reihenfolge getrunken wurden: das erste vor dem Kaffee, das zweite im Kaffee und das dritte nach dem Kaffee. Der Hauptmann wußte von früheren Besuchen, daß ich keinen Schnaps trank, und machte sich über diese Enthaltsamkeit eines Arteriosklerotikers lustig.

Ich hielt ihm das versiegelte Paket unter die Augen.

„Wenn mir heute nacht etwas zustoßen sollte, bitte ich Sie, dieses Paket dem Oberleutnant Avellini von der neunten Kompanie auszuhändigen. Sollte auch dieser nicht mehr Glück haben als ich, dann finden Sie im versiegelten Brief die Adresse der Person, welcher das Paket zugesandt werden soll.“

Der Hauptmann hatte den ersten Teil seines Spezialkaffees schon hinter sich gebracht.

„Liebesbriefe?“ fragte er.

Ich wich der Antwort aus, und er begann lauthals zu lachen.

„Was gibt es da zu lachen?“

„Sie haben recht. Es gibt wirklich nichts zu lachen. Es ist zum Weinen.“

Er lachte immer weiter.

„Glauben Sie an die Frau?“ fragte er.

„Warum nicht? Und Sie, glauben Sie nicht?“

„Ich? Ausgerechnet ich?“

Er griff zur Kognakflasche, trank noch ein Gläschen und sagte:

„Da. Daran glaube ich.“

„Dies kann doch kein Hindernis sein, daß Sie nötigenfalls nicht auch an die Frau glauben könnten.“

„Ich bin fünfunddreißig Jahre alt“, sagte er, „und seit sechs Jahren verheiratet. Ich habe da etwas mehr Erfahrung als Sie.“

„Auf dem Gebiet hilft einem Erfahrung recht wenig. “

„Die Erfahrung kann einem immerhin dazu helfen, das Leben als das zu nehmen, was es ist, und nicht als das, was man möchte, daß es ist. Wenn man eine Frau hat, die tausend Kilometer weit fort ist, dann kann man vernünftigerweise nur eines tun: sie vergessen. Keine Illusionen. Nichts anderes kann man tun. Und zum Vergessen gibt's nur das da.“

Wir tranken jetzt den Kaffee.

„Denn wenn man nicht vergißt, müßte man sich eine Kugel in den Kopf jagen.“

Der Hauptmann plauderte nun in vergnügterem Ton. Gewiß, der Alkohol hatte ihn ein bißchen angeregt, doch erregten ihn seine eigenen Worte nicht minder. Er sprach rasch, als hätte er seit langem auf eine Gelegenheit gewartet, sich einmal im Vertrauen auszusprechen. Den letzten Satz wiederholte er mehrmals. Dann nahm er eine Fotografie aus der Brieftasche:

„Da, sehen Sie. Sie ist schön. So schön, wie eine schöne Frau schön sein kann. Und dennoch ist sie nicht eine Flasche Kognak wert.“

Ich nahm die Fotografie, doch ließ er mir keine Zeit, sie anzusehen. Er entriß sie mir heftig, sprang auf und warf das Foto in das Feuer des großen Ofens.

Ich war verlegen und wußte nicht, was ich sagen sollte. Er beruhigte sich jedoch sogleich und nahm mein Paket:

„Seien Sie unbesorgt. Sie können sich auf mich verlassen“, sagte er.

Er wechselte das Thema, redete über dienstliche Angelegenheiten und trank dazu.

Ich wollte gehen, und wir erhoben uns. Als ich schon in der Tür stand, faßte er mich am Arm und hielt mich zurück.

„Sie werden doch nicht glauben, daß ich eifersüchtig bin?"

„Aber nein, nicht im Traum", erwiderte ich.

Gemeinsam sahen wir zu den vordersten Geschützen. Artilleristen und Offiziere standen bereit. Es war alles in Ordnung.

Ich kehrte zur Kompanie zurück. Die Soldaten in den Unterständen rauchten und tranken. Ich setzte mich zu ihnen und wartete auf die Mitternacht.

Eine Viertelstunde vor Mitternacht ordnete ich an, die Soldaten sollten sich in Gruppen aufstellen und sich bereit halten, die Unterstände sofort zu verlassen und in die Laufgräben zu eilen. Je näher Mitternacht rückte, desto deutlicher kam den Soldaten zu Bewußtsein, daß etwas Außergewöhnliches bevorstand; mit fragenden Blikken sahen sie einander an. Ich sagte ihnen, daß man eine Überraschung befürchte und daß man sich für einen Gegenangriff bereit halten müsse. Aber je näher die erwartete und gefürchtete Stunde herankam, desto mehr entfernten sich meine Gedanken von meiner Kompanie, von der Mine, von allem, was rund um mich war. „Es muß sie sein. Es kann nur sie sein", sagte ich mir. Aber jedesmal meldete sich auch der Zweifel wieder, und vieles schien zu meinen Gunsten zu sprechen: „Es muß nicht sie sein. Sie kann es gar nicht sein." Und ich sah sie wieder, so wie ich sie zum erstenmal gesehen hatte, während ich ins Haustor getreten war: ins offene Fenster gelehnt, auf die Straße blickend, das blonde Haar in der Stirne, doch nicht so tief, daß es die lachenden Augen verborgen hätte.

Als ich wieder auf die Uhr sah, war Mitternacht vorbei. Die Mine war nicht explodiert. Ich schickte jemand zu Avellini, um Neuigkeiten von ihm zu erfragen. Er ließ mir antworten, daß er nichts Außergewöhnliches bemerkt habe und daß die Wachpostenkette im feindlichen Graben nicht stärker sei als in anderen Nächten.

Erleichtert warteten wir auf den Morgen. Sollten die Abhörer sich geirrt haben? Oder hatten uns die Österreicher einen Streich gespielt?

Am Morgen wurden die beiden Kompanien abgelöst. Wir stiegen nach Campomulo ab, zum Regiment. Zuvor hatte ich das Paket abgeholt und es Avellini wieder ausgehändigt.

Noch am gleichen Tag lud uns der Oberst zum Essen ein und teilte uns mit, wir könnten am nächsten Tag auf Urlaub fahren. Beim Kaffee fragte er:

„Sagen Sie mir die Wahrheit. Haben Sie im ganzen Krieg einen dramatischeren Augenblick erlebt als jene paar Minuten vor Mitternacht?“

Avellini war mit der Antwort rasch zur Hand.

„Oh“, sagte er, „natürlich war ich auf alles gefasst. Aber ich dachte an anderes.“

Lächelnd blickte er mich an, als könne nur ich verstehen, was er meinte.

[23]

Avellini und ich fuhren gemeinsam auf Urlaub. Da seine Familie in Piemont lebte und meine in Sardinien, legten wir einen kleinen Teil der Reise miteinander zurück. Bei meinem Bruder hatten sich im letzten Augenblick wieder irgendwelche dienstliche Schwierigkeiten ergeben – ich weiß nicht mehr, worum es sich handelte –, und so hatte er die Abreise verschieben müssen. Ich traf allein zu Hause ein.

Der Vater war sehr gealtert. Ich hatte in ihm immer einen starken Mann gesehen. Nun aber bemerkte ich sogleich, daß er nicht mehr der alte war. Er war bedrückt und gab sich auch keine Mühe, seine Verzagtheit zu verbergen. Mein Bruder und ich waren die einzigen Kinder, und beide dienten wir bei der Infanterie. Der Vater gab sich keinen Illusionen hin. Er hatte keine Hoffnung, uns heil und gesund aus dem Krieg heimkehren zu sehen. Er hatte die Geschäfte vernachlässigt. Ich fand das alte und große Landhaus, das einst voller Leben gewesen war, fast verödet vor.

Die Mutter schien mutiger. Ich hatte die an sie gerichteten Briefe häufig in Etappenstädten aufgeben lassen, um ihr den Glauben einzuflößen, daß ich mich in Sicherheit befand. Aber die verwundeten Soldaten des Regiments erzählten daheim von Gefechten, in denen wir uns gemeinsam befunden hatten, und unterliefen damit zum guten Teil meine Vorsichtsmaßnahmen. Gleichwohl schien sie voller Vertrauen; sie richtete auch den Vater auf.

Ich redete nur sehr vorsichtig vom Krieg. Es gelang mir bald, den Eltern ein halbwegs erträgliches Bild vom Leben in der vordersten

Linie zu geben, das keinen Anlaß für Alpträume bot. Sie hatten geglaubt, wir wären ständig in grausame Kämpfe verwickelt. Nie hatten sie daran gedacht, daß ganze Monate verstrichen, in denen es kein Gefecht gab und in denen wir nicht einen einzigen Österreicher zu Gesicht bekamen. Die Eltern hatten auch keine geographische Vorstellung von der Front: Obwohl die Frontlinie sich über Hunderte Kilometer hinzog, dachten sie, daß eine Kampfhandlung in einem Abschnitt auch alle übrigen mit ins Verderben reißen oder zumindest als Zeugen der Vorgänge haben müsse. So wie ich den Krieg schilderte, sah er nicht mehr unerträglich aus. Was ich sagte, konnte ich auch mit dem Argument erklären, daß die Offiziere weniger der Gefahr ausgesetzt seien als die Soldaten und daß der Bruder in einem relativ ruhigen Frontabschnitt liege. Der Vater hielt jedoch, wann immer er mich allein antraf, mit seiner Meinung nicht hinter dem Berg:

„Ich werde das Ende des Krieges nicht erleben. Und ich fürchte, auch ihr werdet es nicht erleben "

Eines Abends war ein Verwandter bei uns zu Gast, ein Infanterist, der sich nach einer Verwundung auf Genesungsurlaub befand. Wir hatten eben gegessen und saßen beim Kaffee. Der Vater fragte ihn, offenbar mehr um das Gespräch in Gang zu halten, als um seine Meinung zu erfahren:

„Und was meinst du, Antonio, wird der Krieg bald aus sein?"

Ich hatte bis dahin darauf geachtet, daß nicht vom Krieg geredet wurde. Antonio antwortete nun in einem Ton, der Zweifel nicht zuließ:

„Der Krieg wird nie enden. Er ist ein ewiges Gemetzel."

Die Mutter hatte nicht genau verstanden und fragte:

„Was ist er?"

„Ein ewiges Gemetzel."

„Auch für die Offiziere?"

„Für sie auch."

Als Antonio gegangen war, gab ich mir alle Mühe zu beweisen, daß er ein Feigling sei.

Die Mutter war immer um mich. Ich ging nur selten aus dem Hause, da sie so sehr wünschte, mich in ihrer Nähe zu haben. Sie behandelte mich wie ein Kind; dies ging so weit, daß sie mir am Abend, wenn ich mich niederlegte, beim Auskleiden helfen wollte; und jeden Abend kam sie einigemale an mein Bett, um mich zu küssen, bevor sie sich in ihr Zimmer zurückzog. Am Morgen brachte sie mir immer den Kaffee ans Bett. Sie verlangte, daß ich im Bett frühstückte: So konnte sie mit mir allein sein und lange über alles reden.

Die Eltern hatten dieses Mal wenig Glück mit meinem Urlaub. Ich war erst vier Tage daheim, als ein Telegramm des Regimentskommandanten mich an die Front zurückbeorderte – „infolge dringender und unvorhergesehener dienstlicher Notwendigkeiten“. Jetzt, dachte ich, geht es mit den Leitern und den Stegen los. Den Eltern gegenüber gab ich vor, es handle sich offenbar um die dringende Anschaffung von Pferdegeschirr für den Train, man messe mir nämlich beim Regiment auf diesem Gebiet eine größere Sachkunde zu, als mir zukomme. Der Vater verstummte und sprach bis zur Stunde der Abreise kein Wort mehr. Die Mutter nahm auch dies gefaßt hin. Ich war glücklich darüber.

Der Vater wollte mich ein langes Wegstück begleiten. Ich verabschiedete mich von der Mutter, die zu Hause blieb. Die Verabschiedung war einfach. Die Mutter streichelte mich und küßte mich ungezählte Male, dabei vergoß sie keine Träne, und manchmal lächelte sie sogar. Sie bekundete so viel Zuversicht, daß ich selbst überrascht war. Nie hätte ich eine derartige Seelenstärke in ihr vermutet. Der Vater schritt schweigend auf und ab, ohne uns anzusehen.

Wir waren etwa fünfzig Meter vom Haus entfernt, als der Vater mich unterm Arm faßte. Ich scherzte über seine geringe Vertrautheit mit dem militärischen Reglement; er zwinge mich zu einem Verstoß gegen die Disziplin, sagte ich, da es einem Soldaten nicht erlaubt sei, sich öffentlich Arm in Arm zu zeigen, auch nicht mit dem Vater. Plötzlich bemerkte ich, daß ich die Reitgerte daheim vergessen hatte. Ich ließ den Vater warten und eilte zurück.

Das Haustor stand noch offen. Ich lief hinein und rief: „Mutter, ich habe die Gerte vergessen.“

Die Mutter lag mitten im Salon neben einem umgestürzten Stuhl auf dem Boden und schluchzte. Ich hob sie auf und stützte sie. Sie war jedoch nicht imstande, sich aufrecht zu halten. Ihre Kräfte hatte sie innerhalb dieser wenigen Augenblicke vollkommen verbraucht. Ich bemühte mich, sie zu trösten, aber sie hörte nicht auf zu weinen. Wir müssen einige Minuten lang so dagestanden sein, denn plötzlich hörte ich die ungeduldige Stimme des Vaters:

„Nun, hast du die Gerte endlich? Du wirst noch den Zug versäumen!"

Ich entwand mich den Armen der Mutter und rannte davon.

Nach dreitägiger Reise erreichte ich die Hochebene. Auch Avellini war zurückbeordert worden; er war schon vor mir eingetroffen.

Tatsächlich stand die Aktion mit den Stegen und den Leitern bevor. Das Regiment war wieder in die Gräben eingerückt. Damit ich keine Zeit verlöre, gab mir der Trainoffizier ein Maultier, das mich in ein paar Stunden in die Stellungen trug. Die Artillerie donnerte im gesamten Abschnitt.

Nachmittags gegen zwei oder drei Uhr langte ich im Graben an. Mein Bataillon lag wieder in der alten Stellung vom vorangegangenen Turnus. An den Schießscharten befanden sich nur wenige Posten: Sie standen auf hohen Gerüsten. In der letzten Zeit war wieder Schnee gefallen, und man hatte Gräben und Wehren auf das Niveau der Schneelage anheben müssen. Die Posten bewegten sich auf den Gerüsten wie Maurer, die ein Haus bauen. Die dicken Stämme, auf denen die Gerüstbretter ruhten, verliehen der Stellung das Aussehen einer Baustelle. Die übrigen Soldaten standen, in Gruppen eingeteilt, in den Gräben oder Laufgräben und warteten. Durch die ständige Bewegung in den Gräben war der Schnee auf dem Boden zu Matsch geschmolzen, sodaß die Beine der Soldaten in einer tiefen Schlammschicht staken. Die Soldaten machten einen resignierten Eindruck. Alle tranken. Die Feldflaschen kamen nicht zur Ruhe. Als ich in den Graben stieg, umfing mich modriger Gestank von Schlamm und Schnaps. Mir kam Baudelaires *labyrinthe fangeux* aus *Le Vin des chiffoniers* in den Sinn.

Die Sonne war nirgends zu sehen, und der Himmel schien weitere Schneefälle anzukündigen.

Der älteste Oberleutnant, der in meiner Abwesenheit die Kompanie geführt hatte, kam mir entgegen und erzählte mir die Neuigkeiten. Es waren alle Soldaten vorn, auch jene, die Fieber hatten. Schließlich meinte er:

„Du hättest ruhig daheim bleiben und den Urlaub ungestört zu Ende bringen können, denn wir werden heute keinen Meter weiterkommen. Mir reicht der Schnee bis zum Hals. Ich müßte einen Lift haben, um die österreichischen Stellungen erreichen zu können."

Er war klein gewachsen. Ich war zwar wesentlich größer, doch wäre ich gewiß nicht viel besser dran gewesen als er. Ein Angriff in einem solchen Gelände erschien mir als eines der absurdesten Dinge in diesem Krieg.

Ich suchte den Bataillonskommandanten und fand ihn – wie zuvor die andern – im Schlamm. Auch er trank. Ich kannte ihn noch nicht, da er während meines Urlaubs das Bataillonskommando übernommen hatte. Er war Major, um die Fünfzig, und kam aus Libyen. Ich war einer der wenigen Veteranen des Regiments, und er empfing mich herzlich wie einen Gleichrangigen. Da er so plötzlich und unvorbereitet aus Afrika auf die Hochebene versetzt worden sei, sagte er, habe er nicht die geringste Ahnung von dieser Art Stellungskrieg.

„Seien Sie unbesorgt", antwortete ich, „wir verstehen davon genausoviel wie Sie."

„Glauben Sie, daß es gelingen wird, die feindlichen Stellungen zu nehmen?" wollte er wissen.

„Wenn die Österreicher abziehen", antwortete ich, „werden wir wahrscheinlich in ein paar Stunden, nachdem wir uns Wege durch den Schnee geschaufelt haben werden, zu den feindlichen Stellungen gelangen. Allerdings werden wir dann halb erfroren sein. Aber wenn die Österreicher nicht abziehen, wird es äußerst schwierig sein."

„Und werden sie abziehen?"

„Weshalb sollten sie?"

„Und die Stege und Leitern?"

„Die werden wir bei dem Wetter heute gut brauchen können. Wir werden sie zu Kleinholz verarbeiten und nachts die Öfen damit heizen. Sonst werden wir noch alle erfrieren."

Der Major war nicht zum Scherzen aufgelegt. Die Schwierigkeiten, denen das Bataillon beim Angriff entgegengehen würde, gaben ihm zu denken. Er machte sich Sorgen und war nervös. Selbst unseren Kognak fand er scheußlich.

Der Befehl zum Angriff war noch nicht da. Anders als früher war der Zeitpunkt noch nicht festgelegt. Der Divisionskommandant hatte sich vorbehalten, den Termin im letzten Augenblick mitzuteilen. Der Akkord der Intelligenzen.

Eine Ordonnanz des Regimentsstabes rief den Major zum Obersten. Der Major wurde blaß und sagte:

„Es ist soweit."

Er entfernte sich, auf den Bergstock gestützt; langsam watete er durch den Schlamm.

Er blieb eine halbe Stunde aus. Als er wiederkam, strahlte sein Gesicht vor Freude. Ich sah ihn schon von weitem kommen und konnte mir den Grund dieser Verwandlung nicht erklären. Als er an den Soldaten vorbeikam, die zur Seite traten, rief er ihnen zu:

„Es ist nichts. Abgeblasen. Nichts ist mehr los."

Er ging auf mich zu und rief:

„Die Aktion ist abgeblasen."

„Was heißt abgeblasen?"

„Abgesagt. Der Herr General, der Divisionskommandant, hat uns mitteilen lassen, daß die Aktion abgesagt sei. Es scheint sich nur um einen Übungsalarm gehandelt zu haben. Der Herr General beglückwünscht Offiziere und Truppe zur hervorragenden Haltung an diesem Tag."

Die Artillerie dröhnte weiter. Der General hatte wohl vergessen ihr mitzuteilen, daß die Aktion abgesagt war.

Die Mannschaften wurden in die Unterstände geschickt. Sie hatten zuvor getrunken, sie tranken auch danach. Trauer und Freude sind Regungen ein und derselben Art.

Der Major lud mich zum Abendessen ins Bataillonskommando ein. Beim Kaffee vertraute er sich mir an:

„Ich habe den ganzen libyschen Krieg mitgemacht und an vielen Gefechten teilgenommen. Ich habe, wie Sie sehen, Tapferkeitsauszeichnungen erhalten und glaube, daß ich nicht ängstlich bin. Jedenfalls glaube ich, daß ich nicht mehr Furcht habe als andere. Ich bin Berufsoffizier, und es ist wahrscheinlich, daß ich weiter avanciere. Aber ich sage Ihnen ehrlich, die größten Genugtuungen meiner Karriere sind Ereignisse wie dieses heute. Der Krieg ist unser Beruf; wir dürfen uns nicht beklagen, wenn wir verpflichtet sind zu kämpfen. Wenn man aber schon zu einem Gefecht bereitsteht, und es kommt im letzten Augenblick der Befehl, die Sache abzublasen, da kann man, ich sag's Ihnen, glauben Sie mir, da kann man tapfer sein und mutig, soviel man will, man freut sich darüber. Ehrlich, das sind die schönsten Augenblicke im Krieg."

Eine eisige Nacht brach an. Die Soldaten waren durchgefroren, und das Holz für die Öfen war knapp. Nach einem kurzen Gedankenaustausch unter uns Offizieren beschlossen wir, einen beträchtlichen Teil der Stege und Leitern zu verheizen.

[24]

Das Regiment lag zur Retablierung in Ronchi. Das Kommando befand sich einen halben Kilometer höher, in Campanella. Die drei Bataillone waren in den wenigen noch bewohnbaren Häusern und in Baracken einquartiert. Die Soldaten waren erschöpft. Diese Ruhepausen von nur wenigen Tagen unter dem Feuer der feindlichen Artillerie nach einmonatigen Turnussen im Graben, das hatte sie zermürbt. Doch nun bestand Hoffnung auf eine ausgiebige Retablierung. Diesmal sollten wir, so hatte man uns mitgeteilt, in die venezianische Ebene absteigen und dort das Ende des Winters abwarten. Es wurden neue Uniformstücke verteilt, dies schien ein sicherer Hinweis zu sein. Er belebte selbst die unzufriedensten Soldaten. Auch aus der militärischen Hierarchie gibt es ein Ereignis zu vermelden: Ich wurde zum Hauptmann befördert.

Zugleich mit unserem Bataillonskommandanten, Major Frangipane, war auch Major Melchiorri aus Afrika zu uns gestoßen; er übernahm das Kommando des zweiten Bataillons. Die Offiziere meines Bataillons luden ihn eines Abends zum Essen in unser Kasino ein. Es war üblich, daß die Offiziere des einen Bataillons die neuangekommenen Offiziere des andern ins Kasino einluden; so konnte man einander kennenlernen. Der Major nahm die Einladung erfreut an.

Der Tag war jedoch nicht für Höflichkeitsbezeigungen gemacht. Das Regiment erhielt Befehl, sich für den Aufstieg in die Schützengräben bereit zu halten. Wir waren fassungslos. Die Träume von langen Wochen der Retablierung in der Ebene waren ausgeträumt.

Major Melchiorri kam trotzdem zu uns ins Kasino. Die Soldaten hatten bereits gegessen und sich in die Quartiere zurückgezogen, als wir uns zu Tisch setzten.

Das Gespräch während des Essens drehte sich vor allem um den Kolonialkrieg und um den großen Weltkrieg. Zuletzt sprachen nur noch die beiden Majore, und wir hörten zu. Major Frangipane war drei Jahre lang in Libyen gewesen, Major Melchiorri hatte vier oder fünf Jahre in Eritrea verbracht. Von uns war keiner je in einer Kolonie gewesen. Zudem waren wir alle – außer Avellini – Reserveoffiziere. Ich saß neben Melchiorri.

„Der europäische Krieg", erklärte dieser, „wird nur dann zu gewinnen sein, wenn unsere Truppen nach den gleichen disziplinären Methoden organisiert werden, nach denen wir in den Kolonien die Askaris organisiert haben. Es muß blinder Gehorsam herrschen, so wie ihn richtigerweise das Reglement des glorreichen piemontesischen Heeres vorschrieb. Rom hat dieses Reglement leider abgeschafft. Die Masse muß blind gehorchen, sie muß es als Auszeichnung betrachten, dem Vaterland auf den Schlachtfeldern dienen zu dürfen."

„Unsere Soldaten", wandte unser Major ein, „sind Staatsbürger wie du und ich; die Askaris sind fremde Söldner. Dieser Unterschied scheint mir wesentlich zu sein."

„Es gibt keine wirklichen Unterschiede. Unterschiede existieren nur im zivilen Leben. In dem Augenblick, in dem der Staatsbürger die Uniform angezogen hat, hört er auf, Staatsbürger zu sein, und verliert alle politischen Rechte. Von da an ist er nur noch Soldat und hat nur noch militärische Pflichten. Die Überlegenheit des deutschen Heeres ergibt sich daraus, daß der deutsche Soldat jenem Idealtypus des Soldaten, den der Askari verkörpert, am nächsten kommt. Die deutschen Offiziere haben noch zu befehlen."

„Was verstehst du unter *befehlen?* Ich habe einige Erfahrung und habe mir über das Befehlen klare Vorstellungen angeeignet. Wenn ich im Krieg einen Befehl bekomme, dann befällt mich zunächst einmal die Sorge, es könnte ein unrichtiger Befehl sein. Ich habe davon schon viele erlebt und gehört, seit ich da bin. Und wenn ich selbst einen Befehl zu geben habe, überlege ich lange, weil ich fürchte, ich könnte einen Fehler machen. Befehlen heißt: befähigt sein zu befehlen. Es heißt: jenen ganzen Haufen von Fehlern vermeiden, derentwegen man sinnlos Soldaten opfert und demoralisiert."

„Kommandierende irren nie; sie machen keine Fehler. Die Befehlsgewalt ist das Recht des Ranghöheren, einen Befehl zu erteilen. Es gibt keine guten oder schlechten, keine gerechten oder ungerechten Befehle. Jeder Befehl ist gleichwertig. Er ist das absolute Recht auf den Gehorsam der andern."

„Lieber Kollega, auf die Art wirst du einen Besen herumkommandieren können, vorausgesetzt, daß du den Stiel in der Hand hast. Aber italienischen, französischen, belgischen oder englischen Truppenverbänden gegenüber wirst du so nichts ausrichten."

„Daran seid ihr schuld. Ihr habt die Philosophie ins Heer eingeschleppt. Dies ist die Ursache unseres Niedergangs."

Während das Gespräch sich – nicht zuletzt auch von vielen geleerten Flaschen angeregt – weiterentwickelte, erhob sich draußen ein Geräusch. Wir dachten, der Wind rüttle an Wänden, Türen und Fenstern der Baracken. Die Majore unterbrachen ihr Gespräch, alle lauschten. Wir hörten Schreie der Empörung. Major Frangipane erhob sich, wir folgten seinem Beispiel. Die Tür ging auf, und der diensthabende Offizier des Bataillons kam herein. Er war verwirrt.

„Das Regiment meutert! Das zweite Bataillon hat angefangen, die andern haben sich ihm angeschlossen. Die Einheiten haben die Quartiere verlassen, unter wildem Geschrei. Einige Offiziere sind mißhandelt worden."

Ohne Befehle des Majors abzuwarten, rannten wir hinaus, zu unseren Einheiten. Durch die Kasinoküche waren es nur ein paar Schritte zu den Baracken meiner Kompanie. Ich schlug diesen Weg ein, gefolgt von meinen Offizieren, setzte im Laufschritt über den Platz, und schon waren wir bei der Kompanie.

Die zehnte Kompanie war in einer einzigen großen Baracke einquartiert, die für vier Züge Raum hatte: in der Mitte ein großer, langer Gang zum Antreten, rechts und links davon die zweistöckigen

Pritschen. Die Soldaten drängten sich in Gruppen im Gang und diskutierten erregt. Ich trat ein, die übrigen Offiziere folgten mir, und der Soldat, der mich als erster sah, befahl mit lauter Stimme Habtacht. Die Soldaten nahmen Haltung an. Nicht einmal ein Flüstern war in der Baracke zu hören. Ich befahl:

„Kompanie antreten! Gewehr über!"

Die Soldaten rannten durcheinander, um den Befehl auszuführen. Ich dachte: Wenn sie die Offiziere mißhandeln, und ich befehle ihnen nun, die Waffen zu holen, dann laufe ich wenigstens nicht mehr Gefahr, verprügelt zu werden. Wenn sie die Waffen in der Hand haben, werden sie alles gründlicher überlegen; schlimmstenfalls riskiere ich, erschossen zu werden.

Ich muß gestehen, daß ich das Erschossenwerden den Prügeln vorgezogen hätte.

Im Nu standen die Züge in Reih und Glied, jeder Mann mit dem Gewehr an seinem Platz. Der älteste Offizier befahl Habtacht und meldete die Kompanie. Ich ließ die Bajonette aufpflanzen und die Waffen laden. Die Befehle wurden sofort ausgeführt. Es folgte das Abzählen: Niemand fehlte. Da alle anwesend waren, konnte meine Kompanie nicht gemeutert haben. Alle Genugtuungen im Leben sind streng persönlicher Natur, und es bleibt jedem selbst überlassen, sie auf seine Art zu empfinden. Die Freude, die ich in jenem Augenblick empfand, gehört zu den großen Freuden meines Lebens. Die Soldaten meutern ja nicht gegen die Kommandanten der Regimenter, der Brigade, der Division oder des Armeekorps. Wenn sie meutern, dann lehnen sie sich in erster Linie gegen ihre unmittelbaren Vorgesetzten auf.

Der Tumult draußen in der Nacht wurde lauter.

„Wir verlangen die Retablierung!"

„Nieder mit dem Krieg!"

„Wir haben genug von den Schützengräben!"

Die Quartiere des ersten und zweiten Bataillons lagen weiter unten, einige hundert Meter von den unsern entfernt. Von dort vernahmen wir nun den Lärm einer marschierenden Menge. Wahrscheinlich hatten sich die beiden Bataillone vereint und führten nun die Demonstration geschlossen weiter. Ich schickte einen Offizier hinaus: Er sollte erkunden, was vorging. Er war gleich wieder da. Die Einheiten hatten die Quartiere ohne Waffen verlassen, doch demolierten sie alles, was ihnen unterwegs in die Hände geriet.

„Nieder mit dem Krieg!"

Es mußten Tausende Stimmen sein, die da brüllten. Ich sprach ein paar Worte zur Kompanie, mehr um das Schweigen, das wie ein Alp auf uns allen lastete, zu beenden, als um eine Rede zu halten. Ich wußte in diesem Augenblick auch wenig Passendes zu sagen, zudem merkte ich gleich, daß man mir gar nicht zuhörte: Die Soldaten horchten angestrengt auf das Treiben der Meuterer. Der Major trat ein, gefolgt vom Bataillonskommandanten und einer Ordonnanz. Ich ließ präsentieren und meldete, daß alle Soldaten anwesend seien. Der Major war erregt:

„Kinder, Kinder! Das ist ein Tag!"

Das war alles, was er über die Lippen brachte. Er ging wieder, und ich geleitete ihn ins Freie. Er sagte mir, daß zwei Züge der neunten Kompanie, bei denen Avellini war, nicht gemeutert hatten; von den beiden anderen Zügen der Neunten, die in einer anderen Baracke lagen, hatte man noch keine Nachricht. Die elfte Kompanie hatte sich verlaufen, und die zwölfte war, nach der Rückkehr des Kompaniechefs, gerade dabei, sich wieder zu sammeln. Er wollte weitergehen, um jenen, die die Einheiten verlassen hatten, ins Gewissen zu reden und auf diese Weise das Bataillon so rasch wie möglich zu sammeln und es aus der Meuterei herauszuführen.

Der Major entfernte sich zu den Quartieren der elften Kompanie hin, ich ging bis zur Straße vor. Die Nacht war finster, doch das aus einigen Fenstern fallende Licht beleuchtete die Straße. Aus der Tiefe bewegte sich eine kompakte Masse auf mich zu. Die Soldaten waren bunt durcheinandergewürfelt, es gab keine geschlossenen Einheiten mehr. Keiner trug ein Gewehr. Während sie sich näherten, schrien sie und warfen Steine in die Fenster der Schreibstuben. Zwei hochrädrige Bataillonsfahrzeuge, die am Straßenrand abgestellt waren, wurden umgeworfen und demoliert wie Spielzeug.

„Wir fordern die Retablierung!"

„Nieder mit dem Krieg!“

„Schluß mit den Lügen!“

Die Kolonne kam auf uns zu. Ich ging in die Baracke zurück. Wie würde das weitergehen?

Der Lärm wurde stärker. Die Spitze des Zuges hielt auf der Straße, direkt vor unseren Baracken:

„Die Zehnte heraus!“

„Heraus!“

„Heraus, Kameraden! Alle heraus!“

„Wir müssen zusammenhalten, Kameraden!“

„Heraus, heraus!“

Keiner in der Kompanie antwortete. Draußen schrie eine einzelne Stimme:

„Laßt sie bleiben, wo sie sind!“

Das Geschrei hielt noch einige Minuten an. Die Demonstranten schienen zu zögern. Aber dann setzte sich die Kolonne wieder in Bewegung und verschwand, die Richtung ändernd, hinter den Baracken: Der Zug bog auf die nach Campanelle führende Straße ein, wo der Regimentsstab lag. Ich ging ans andere Ende der Baracke und öffnete ein Fenster. Aus dem Campomulotal pfiff der eisige Westwind; heulend brach er in das Tal von Ronchi ein. Ich sah hinaus.

Über einen kleinen Feldweg – eine Abkürzung zwischen dem Regimentskommando und den Bataillonen – stiegen im Gänsemarsch Lichter ab. Sicherlich war es der Regimentsstab, der zu uns unterwegs war und mit Laternen den Weg beleuchtete. Wären die Männer dort rascher ausgeschritten, dann hätten sie auf der Talstraße mit der demonstrierenden Menge zusammenstoßen müssen. Die Lichter blieben stehen. Dort, wo die Lichter standen, wurde ein Trompetensignal geblasen, das die Schreie der Menge und das Fauchen des Windes übertönte. Die Trompete blies: *Offiziere zum Rapport!* Das Signal wurde wiederholt, laut und eindringlich. Als die Trompete geendet hatte, hörten auch die Schreie der Demonstranten auf. Das Signal fiel in die Stille der Nacht. Einen Augenblick lang regte sich nichts im weiten Tal. Dann nahm das Echo die Töne auf, fern, gegen Foza, Stoccaredo, Col Rosso und die Alpinikasernen hin, und trug sie gedehnt und traurig durch das weite Becken von Asiago.

Warum rief der Oberst die Offiziere zum Rapport? Weshalb holte er sie von den Einheiten weg? Vielleicht wurde das Ganze nur inszeniert, um ein Lebenszeichen zu geben, um das Vorhandensein des Regimentskommandos zu demonstrieren. Ich hielt es nicht für klug, die Kompanie ohne Offiziere zu lassen, und schickte nur einen.

Der Zug der Demonstranten war stehengeblieben. Ich konnte alles nur verschwommen sehen, eine finstere, unförmige Masse auf der Straße. Der Oberst wartete einige Augenblicke lang, dann schien er auf den Rapport zu verzichten und ging, die Laterne in der Hand, auf die Soldaten zu. Als er die Spitze des Zuges erreichte, öffneten sich die Reihen, und der Oberst schritt mitten durch die Demonstranten. Er hob die Laterne hoch, damit alle sein Gesicht sehen konnten, und sagte mit lauter Stimme:

„Euer Oberst befiehlt euch in eurem eigenen Interesse: Kehrt in die Quartiere zurück!"

Aus den hinteren Reihen antwortete eine Stimme:

„Wir haben ein Recht auf Retablierung!"

Der Oberst antwortete:

„Ja, wir alle haben Anspruch darauf, uns ausruhen zu können. Auch ich. Ich bin alt und habe ein Recht auf Ruhe. Jetzt aber geht in eure Quartiere. Euer Oberst befiehlt euch, in eurem eigenen Interesse, zu gehorchen."

Die Menge schwankte. Die vorderen Reihen wichen zurück. Der Chef der sechsten Kompanie schrie:

„Sechste Kompanie, sammeln im Quartier!"

Andere Offiziere folgten seinem Beispiel und versuchten ihre Einheiten zu sammeln. Die ersten Reihen verliefen sich, nur dahinter blieb die Masse noch unbewegt und geschlossen; und von dort wurden auch immer neue Protestrufe laut.

Der Oberst überquerte die Straße. Man hatte ihm mitgeteilt, daß die zehnte Kompanie, voll bewaffnet, in Reih und Glied angetreten war. Er kam in unsere Baracke. Als er eintrat, schrien die Demonstranten wieder:

„Wir wollen Ruhe!“

„Nieder mit dem Krieg!“

Der Oberst ignorierte die Kompanie, die präsentierte, und wandte sich an mich:

„Kann ich mich auf Ihre Kompanie verlassen?“

„Gewiß, Herr Oberst!“ sagte ich. „Die Kompanie ist in Ordnung.“

„Kann ich mich auf Ihre Kompanie verlassen, wenn ich ihr befehle, in den Graben aufzusteigen, sofort?“

„Ja, Herr Oberst!“

„Und kann ich mich auf die Kompanie verlassen, wenn ich ihr den Befehl gebe, gegen die Aufrührer einzuschreiten?“

Der Dialog zwischen dem Oberst und mir spielte sich vor der ganzen Kompanie ab. Wir standen inmitten der Kompanie, die in Doppelreihen angetreten war, und ich konnte die eine Hälfte der Einheit beobachten. Die Soldaten schauten nur mich an, sie starrten in mein Gesicht, in meine Augen. Ich antwortete:

„Ich glaube nicht, Herr Oberst.“

„Geben Sie mir eine eindeutige Antwort: Ja oder nein?“

„Nein, Herr Oberst.“

Der Oberst verließ die Baracke. Draußen ging der Tumult weiter.

[25]

Noch vor zehn Uhr waren alle Einheiten der drei Bataillone wieder in ihren Quartieren. Die Ordnung war wiederhergestellt. Wir Offiziere vom dritten Bataillon saßen bis nach Mitternacht im Kasino beisammen. Der Major und der Bataillonsadjutant waren beim Regimentsstab. Auch die für die Nacht zum Dienst eingeteilten Offiziere – einer für jede Kompanie – fehlten. Wir besprachen, ganz unter uns, die Ereignisse des Abends. Mit Avellini verband uns eine derart enge Kameradschaft, daß es zwischen ihm, dem Berufsoffizier, und uns Reserveoffizieren keine Distanz gab. Das Gespräch jenes Abends ist mir in lebhafter Erinnerung geblieben. Es läßt sich folgendermaßen zusammenfassen:

Ottolenghi: Meine Einheit war in Ordnung, oder doch beinahe in Ordnung. Nur ein Trottel hat verlangt, man solle mit einem Maschinengewehr ausrücken und in die Luft knallen. Ich sagte ihm: Wenn du dich rührst, schieße ich dich nieder. Ein Maschinengewehr? Wenn die Maschinengewehre ausrücken, dann alle. Wenn meine MG-Abteilung demonstriert, dann demonstriert sie geschlossen, mit Offizieren, Unteroffizieren, Korporalen und Mannschaften, sagte ich. Wenn es soweit ist, dann will ich als erster unter den Meuterern sein. Früher oder später, glaube ich, wird es dazu auch kommen. Denn ich denke genauso wie die Einheiten, die heute demonstriert haben. Sie haben recht, tausendmal recht haben sie, aber sie haben den Zeitpunkt falsch gewählt. Bei Nacht meutern! Und noch dazu ohne Waffen! Eine solche Dummheit.

Avellini: Du bist reif für die Zwangsjacke.

Der Kompaniechef der Zwölften: Tobsüchtig bist du.

Ottolenghi: Wenn man meutert, muß man es bei Tag tun und mit Waffen, und man muß eine gute Gelegenheit abwarten und besonders darauf achten, daß alle mittun. Vor allem darf kein einziger Subalternoffizier fehlen.

Der Chef der Zwölften: Schönes Programm. Und die andern?

Ottolenghi: Welche andern? Ich hoffe sehr, daß du nicht mit Generälen zusammen meutern möchtest.

Der Chef der Zwölften: Wenn du so denkst, dann zieh die Offiziersuniform aus.

Ottolenghi: Ob Offizier oder Soldat, ich bin auf jeden Fall gezwungen, Militärdienst zu leisten. Und da es nun einmal keinen Ausweg gibt, ziehe ich es vor, den Krieg als Offizier mitzumachen.

Avellini: Du hast einen Eid geleistet, als Offizier. Entweder nimmst du das, was du sagst, nicht ernst, oder es ist dein Eid nicht ernst zu nehmen.

Ottolenghi: Du hast recht: Er ist nicht ernst zu nehmen. Ob Offizier oder Soldat, um den Eid kommst du nicht herum, du mußt ihn entweder individuell oder kollektiv leisten. Wenn ich nicht den Eid als Offizier ablege, dann muß ich als Soldat schwören. Es ist einerlei. Die Gesetze unseres Landes dispensieren nur Kardinäle und Bischöfe vom Militärdienst. Der Eid ist nicht mehr als eine Formalität, die uns durch die allgemeine Wehrpflicht aufgezwungen wird.

Avellini: Ein Ehrenmann verpfändet sein Wort nicht, wenn er weiß, daß er nicht bereit ist, es zu halten.

Der Chef der Zwölften: Du bist nicht nur wahnsinnig, sondern auch ein zweideutiges Subjekt.

Ottolenghi: Also, man holt mich mit Gewalt, wider meinen Willen, ja, mit Waffengewalt, und zwingt mich zu schwören, und da würdest du zu behaupten wagen, daß ich mich entehre, weil ich den Eid im Bewußtsein leiste, daß ich ihn nicht halten werde?

Avellini: Wer holt dich mit Gewalt? Dein Gewissen kann niemand vergewaltigen.

Der Chef der Zwölften: Sofern du eines hast.

Ottolenghi: Niemand, sagst du? Im Krieg, wenn ich einberufen werde, und ich weigere mich, den Eid zu leisten, schleppt man mich vor das Militärgericht, und ich werde bei der erstbesten Gelegenheit standrechtlich erschossen. Mein Eid ist eine Notlüge. Er ist ein Akt der Notwehr. Dies vorausgesetzt, und da es nun einmal keinen Ausweg gibt, ziehe ich es vor, Offizier statt Soldat zu sein.

Avellini: Warum ziehst du das vor?

Ottolenghi: Es wird sich sicherlich einmal eine günstige Gelegenheit bieten, und wenn die da ist, will ich etwas zur Hand haben, womit ich handeln kann.

Ein Leutnant: Trink noch ein Glas, und geh schlafen.

Ottolenghi: Ich werde dann, wenn es soweit ist, nicht ein Gewehr und ein Bajonett sein, sondern hundert Gewehre und hundert Bajonette. Und dazu – Prost! – auch ein paar Maschinengewehre.

Der Chef der Elften: Und auf wen willst du schießen, mit all den Waffen?

Ottolenghi: Auf alle Kommandanten.

Der Chef der Elften: Und dann? Möchtest du dann selber Oberbefehlshaber spielen?

Ottolenghi: Ich will nur den Feuerbefehl geben, am Tag X. Aufsatz normal, und Feuer frei – nach Belieben. Angefangen wird beim Divisionskommandanten, wer immer er sein mag, denn sie sind in der Regel einer schlechter als der andere.

Der Chef der Elften: Und dann?

Ottolenghi: Dann immer vorwärts, streng nach Rangordnung. Immer vorwärts, ordentlich diszipliniert. Ich sage *vorwärts,* weil man das halt so sagt; unsere wahren Feinde sind ja nicht die in den Gräben gegenüber. Zuerst also: Abteilung kehrt! Und dann immer vorwärts, immer vorwärts.

Ein Leutnant: Nach hinten also.

Ottolenghi: Natürlich. Vorwärts, immer vorwärts, bis nach Rom. Dort ist das große feindliche Hauptquartier.

Der Chef der Elften: Und dann?

Ottolenghi: Meinst du, das wäre zu wenig?

Ein Leutnant: Das kann eine schöne Wallfahrt werden.

Ottolenghi: Und nachher? Dann wird das Volk die Regierung übernehmen.

Der Chef der Zehnten: Du willst also die Armee nach Rom marschieren lassen. Meinst du, die Deutschen und die Österreicher würden dann in ihren Schützengräben bleiben? Oder meinst du, die Deutschen würden, um unserer Volksregierung einen Gefallen zu tun, dann nach Berlin marschieren, die Österreicher nach Wien und die Ungarn nach Budapest?

Ottolenghi: Was die anderen tun würden, interessiert mich nicht. Mir genügt es, zu wissen, was ich will.

Der Chef der Zehnten: Das ist zwar bequem, aber es löst das Problem nicht. Was würde dein Marsch nach hinten letztlich bewirken? Ganz offensichtlich den Sieg der Feinde. Besteht nicht Grund zur Annahme, daß der militärische Sieg der Feinde sich für die Besiegten als politische Niederlage auswirken würde? War es in unseren Unabhängigkeitskriegen nicht so, daß die Feinde, sooft sie siegten, im Schutz der Bajonette die Bourbonen nach Neapel und den Papst nach Rom brachten? Als die Österreicher uns geschlagen hatten, haben sie dann in Mailand, in der Lombardei, in Venedig die Volksregierung im Amt gelassen, haben sie eine Volksregierung eingesetzt? Mit den siegreichen Feinden sind jedesmal Fremdherrschaft und Reaktion nach Italien zurückgekehrt. Das kannst du doch sicherlich nicht wollen.

Ottolenghi: Natürlich will ich das nicht. Aber ich will auch diesen Krieg nicht, der nichts anderes ist als ein elendes Gemetzel.

Der Chef der Zehnten: Aber würde nicht auch deine Revolution ein Gemetzel? Wäre nicht auch sie ein Krieg? Ein Bürgerkrieg?

Der Chef der Elften: Ehrlich gesagt, ich möchte den einen und den andern nicht.

Der Chef der Zehnten: Ottolenghi denkt da anders. Er verflucht den Krieg und verherrlicht den Bürgerkrieg. Aber ist das denn nicht ein und dasselbe?

Ottolenghi: Nein, es gibt Unterschiede. In der Revolution sehe ich den Fortschritt des Volkes und aller Unterdrückten. Der Krieg aber ist nichts als ein sinnloses Morden.

Der Chef der Zehnten: Sinnlos? Es sind einige unter uns, die an den Universitäten waren. Wir auf unserer Universität haben die Reden Willhelms II. verbrannt, der bei jeder Gelegenheit den Kriegsgott beschwor und der seine Untertanen offenbar mit Bajonetten und Kanonen füttern wollte. Wo ist da das sinnlose Gemetzel? Hätten wir uns nicht gegen die Mittelmächte gewandt, dann würden wir heute in Italien und in Europa alle im Stechschritt und zum Gedröhn preußischer Trommeln marschieren.

Ottolenghi: Es sind die einen nicht besser als die andern.

Der Chef der Zwölften: Und die Demokratie? Die Freiheit? Was würde aus deinem Volk ohne sie?

Ottolenghi: Schöne Demokratie, das, saubere Freiheit!

Der Chef der Zehnten: Und dennoch sind viele von uns gerade ihretwegen für den Krieg gewesen, sind viele ihretwegen Soldaten geworden und bereit, Opfer auf sich zu nehmen und sich töten zu lassen.

Ottolenghi: Die Opfer wiegen das Gemetzel nicht auf.

Der Chef der Zwölften: Und was würde aus den Interessen Italiens?

Ottolenghi: Und wir, was sind wir? Sind wir nicht Italien?

Der Chef der Zehnten: Haben die ideellen Werte, die uns für die Teilnahme am Krieg eintreten ließen, Sinn und Gültigkeit verloren, weil der Krieg ein Gemetzel ist? Wenn wir davon überzeugt sind, daß wir uns schlagen müssen, dann lohnt sich auch unser Opfer. Gewiß, wir sind alle erschöpft, und die Soldaten haben ihre Erschöpfung heute laut hinausgeschrien. Das ist menschlich. Es kommt der Moment, da einen der Mut verläßt, und dann denkt man nur noch an sich. Der Selbsterhaltungstrieb bricht durch. Die meisten möchten, daß der Krieg zu Ende wäre, egal wie, weil das Kriegsende bedeutet, daß wir weiterleben. Aber reicht das aus, um unser Verlangen zu rechtfertigen? Wenn es so wäre, könnte eine Handvoll Verbrecher mit uns nach Belieben umspringen, ohne das geringste befürchten zu müssen, weil wir Angst haben vor einem Gemetzel. Was würde aus der Zivilisation in der Welt, wenn Unrecht und Gewalt sich jederzeit und überall, ohne auf Widerstand zu stoßen, durchsetzen könnten?

Ottolenghi: Da bin ich deiner Meinung.

Der Chef der Zehnten: Ja, auch du mußt zugeben, daß man die Sittlichkeit der eigenen Anschauungen verteidigen muß, auch unter Einsatz des Lebens. Erschöpfung und Schrecken sind kein ausreichendes Argument zur Verdammung des Krieges. Die Soldaten haben heute abend gemeutert. Haben sie recht oder unrecht gehabt? Vielleicht haben sie recht, vielleicht unrecht; vielleicht beides. Die Masse hat vor allem das unmittelbare Wohlergehen im Auge. Wo aber kämen wir hin, wollten wir das zur Norm für das allgemeine Verhalten im Heer machen?

Ottolenghi: Ihr Aufruhr war gerechtfertigt, weil der Krieg eben das unerträgliche Gemetzel ist, das wir alle vor Augen haben und das der Unfähigkeit unserer Oberkommandierenden zuzuschreiben ist.

Der Chef der Elften: Das ist wahr.

Der Chef der Zwölften: Da hat Ottolenghi recht.

Einige Leutnants: Das stimmt.

Avellini: Auch ich will das nicht bestreiten.

Ottolenghi: Na, seht ihr? Ihr müßt mir alle recht geben.

Der Chef der Zwölften: Ja, wir sind mit völlig unfähigen politischen und militärischen Führern in den Krieg gegangen. Das ist indessen kein Argument, das uns veranlassen könnte, einfach die Waffen wegzuwerfen.

Ottolenghi: Unsere Generäle sind uns offenbar vom Feind geschickt worden. Sie sollen uns ruinieren.

Eine Gruppe von Leutnants: Das ist richtig.

Der Chef der Elften: Leider ist es so.

Ottolenghi: Und um sie herum eine Bande von Spekulanten, die mit denen in Rom unter einer Decke stecken und mit unseren Leben Geschäfte machen. Ihr habt es ja erlebt, neulich, als das Bataillon neue Schuhe gefaßt hat. Herrliche Schuhe! Und unten, auf der Sohle, grün-weiß-rot, die Aufschrift *Viva l'Italia.* Und nach einem Tag im Schlamm haben wir gesehen, daß es Pappendeckelsohlen waren, die nur wie Leder angestrichen waren.

Eine Gruppe von Leutnants: Das stimmt.

Der Chef der Zwölften: Es ist eine Schweinerei, aber es ist wahr.

Ottolenghi: Und die Geschichte mit den Schuhen ist nur eine Lappalie. Das Schreckliche ist, daß sie auch unser Leben angestrichen haben: Sie haben es genommen und den Namen des Vaterlandes draufgemalt und treiben uns zur Schlachtbank, wie Schafe.

Die Tür ging auf. Das Gespräch riß ab. Major Frangipane traf ein, gefolgt von Major Melchiorri und zwei Adjutanten.

Wir erhoben uns.

„Ich habe angeregt", ergriff Major Melchiorri das Wort, „daß man sofort zehn Soldaten aus jeder Kompanie erschießt. Man muß ein drastisches Exempel statuieren."

„Gegen Soldaten, die nicht von der Waffe Gebrauch gemacht haben, ist die Todesstrafe nicht anwendbar", widersprach unser Major.

„Auch der Divisionskommandant ist für das Erschießen."

Wir hörten zu, ohne uns am Gespräch zu beteiligen, Ottolenghi wandte sich an uns und sagte:

„Ich bin für die Erschießung des Divisionskommandanten."

Major Frangipane war müde und bedrückt.

„Gehen Sie jetzt schlafen", sagte er. „Ein diensthabender Offizier pro Kompanie genügt. Morgen werden wir ja hören, wie das Armeekorpskommando entschieden hat."

[26]

Das Regiment lag wieder vorn in den Stellungen. Der Kommandant des Armeekorps hatte sich der Ansicht des Brigadekommandanten angeschlossen und den Vorschlag, Todesurteile zu verhängen, abgelehnt. Nur sieben Unteroffiziere und Soldaten wurden wegen der Meuterei vor das Militärgericht gebracht und zu Arreststrafen verurteilt. Den sieben wurde dann die Möglichkeit geboten, in anderen Linienregimentern zu dienen, damit sie durch gute Führung die Tilgung der Strafe erwirken könnten. Bei uns begann wieder der gewohnte Wechsel zwischen Schützengraben und Ruhepause.

Allmählich brachte die Frühlingssonne Wärme ins Gebirge, und der Schnee schmolz Schicht um Schicht. Mit der Schneehöhe senkten sich auch die Wehren unserer Gräben. Die großen Bastionen verloren die Türme; die Gerüste wurden abgerissen. Jede Woche trugen wir eine Schicht der Brustwehren ab: Säcke, die wir mit Schnee gefüllt hatten. Nach und nach rückte die Linie der Schießscharten dem Boden wieder näher.

Mit dem wärmeren Wetter kehrten auch die Pläne für neue Aktionen wieder zurück. Wie Pilze schossen überall Artilleriebatterien unterschiedlichster Kaliber aus dem Boden. Der Bergkranz, der in unserem Rücken das Becken von Asiago abschloß, war eine ununterbrochene Kette von getarnten Artilleriestellungen. Die Gebirgs- und Feldbatterien in unserer Nähe waren nur Vorhuten dieses gewaltigen Aufgebots an Feuerkraft. Diesmal sollten auch die schweren Kaliber eingesetzt werden. Über die Straße von Congo und die erst während des Winters gebaute Straße von Foza rollten ständig neue Batterien heran. Minenwerferbatterien bezogen Stellungen hinter unseren Gräben. Tag und Nacht brachten lange Kolonnen von Lastautos aus der venezianischen Ebene Munition nach vorn. Die Pioniere hatten zwei große Stollen vorgetrieben und waren nun dabei, sie mit Sprengstoff zu füllen: Die eine Mine lag unter der Zebio-Alm, die andere unter der Höhe 1496, gegen den Monte Interrotto hin. Es kündigte sich allenthalben wieder der Bewegungskrieg an.

Indessen war es April geworden, das Tal war aper, aber rund um unsere Stellungen lag noch klaftertief Schnee. Mein Bataillon befand sich wieder auf einem der üblichen Retablierungsturnusse in Ronchi. Major Frangipane war im Graben von einem Granatsplitter verwundet worden und lag im Feldspital; ich hatte das Bataillonskommando übernommen.

Oberleutnant Ottolenghi kam zu mir und bat um die Erlaubnis, mit der Skiabteilung des Bataillons einen Ausflug machen zu dürfen. Ottolenghi war nach wie vor Führer der MG-Abteilung und hatte als solcher mit den Skiläufern nichts zu tun. Wir hatten jedoch gemeinsam während des Winters zu unserem Vergnügen ausgiebig trainiert und waren gute Skiläufer geworden. Er betrieb das Skifahren mit leidenschaftlicher Hingabe. Die Skiläufer des Bataillons bildeten eine eigene Abteilung, die von einem Unteroffizier geführt wurde. Sie hatten einen regelrechten Skikurs in Bardonecchia absolviert und hätten den allgemeinen Vorschriften für den Hochgebirgskrieg entsprechend die Erkundung durchführen sollen. Die Entfernungen zwischen unseren Stellungen und jenen der Österreicher waren jedoch derartig gering, daß von einem Einsatz der Skipatrouillen keine Rede sein konnte. Wir hatten es ein paarmal mit nächtlichen Erkundungen versucht, aber damit keine sehr guten Erfahrungen gemacht. Überall unter der Schneedecke lagen umgestürzte Bäume und Verhauteile oder lose Stacheldrähte, und es war schwierig, sich da zurechtzufinden. Bei Tag aber hätten die Skifahrer unsere Stellungen nirgendwo verlassen können, ohne sofort gesehen zu werden. Nachts ließen wir gelegentlich Patrouillen mit Schneereifen ausrücken. Am Morgen waren die Spuren der Schneereifen aber noch zu sehen, und der Feind verstärkte seine Wachsamkeit. Die Skiläufer waren für uns also praktisch nutzlos. Der Bataillonskommandant schickte die Abteilung häufig auf Tour nach Campomulo, Croce di Lungara, zum Monte Fior und nach Foza, um sie in Training zu halten, aber er dachte nicht daran, sie vor unseren Linien einzusetzen.

Ottolenghi hatte – wie auch ich – wiederholt an solchen Touren teilgenommen. Seine Bitte hielt sich also im Rahmen unserer winterlichen Lebensgewohnheiten. Es gab jedoch gewisse Erfordernisse, die dagegen sprachen, und daher gestattete ich Ottolenghi nur, die halbe Skiabteilung mitzunehmen.

„Mit der halben Abteilung", wandte Ottolenghi ein, „ist mir nicht gedient. Da kann ich nichts Vernünftiges anfangen. Ich habe nämlich vor, mit den Skiläufern eine richtiggehende Gefechtsübung durchzuführen, mit Handgranaten und Nebelkerzen. Ich möchte die ganze Abteilung einsetzen, weil es nur so möglich sein wird, eine Patrouillenaktion in allen Einzelheiten zu üben. Es stehen uns große Angriffsaktionen bevor, und es würde mich freuen, wenn ich eine gute Spezialtruppe, wie unsere Skiläufer, darauf vorbereiten könnte."

Auch ich war an solchen Übungen sehr interessiert und ließ mich überreden. Ottolenghi rückte mit dem ganzen Trupp aus: zehn Soldaten, ein Korporal, ein Unteroffizier. Die Brotsäcke hatten sie mit Handgranaten vollgestopft. Später ließ ich mir über alle Details der Tour berichten.

„Der Bataillonskommandant hat befohlen", sagte Ottolenghi zu den Skiläufern, „daß eine richtiggehende Gefechtsoperation durchgeführt werden soll, rasch und heimlich. Das werden wir üben. In einigen Tagen wird es losgehen mit der großen Aktion, und darauf müssen wir ausreichend vorbereitet sein. Diesmal wird es Ernst mit dem Krieg, nicht ein Spaß mit Leitern und Stegen. Eine Gefechtsoperation, wie wir sie heute befehlsmäßig durchführen sollen, setzt den Feind voraus. Wo ist der Feind? Das ist die Frage. Sind es die Österreicher? Offensichtlich nicht. Unsere natürlichen Feinde sind unsere Generäle. Wenn hier irgendwo in der Nähe Seine Exzellenz General Cadorna säße, wäre er unser Hauptfeind, und es gälte nur, ihn aufzustöbern. Aber unglücklicherweise hält er sich nicht in unserer Nähe auf. Auch das Armeekommando ist weit von hier. Sogar der Stab des Armeekorps sitzt, für uns unerreichbar, irgendwo am Fuß des Hochplateaus. Die großen Generäle verachten den Schnee. Wer bleibt uns also? Es bleiben uns nur die Kleinen. Es bleibt uns zum Beispiel der Divisionskommandant, klein, aber oho! Eine seltene Intelligenz, ein rares Köpfchen!"

Die Skiläufer kannten Ottolenghi. Er war berühmt im ganzen Bataillon. Belustigt hörten sie ihm zu.

„Wir werden doch nicht", fragte der Unteroffizier – halb ernst, halb spaßhaft – dazwischen, „wir werden doch nicht mit diesen Granaten den Herrn Divisionsgeneral angreifen?

„Nicht direkt, wir werden den Herrn General nicht persönlich angreifen, wenngleich dies schon einen beträchtlichen Beitrag zum Endsieg darstellen könnte. Der Befehl des Bataillonskommandanten lautet indessen: Tut, was ihr wollt, aber schont das Leben des Generals! Also gehorchen wir. Wir schonen das Leben des Generals und werden ihn nur in seinem Hab und Gut angreifen. Wir werden eine blitzartige Angriffsoperation gegen das Proviantdepot der Division durchführen und plündern, was wir schleppen können."

Dies steigerte die Spannung und die Unternehmungslust der Skiläufer ins Unermeßliche. Ottolenghi setzte ihnen alle Details des von ihm entworfenen Plans auseinander. Dann fuhren sie voller Begeisterung los, um ihn auszuführen; Ottolenghi an der Spitze.

Das Proviantdepot war in einer großen Holzbaracke an der Straße zwischen Campomulo und Foza untergebracht; es lag in einer kleinen Mulde, die es den Blicken feindlicher Späher entzog. Rundherum war noch tiefer Schnee. Ottolenghi und die Skiläufer kannten das Gelände von früheren Touren. Das Depot barg reiche Lebensmittelvorräte für die Truppe und für die Offizierskasinos. Es gab da auch Wein, Schnaps, Rohschinken, Salami, Mortadella und Käselaibe in Überfluß.

Die Skifahrer zogen einen großen Bogen, um das Depot von der Anhöhe aus überraschen zu können und um die Skispuren zu tarnen.

Bei Sonnenuntergang tauchten sie in geschlossener Formation auf der Höhe auf, etwa einen Kilometer über der Straße. Von dort fuhren sie, noch immer geschlossen, in Richtung auf das Depot ab. Einige hundert Meter vor der Baracke teilte sich der Trupp. Ottolenghi, der Unteroffizier und sechs Soldaten bildeten die erste Gruppe, die *taktische,* die ihrerseits wieder in zwei Trupps unterteilt war; die übrigen fünf mit dem Korporal bildeten die *logistische* Gruppe. Ottolenghi selbst hatte die Gruppen mit diesen Bezeichnungen versehen.

Die erste Gruppe hatte frontal in Aktion zu treten, auf dem vor dem Eingang zum Proviantdepot liegenden Hang; die andere sollte im Rücken angreifen.

Die erste Gruppe sauste in Schußfahrt in die Tiefe, unter wildem Kriegsgeschrei Handgranaten und Rauchbomben werfend. Detonationen und Geschrei erregten die Aufmerksamkeit der Soldaten im Magazin; alle stürzten ins Freie. Das Spektakel, das sich ihnen darbot, war außergewöhnlich. Kunstvolle Schwünge vollführend, schleuderten die Skifahrer Nebelkerzen und Handgranaten. Blitzschnell schossen sie mitten durch die Rauchwolken, während die krepierenden Handgranaten rundum Schneefontänen emporwirbelten. Es war, als lieferten zwei Patrouillen einander ein wütendes Gefecht. Die friedlichen Soldaten der Versorgungstruppe sperrten staunend die Augen auf, ohne zu ahnen, daß die Knallkörper, die sie da explodieren sahen, für die Werfer völlig ungefährlich waren und daß die weniger harmlosen scharfen Handgranaten weit fort geworfen wurden, ins Tal hinunter, wo sie dann im tiefen Schnee explodierten. Das Ganze vermittelte eine außergewöhnlich lebensnahe Vision des Krieges. Die Soldaten vom Depot, die immer den Versorgungsdiensten in der Etappe zugeteilt waren, hatten noch nie ein Gefecht mitgemacht.

Und das eine, das sie jetzt vor Augen hatten, war schrecklich, furchterregend, ohrenbetäubend. Einen Augenblick lang meinten sie, die verrückten Kämpfer würden einander unter ihren Augen zerfleischen. Und an die Stelle der Bewunderung trat das Entsetzen.

Während sich dieses Gefecht vor den bestürzten Hütern des Proviantdepots abspielte, vollbrachte die *logistische* Gruppe im Rücken des Publikums eine weniger kühne Tat. Die fünf Männer schnallten die Skier ab, kletterten durch die Fenster in die Baracke und kamen vollbeladen wieder zum Vorschein. Ottolenghi hatte sie mit Brot und Rucksäcken sowie Reepschnüren ausgestattet. Als sie wieder Schnee unter den Füßen hatten, waren sie vollbepackt und schwer beladen mit Schinken, Mortadella, Salami und Flaschen aller Art. Sie legten die Skier an und verschwanden im waldigen Tal.

Der kühne Handstreich war in allen Einzelheiten vorzüglich gelungen.

Beim Abendessen spendierte Ottolenghi vier Flaschen Barberawein: zum Namenstag seines Großvaters, sagte er. Seines Großvaters? dachte ich. Am nächsten Morgen regten sich in mir einige Zweifel.

Ein dringendes Rundschreiben des Divisionskommandos berichtete über den Vorfall und befahl den untergeordneten Kommandostellen sofortige Nachforschungen zur Ermittlung der Schuldigen. Der General verlangte, daß diese Art von *Banditentum* gnadenlos bestraft werde. Ich hatte gerade das Rundschreiben verdaut, als ich aus der Bestandsmeldung erfuhr, daß der Unteroffizier Melino von der zehnten Kompanie verwundet war. Ein Handgranatensplitter hatte ihn am Bein verletzt; der Stabsarzt hatte ihn versorgt und ihm eine Woche Ruhe verordnet. Melino war niemand anderer als der Unteroffizier der Skiläufer, ein Veteran meiner Kompanie; ich hatte ihn zum Korporal befördert und zum Unteroffizier. Und schließlich hatte ich ihn für den Skikurs in Bardonecchia ausgewählt. Er war ein Mann, dem ich blindlings vertraute. Ich besuchte ihn. Er lag auf der Pritsche, ein Bein verbunden.

„Das Bataillon liegt in Ruhestellung, und Sie lassen sich durch Handgranatensplitter verwunden?“ fragte ich. „Würden Sie mir diese Verwundung bitte erklären?“

Es waren Soldaten in der Nähe, und der Unteroffizier gab mir zu verstehen, daß es gut wäre, wenn sie verschwänden. Ich befahl ihnen, sich zu entfernen.

„Was soll diese Geheimniskrämerei?“ fragte ich.

Der Unteroffizier erzählte alles. Die Schinken, die Mortadella, die Salami und eine beträchtliche Anzahl von Flaschen waren während der Nacht heimlich im Bataillon verteilt worden. Die Verteilung hatten die Skiläufer, die verschiedenen Kompanien angehörten, selbst vorgenommen. Wahrscheinlich war von der ganzen Beute nichts mehr zu finden.

Hier drohten Komplikationen. Ich rief den Stabsarzt und bat ihn, keine Meldung über die Verwundung des Unteroffiziers zu machen. Dann befragte ich Ottolenghi:

„Seit wann“, sagte ich, „ist es üblich, Revolutionen damit anzufangen, daß man Schinken und Mortadella stiehlt?“

„In Revolutionen ist immer gestohlen worden.“

„Schinken?“

„Auch Schinken.“

„Eine schöne Sache, die du dem Bataillon da eingebrockt hast. Hier, lies das Rundschreiben des Divisionskommandanten. Lies den Bericht über die Verwundung Melinos. Wie soll ich dem Bataillon nun aus der Patsche helfen?“

„Was hast du vor?“ fragte er zurück. „Das Prestige des Bataillons kann dank diesem Unternehmen nur wachsen. Du kannst nicht bestreiten, daß die Aktion erstklassig war. Wenn ich einen Zug gehabt hätte, dann hätte ich das ganze Depot ausgeräumt, einschließlich Zucker und Kaffee. Was meinst du, ob man das Ganze gegen den Divisionskommandanten persönlich wiederholen sollte? Willst du? Sag, ob du willst. Niemand wird je erfahren, wer es getan hat, ich schwöre es. Wir werden ihn gefangennehmen. Alles wird für immer und für alle ein Geheimnis sein. Den Soldaten würde es einen Mordsspaß machen, sich einmal ein bißchen zerstreuen zu können. Sag, willst du?“

Ich bat die Offiziere zum Rapport, las ihnen das Rundschreiben vor und befahl, sofort Erhebungen einzuleiten. Nach einigen Stunden hielt ich die schriftlichen Berichte über das Ergebnis in der Hand. Alle waren negativ. Die Führer der Einheiten schlossen die Möglichkeit aus, daß einer ihrer Untergebenen an der Aktion teilgenommen oder von ihr gewußt haben könnte. Auch Ottolenghis Bericht unterschied sich in nichts von den anderen.

Kurz vor dem Mittagessen traf ich Avellini und fragte ihn:

„Im Vertrauen. Weißt du irgendwas über die Geschichte mit dem Proviantdepot?"

„Meine Soldaten", erzählte er, „haben die ganze Nacht lang Schinken und Salami gegessen. Es sind einige Magenverstimmungen gemeldet worden. Sie schienen entsetzlichen Durst zu haben. Ich ließ ein paar Flaschen Wein für sie kaufen; es sind nämlich offensichtlich nicht sehr viele Flaschen gestohlen worden."

Auch der Rapport des Regimentskommandos fiel negativ aus.

[27]

Die Vorbereitungen für die geplante Großaktion der Armee wurden intensiv vorangetrieben. Es stand fest, daß unserer Brigade im Rahmen dieses Unternehmens eine wichtige Aufgabe zugedacht war. Die Offiziere erhielten Landkarten des Gebietes, die bis zur Höhe 12 und zum Lagarinatal reichten. Das Feuer einzelner Geschütze verriet, daß wieder neue Batterien eingetroffen waren, die sich nun einschossen. Auch die schweren Minenwerfer waren indessen in Stellung gebracht worden. Allein im Abschnitt unseres Regiments lagen gut zwei Dutzend Minenwerferbatterien, die zu Gruppen zusammengefaßt waren.

Um die Soldaten für die Mühsal des langen Winters zu entschädigen, und auch um sie im Hinblick auf die bevorstehende Aktion moralisch aufzurichten, wurde die Brigade zur Retablierung in die Ebene geschickt. Unser Bataillon bezog Quartiere in Vallonara, am Fuß des Hochplateaus.

Die Retablierung dauerte nicht lange, eine Woche nur. Aber es wurde eine wundervolle Woche. Seit einem Jahr, seit Aiello, hatten die Soldaten nicht mehr unter der Zivilbevölkerung gelebt. Erschöpfung und Unlust waren im Nu verflogen, und jedermann trat den Zivilisten gegenüber siegesgewiß und in der Haltung des martialischen Beschützers auf. Wir waren es gewesen, die das Land gerettet hatten. Hätten wir unser Leben nicht in die Schanze geschlagen, dann wäre wohl auch den Menschen hier am Rand der Ebene nichts übriggeblieben, als Häuser und Äcker zu verlassen, verzweifelt ins Landesinnere zu flüchten und dort, angewiesen auf das knauserige

Gnadenbrot des Staates, ein armseliges Leben zu fristen. Voller Bewunderung blickten die Mädchen zu den Soldaten auf.

Für das Bataillon waren dies die schönsten Tage des ganzen Krieges. Die Soldaten waren glücklich. Zwar zählte die Ortschaft Vallonara nur ein paar hundert Einwohner, doch barg das weite, üppige Land zwischen Marostica und Bassano ungezählte Bauernhäuser. Wenn die Soldaten Ausgang hatten, versammelten sie sich – teils in den gewohnten Gruppen, teils im Kreis dienstunabhängiger Freundschaften – in diesen Häusern zu fröhlichem Treiben. Bevölkerung und Soldaten überboten einander an Großzügigkeit. Alles, was die Soldaten hatten, schenkten sie in großmütiger Feststimmung weiter. Sie waren in diesen Stunden die Herren der Ebene.

Jede Kompanie hatte aber auch ihre seßhaften Soldaten. Sie neigten zu Grübelei und Einsamkeit und machten sich nichts aus der Fröhlichkeit der anderen. Sie gingen nicht aus, sondern trieben sich faul und misanthropisch in den Quartieren herum.

Die Jungen aber schwärmten aus wie fahrende Ritter, und suchten sich ein paar glückliche Augenblicke. An den warmen und blühenden Nachmittagen dieser einzigartigen Maiwoche klangen Volkslieder aller Art durch die Kompanie. Die Stimmen der Soldaten waren nicht mehr traurig, und sie paßten zum Gesang der feiernden Frauen. Wie schön das Leben mit einemmal wieder war! Eines Tages ging ich durch die langen grünen Lauben eines Weinbergs. Ich mußte eine Telefonleitung des Bataillons kontrollieren und schaute in die Luft. Plötzlich stolperte ich über einen Soldaten der zehnten Kompanie. Er war in Gesellschaft eines Bauernmädchens. Unter den Reben, ins Gras gekauert, hatten sie sich ihre Geheimnisse anvertraut. Ich hatte sie nicht bemerkt, sonst wäre ich ihnen ausgewichen. Die Begegnung war für sie wie für mich überraschend. Der Soldat schnellte hoch, nahm Haltung an und salutierte. Er war rot geworden und schien verlegen. An seiner Seite erhob sich nun, langsam und anmutig in den Bewegungen, auch die Frau. Sie war schlank und blond, und neben dem braungebrannten Mann mit den schwarzen Haaren wirkte sie noch blonder. Scheu lächelnd blickte sie mich kurz an, dann senkte sie die Augen und schmiegte sich an den Soldaten, als wollte sie ihn beschützen. Ich holte zehn Lire aus der Geldbörse, reichte sie dem Soldaten und sagte:

„Der Hauptmann ist stolz darauf, einen seiner Soldaten in so schöner Begleitung zu sehen."

Der Soldat griff, noch immer verlegen, nach dem Geld, das Mädchen aber wiegte sich anmutig in den Hüften, lachte und sah mich aus großen, weit offenen Augen an. Wie glücklich die beiden waren! Auch ich fühlte mich glücklich.

Glücklich und unglücklich zugleich. Meine eigene Herzensangelegenheit war nämlich alles eher als klar. Mein Freund Avellini schwebte in jenen Tagen auf dem Gipfel der Glückseligkeit. Die bekannte Familie in Marostica lud uns häufig zum Tee ein. Da ich noch immer das Bataillon führte und auch an den Nachmittagen eine Menge dienstlicher Angelegenheiten zu erledigen hatte, konnte ich nur selten hingehen. Er hatte mehr Freizeit und ließ keine Einladung aus.

Überdies war Avellini ein großer persönlicher Erfolg zuteil geworden. Der Brigadekommandant hatte ihn beauftragt, vor allen Offizieren der Brigade einen Vortrag über die Taktik des Gebirgskrieges zu halten. Er bereitete sich mit großem Eifer darauf vor, auch ich stellte ihm meine Erfahrung aus den langen Kriegsjahren zur Verfügung. Im allgemeinen waren uns solche Vorträge noch mehr zuwider als die schweren Geschütze der Österreicher, aber Avellini erwies sich als talentierter Redner. Der General beglückwünschte ihn und meldete ihn dem Divisionsstab als besonders geeigneten Berufsoffizier. Avellini wollte sein Glück mit jemandem teilen. Nach dem Vortrag kam er zu mir und vertraute sich mir an. Die militärische Karriere ging ihm über alles. Er wollte sich als Kompaniechef auszeichnen, in die Militärakademie eintreten, in einem Stab dienen, eine Batterie befehligen und dann ein Infanteriebataillon führen und lernen, immerzu lernen. Auf diese Art gedachte er dem Vaterland zu dienen und das Seine dazuzutun, daß ein großes, starkes Heer Italiens militärischen Ruhm wieder erneuern könnte. Er schien nichts anderes vom Leben zu verlangen als dies.

Am Nachmittag gingen wir zusammen zum Tee nach Marostica. Er war der gefeierte Mittelpunkt.

Die Woche verflog wie ein Traum.

[28]

Die Österreicher erkannten, daß unsere Offensive bevorstand. Deshalb zündeten sie am 8. Juni die große Mine in dem Stollen unter der Zebio-Alm, derentwegen wir die Christnacht in der vordersten Linie hatten verbringen müssen. Die Explosion zerstörte Schützengräben und Stellungen, die Mannschaften wurden verschüttet und mit ihnen auch die Offiziere eines Regimentsstabs, die sich auf einem Erkundungsgang zufällig dort aufgehalten hatten. Die Stellung wurde vom Feind besetzt. Dieses Ereignis erfüllte uns mit schlimmen Vorahnungen.

Am 10. Juni um fünf Uhr morgens begann unsere Artillerie zu feuern. Die große Aktion, die auf einem fünfzig Kilometer breiten Frontabschnitt zwischen dem Assatal und Cima Caldiera vorgetragen werden sollte, hatte begonnen. Auf der Hochebene waren einschließlich der schweren Minenwerfer sicherlich nicht weniger als tausend Geschütze konzentriert. Das gewaltige Trommelfeuer wühlte die Erde auf. Das Donnern und Grollen schien aus dem Erdinnern hervorzubrechen. Der Boden unter unseren Füßen bebte. Das war nicht mehr Artilleriefeuer, es war entfesselte Höllengewalt. Wie oft hatten wir darüber geklagt, daß uns keine Artillerie zur Verfügung stand. Jetzt war sie da, die Artillerie.

Die Einheiten waren aus den Gräben zurückgezogen worden, nur ein paar Posten waren vorn geblieben. Das erste und das zweite Bataillon des Regiments lagen in den während des Winters gegrabenen großen Kavernen. Die vier Kompanien des dritten Bataillons befanden sich dagegen im Freien, bei der zurückgezogenen Talsperre mit den zwei Bunkern. Es waren wohl auch hier einige kleine Unterstände vorhanden, doch waren diese von Artilleristen der Gebirgsbatterie und den Männern unserer MG-Abteilung besetzt.

Die feindliche Artillerie nahm mit ihren schweren Kalibern unsere Batterien unter Beschuß, sie feuerte jedoch nicht auf unsere Schützengräben. Unsere Grabenlinie wurde einzig und allein von unserer eigenen Artillerie beschossen.

Was damals wirklich geschah, wurde niemals hinlänglich aufgeklärt. Einige Batterien von 14,9- und 15,2-cm-Geschützen haben auf uns geschossen. Die in den Kavernen untergebrachten Bataillone litten nicht so sehr darunter, aber mein Bataillon hatte gleich am Anfang schwere Verluste. Major Frangipane, der erst vor ein paar Tagen aus dem Lazarett zurückgekommen war, wurde als einer der ersten verwundet, und ich übernahm wieder die Führung des Bataillons. Die Linie mit den beiden Bunkern, die das Bataillon befehlsmäßig nicht hätte verlassen dürfen, wurde dem Erdboden gleichgemacht. Die Talsperre war so angelegt worden, daß sie Schutz gegen Frontalbeschuß bot; gegen den Beschuß von hinten schützte sie nicht. Die neunte und die zehnte Kompanie verloren die Hälfte der Mannschaft. Ottolenghi holte seine Soldaten aus den Unterständen heraus und sammelte sie im Freien. Er brüllte:

„Wir müssen die Batterien angreifen, die uns beschießen. Wir müssen es ihnen mit MG-Feuer heimzahlen."

Ich sah ihn rechtzeitig, rannte zu ihm und zwang ihn, auf seinen Posten zurückzukehren. Dann verlegte ich die Kompanie einige hundert Meter weiter nach hinten und unterrichtete das Regiment vom Stellungswechsel. Es gab schon viele Tote im Bataillon und zu wenige Bahren für den Abtransport der Verwundeten.

Während ich von einer Einheit zur andern eilte, stürzte ein Artillerieoberst vorüber, gefolgt von zwei Leutnants. Er rannte barhaupt, die Pistole in der Hand, zwischen den Einschlägen der Granaten herum und schrie:

„Bringt uns um! Bringt uns doch um!"

Ich ging auf ihn zu und schlug ihm vor, er solle sich meiner Offiziere bedienen, um den Batterien den Befehl zur Verlegung des

Feuers zu übermitteln. Der Oberst nahm jedoch offensichtlich nicht einmal wahr, daß ich Offizier war. Er antwortete nicht auf meinen Vorschlag und schrie weiter wirres Zeug. Die Leutnants folgten ihm, ohne ein Wort zu sagen, mit irrem Blick. Auch ich begann die Fassung zu verlieren. Das Brigadekommando war für die geplante Aktion vorgezogen worden, es lag nicht weit hinter meinem Bataillonsgefechtsstand. Dorthin lief ich nun. Der Brigadekommandant saß in einer kleinen Kaverne und hielt den Telefonhörer in der Hand. Hastig berichtete ich ihm, was vorging. Der General hörte mich an, mit einer Ruhe, die tiefe Entmutigung und Niedergeschlagenheit ausdrückte. Ich sprach in höchster Erregung, aber er blieb gleichmütig. In meiner Wut ließ ich mich zu dem Ausruf hinreißen:

„Herr General, wieviel Blödsinn wird heute hier angestellt?"

Der General erhob sich mit einem Ruck. Ich dachte, er würde mich hinauswerfen. Doch er ging auf mich zu und umarmte mich unter Tränen:

„Mein Sohn, das ist unser Beruf", antwortete er.

Ich erfuhr, daß er seit einer guten Stunde ununterbrochen Ordonnanzen abschickte und in Fernsprüchen versuchte, das Artilleriefeuer einzustellen, ohne jeden Erfolg. Verzweifelt kehrte ich zum Bataillon zurück. Im Abschnitt des zweiten Bataillons ereigneten sich noch ärgere Dinge. Major Melchiorri hatte sich in eine kleine Kaverne verkrochen, die dicht neben der großen Kaverne lag, in welcher sich die fünfte Kompanie befand. Das Trommelfeuer hatte dem Major arg zugesetzt. Er war Kolonialoffizier und hatte diese Art von Krieg nie zuvor erlebt. Seine Nerven versagten. Er hatte schon eine Flasche Kognak leer getrunken und dann alles, was zum Bataillonsstab gehörte, losgeschickt, um eine weitere Flasche aufzutreiben. Er wartete auf die Flasche, als er aus dem Unterstand der fünften Kompanie tumultartigen Lärm vernahm.

Diese Kaverne war die schwächste im ganzen Regimentsbereich. Sie war als eine der ersten angelegt worden, als die Pioniere noch nicht über ausreichende Erfahrung verfügten. Sie war zwar sehr lang und geräumig, aber zuwenig in den Fels hineingetrieben. Sie hatte Raum für eine Kompanie, doch bot ihre dünne Decke nur dürftigen

Schutz. Sie hätte einem Bombardement mit kleineren Kalibern standgehalten, nicht aber den schwereren. Möglicherweise hätten auch die schweren Kaliber der Kaverne nichts anhaben können, aber die in ihr zusammengepferchten Soldaten hatten das Gefühl, der Unterstand könnte über ihnen zusammenstürzen. Unsere 14,9er- und 15,2er-Geschütze schienen es an jenem Morgen besonders auf diese Kaverne abgesehen zu haben. Einige Granaten, die vor dem Kaverneneingang explodiert waren, hatten mehrere Soldaten und den Kompaniechef, einen Hauptmann, getötet. Und noch immer hielten ganze Batterien den Unterstand unter konzentriertem Feuer.

Die Kompanie war vom andauernden Trommelfeuer betäubt, und der Rauch der Detonationen nahm ihr den Atem. Sie hatte den Kommandanten verloren, und alle Widerstandskraft war dahin. Die Soldaten meinten, die Decke müsse jeden Moment einstürzen und sie alle begraben. Sie wollten hinaus ins Freie. Sie schrien:

„Hinaus! Hinaus!"

Major Melchiorri hörte das Geschrei und schickte jemanden, um nachzusehen. Als ihm gemeldet wurde, daß die Soldaten die Kaverne verlassen wollten, geriet er in maßlose Wut. Laut Befehl hatten die Einheiten die ihnen zugeteilten Standorte vor dem für den Beginn des Angriffs festgesetzten Zeitpunkt nicht zu verlassen.

„Wir stehen vor dem Feind!" brüllte der Major. „Ich befehle, daß sich niemand von der Stelle rührt. Wehe dem, der sich rührt!"

Indessen war eine neue Flasche Kognak eingetroffen, und der Major vergaß die fünfte Kompanie wieder. Das Trommelfeuer ging weiter. Es dauerte nicht lange, und die Kompanie stürzte ins Freie; in einer von der Artillerie verschonten Mulde in der Nähe des Bataillonsgefechtsstandes sammelte sie sich wieder.

Der Major meinte, eine Meuterei sei ausgebrochen. Er war fest überzeugt davon, daß Meuterei vorlag. Eine Kompanie verweigerte unmittelbar vor dem Angriff, nur wenige Meter vom Feind, den Gehorsam, und sie war überdies bewaffnet. Für ihn war der Sachverhalt eindeutig. Es war also erforderlich, sofort und mit aller Energie einzuschreiten, um den Aufruhr zu bestrafen. Wütend rannte er aus seiner Höhle, ließ die Kompanie in Reih und Glied antreten und befahl die Dezimierung.

Die fünfte Kompanie gehorchte dem Befehl ohne Widerstand. Während der Bataillonsadjutant die Soldaten abzählte und jeden zehnten zur Erschießung bestimmte, erreichte die Kunde von der bevorstehenden Dezimierung die anderen Einheiten des Bataillons, und einige Offiziere stürzten herbei. Der Major setzte ihnen auseinander, daß er sein Vorgehen durch ein Rundschreiben des Oberkommandos über die Todesstrafe nach einem standrechtlichen Ausnahmeverfahren gerechtfertigt sehe. Unter den anwesenden Offizieren befand sich auch der Chef der sechsten Kompanie, Hauptmann Fiorelli, der diese Einheit in den Augustkämpfen geführt hatte. Er war nach der Ausheilung seiner Verwundung zum Hauptmann befördert worden und hatte wieder die Führung seiner alten Kompanie übernommen. Fiorelli gab dem Major zu bedenken, daß das Verbrechen der Meuterei vor dem Feind nicht vorliege und daß der Bataillonskommandant – selbst im Falle, daß der Tatbestand gegeben wäre – nicht das Recht hätte, ohne Rücksprache mit dem Regimentsstab die Dezimierung zu befehlen.

Der Widerspruch des Hauptmanns erregte den Major noch mehr. Er griff nach der Pistole und hielt sie Fiorelli an die Brust:

„Schweigen Sie! Halten Sie den Mund! Sonst machen Sie sich zum Komplizen der Meuterer und sind des gleichen Verbrechens schuldig. Ich bin hier der allein verantwortliche Kommandant. Ich bin angesichts des Feindes Richter über Leben und Tod der meinem Kommando unterstellten Soldaten, wenn sie gegen die Kriegsdisziplin verstoßen."

Der Hauptmann ließ sich nicht aus der Ruhe bringen. Er bat mehrmals höflich um die Erlaubnis, etwas sagen zu dürfen. Doch der Major befahl ihm zu schweigen.

Die Auszählung war beendet. Zwanzig Soldaten der fünften Kompanie waren von ihren Kameraden abgesondert worden und warteten.

Der Major befahl Habtacht und nahm selbst Haltung an. Das Donnern und Grollen des Trommelfeuers war ohrenbetäubend; er mußte brüllen, um sich allen verständlich zu machen. Feierlich verkündete er:

„Ich, Major Melchiorri Cavaliere Ruggero, Führer des zweiten Bataillons des Infanterieregiments 399, ordne im Namen des obersten Befehlshabers der Streitkräfte, Seiner Majestät des Königs, und unter Berufung auf die von seinem Generalstabschef, Exzellenz General Cadorna, erlassenen Ausnahmebestimmungen an: Die Soldaten der fünften Kompanie, die sich des Verbrechens der bewaffneten Meuterei vor dem Feind schuldig gemacht haben, sind standrechtlich zu erschießen."

Der Major hatte sich in eine hochgradige Exaltiertheit hineingesteigert und hörte nur noch sich selbst. Die übrigen anwesenden Offiziere, die fünfte Kompanie und die zwanzig Todeskandidaten waren hingegen in einer ganz anderen Geistesverfassung. In unserer Brigade hatte es noch nie eine Erschießung gegeben. Diese Dezimierung erschien allen als ein so überstürztes und außergewöhnliches Unterfangen, daß niemand es ernstlich für möglich hielt. Doch muß ein Drama nicht von allen geglaubt werden, damit es sich vollziehen kann. Major Melchiorri stand im Mittelpunkt des Dramas, er war der Protagonist, und nichts konnte ihm Einhalt gebieten.

Der Major befahl Hauptmann Fiorelli, er solle einen Zug seiner Kompanie zum Exekutionskommando bestimmen und dessen Führung übernehmen.

„Ich bin Kompanieführer", antwortete der Hauptmann, „und kann als solcher nicht einen Zug kommandieren."

„Sie weigern sich also, meinen Befehl auszuführen?" fragte der Major.

„Ich weigere mich nicht, einen Befehl auszuführen. Ich bringe nur vor, daß ich Hauptmann bin und nicht Leutnant, nicht Kompanieführer und nicht Zugführer."

„Kurz und gut", brüllte der Major und richtete die Pistole wieder auf den Hauptmann, „wollen Sie nun den Befehl, den ich Ihnen erteilt habe, ausführen oder nicht?"

Der Hauptmann antwortete:

„Nein, Herr Major."

„Sie gehorchen nicht?"

„Nein, Herr Major."

Der Major zögerte. Er schoß nicht.

„Also", sagte er dann, „befehlen Sie, daß ein Zug Ihrer Kompanie antritt."

Der Hauptmann gab den Befehl an den Leutnant weiter, der den ersten Zug der sechsten Kompanie führte. In ein paar Minuten war der Zug aus der Kaverne in Reih und Glied angetreten. Der Major befahl dem Leutnant, die Waffen laden zu lassen, und dieser wiederholte den Befehl der Mannschaft. Die Gewehre waren schon geladen. Dem Zug gegenüber standen bewegungslos und verwundert die zwanzig Männer.

Der Major befahl anzulegen.

„Legt an!" wiederholte der Leutnant.

Der Zug brachte die Gewehre in Anschlag.

„Befehlen Sie Feuer!" schrie der Major.

„Feuer!" befahl der Leutnant.

Der Zug führte den Befehl aus. Aber die Soldaten hatten viel zu hoch gezielt. Die Salve ging über die Köpfe der Verurteilten hinweg, und diese blieben stehen, als wäre nichts geschehen.

Hätten die Soldaten des Zuges und die zwanzig die Dinge miteinander abgesprochen gehabt, so hätten die Verurteilten nach der Salve sich zu Boden fallen lassen und sich tot stellen können. Aber sie hatten untereinander nur Blicke ausgetauscht. Nach der Salve lächelte einer der zwanzig. Ein Wutanfall packte den Major, der nunmehr jede Selbstkontrolle verlor. Er zog die Pistole und ging mit verzerrtem Gesicht auf die Verurteilten zu. In der Mitte der Reihe hielt er inne und brüllte:

„Nun gut, dann werde ich selbst die Rebellen bestrafen."

Es blieb ihm gerade Zeit, drei Schüsse abzugeben. Der erste Schuß traf einen Soldaten in den Kopf, er stürzte vornüber. Nach dem zweiten und dem dritten Schuß brachen zwei andere Soldaten zusammen; sie waren in die Brust getroffen.

Hauptmann Fiorelli hatte die Pistole gezogen.

„Herr Major, Sie sind wahnsinnig", sagte er.

Ohne einen Befehl erhalten zu haben, feuerte das Exekutionskommando auf den Major. Melchiorri brach, von Kugeln durchsiebt, zusammen.

Es fehlten nur noch wenige Minuten bis zum Beginn des Angriffs. Auch die 14,9-cm- und die 15,2-cm-Kanonen hatten ihr Feuer nun vorverlegt und verschonten uns. Unsere Stellungen waren von den Einschlägen umgepflügt worden. Von den Wachtposten, die wir vorn gelassen hatten, lebte keiner mehr. Aber auch in die feindlichen Gräben und Hindernisse hatte das Trommelfeuer breite Breschen geschlagen, durch die der Sturm vorgetragen werden konnte. Mein Bataillon hatte sich im Graben gesammelt. Ich sah, wie die fünfte und die sechste Kompanie, dahinter dann die siebente und die achte in Haufen aus unseren Gräben stürmten und in die feindlichen Stellungen einbrachen. Unmittelbar danach griff mein Bataillon an, weiter rechts. Das erste Bataillon und ein Bataillon des Schwesterregiments unserer Brigade hatten gleichfalls die feindlichen Stellungen besetzt. Sie waren voll von Toten.

Im ganzen weiten Frontabschnitt zwischen dem Assatal und Cima Caldiera hatten nur diese vier Bataillone die österreichischen Stellungen stürmen können. Sonst wurden unsere Angriffe überall zurückgeschlagen. Die Mine unter der Höhe 1496, am äußersten linken Ende unseres Divisionsabschnitts, begrub unsere eigenen Leute und zerstörte alle Zugänge zu den österreichischen Stellungen. Unsere Verluste waren hoch. Ich hatte die Aktion als Kompaniechef begonnen; nach dem Angriff führte ich das Kommando über zwei Bataillone, das dritte und das erste. Es gab in beiden außer mir keinen Hauptmann mehr.

Nachdem das Unternehmen nur in unserem Sektor Erfolg gehabt hatte, waren die eroberten vorgeschobenen Stellungen dem Flankenfeuer des Feindes ausgesetzt; unsere Lage wurde bald unhaltbar. Nach Einbruch der Nacht erhielten wir den Befehl, auf die Ausgangsstellungen zurückzugehen.

Nachts kam Hauptmann Fiorelli zu mir. Er war sehr niedergeschlagen und berichtete mir über das Ende des Majors. Er glaubte mitschuldig an dessen Tod zu sein. Er sagte, er habe alles getan, um beim Angriff zu fallen, doch habe ihn das Schicksal am Leben lassen wollen. Deshalb fühle er sich verpflichtet, den Vorfall dem Regimentskommando zu melden. Es war nicht möglich, ihn davon abzubringen. Tags darauf erstattete er in einem schriftlichen Bericht Meldung gegen sich. Der Bericht wurde sofort an die Stäbe der Brigade, der Division und des Armeekorps weitergeleitet. Fiorelli, der Adjutant des zweiten Bataillons und der Leutnant der sechsten Kompanie wurden festgenommen und dem Militärgericht überstellt. Von einer Carabinierieskorte unter der Führung eines Hauptmanns geleitet, stiegen die drei Offiziere ab. Ihr Weg führte sie mitten durch die Stellungen meines Bataillons. Als sie vorbeigingen, erhoben sich die Soldaten, nahmen Haltung an und salutierten.

[29]

Ich erzähle und befrage nur das, was in mir einen bleibenden Eindruck hinterlassen hat.

Am 19. wurde die Angriffsaktion wiederaufgenommen, doch blieb mein Bataillon, das die schwersten Verluste erlitten hatte, als Brigadereserve hinten; es griff nicht in die Kämpfe ein.

Die meisten Verwundeten des Bataillons waren von den Divisionsambulanzen in Etappenspitäler gebracht worden. Avellini war besonders schwer getroffen. Er war nicht transportfähig, man behielt ihn also im Feldspital in der Nähe von Croce di Sant'Antonio. Er war verwundet worden, als er an der Spitze seiner Kompanie in die feindlichen Stellungen einbrach. Seine Verletzungen waren ernst. Er hatte ein Auge verloren. Noch schlimmer war jedoch eine Unterleibsverwundung. Bevor die Sanitäter ihn fortgetragen hatten, hatte er nach mir verlangt; er wollte mir Lebewohl sagen. Ich erkannte damals schon, wie ernst es um ihn stand. Er versuchte sich auf der Bahre aufzurichten und strengte sich dabei sehr an, sodaß er ohnmächtig zurückfiel. Seither hatte ich ihn nicht mehr gesehen. Obwohl das Bataillon in Reservestellung lag, lasteten so viele dienstliche Angelegenheiten auf mir, daß ich ihn nicht besuchen konnte. Ich telefonierte ab und zu mit dem Leiter des Lazaretts und wurde über Avellinis Befinden unterrichtet. Er lag immer in hohem Fieber.

Am 22. telefonierte mir der Leiter des Lazaretts, Avellini wolle mich sogleich sehen, ich solle keine Zeit verlieren, sein Zustand sei hoffnungslos. Ich erbat beim Regimentskommando die Erlaubnis, mich für einige Stunden vom Bataillon entfernen zu dürfen, und erhielt sie.

Wie sehr hatte mein Freund sich verändert! Er hatte seit dem 10. keinen Bissen gegessen; die Unterleibsverwundung zwang ihn zu absolutem Fasten. So stark und lebendig er früher war, so hinfällig war er jetzt. Wie er so dalag auf dem schmalen Feldbett, regungslos, mit blassen Lippen, glich er einem Leichnam. Nur ein Zucken um den Mund, das wie ein bitteres Lächeln aussah, verriet, daß er noch lebte und litt. Ich merkte sofort, daß es mit ihm zu Ende ging. Ich dachte an seine Zukunftsträume: an die Karriere im Heer, den Dienst im Generalstab, die Beförderungen, die große nationale Armee ... Armer Avellini! Und ich hoffte, er würde auch jetzt wieder davon reden.

Ein Verband lag über beiden Augen; er konnte mich also nicht sehen, als ich eintrat. Doch erkannte er mich an meinem Gang. Mit einer so dünnen Stimme, daß ich ihn kaum hören konnte, rief er mich beim Namen.

„Ja, ich bin es“, sagte ich. „Aber du solltest nicht sprechen. Du darfst dich nicht anstrengen. Laß nur mich reden. Der Arzt hat gesagt, daß er wirklich Hoffnung hat. Aber du darfst dich nicht anstrengen. Im Bataillon denken alle an dich, und wir wollen dich bald wieder bei uns haben. Du mußt zusehen, daß du gesund wirst. Es hat ja keine Eile. Der Krieg wird noch lang genug dauern, leider. Alle lassen dich grüßen. Vor allem haben mir die Soldaten deiner Kompanie aufgetragen ...“

„Die Soldaten?“

„Ja, die Soldaten. Ich bin, bevor ich hergekommen bin, eigens bei ihnen gewesen. Und auch der Oberst läßt dich grüßen. Ich habe dir in seinem Namen etwas mitzuteilen, das dich freuen wird ...“

„Danke. Vielen Dank. Laß jetzt mich reden ... Weißt du, es ist aus ...“

„Wohin denkst du denn? Du sollst nicht solche Dummheiten sagen. Denk daran, daß du gesund werden mußt.“

Die geringste Anstrengung bereitete ihm Schmerzen. Die wenigen Worte hatten ihn schon ermüdet. In seinem Gesicht schien nur noch Raum zu sein für die gequälten Züge des Leidens.

Ich hatte Neuigkeiten für ihn, die ihm sicherlich willkommen sein mußten. Vielleicht würden sie ihn ermutigen.

„Es gibt auch eine schöne Neuigkeit für dich. Rate einmal ..."

Er machte eine Geste mit der Hand. Drückte sie Neugier aus oder Teilnahmslosigkeit und Ermattung?

Ich sprach weiter:

„Man hat dich für die Silberne Tapferkeitsmedaille eingegeben. Außerdem hat man deine Beförderung zum Hauptmann für Tapferkeit vor dem Feind vorgeschlagen. Das Brigadekommando hat zu allem seine Zustimmung gegeben. Die höheren Stäbe werden die Vorschläge sicherlich akzeptieren. Dies läßt dir der Oberst durch mich sagen."

Er hob die dürren Hände; kraftlos fielen sie auf das Bett zurück. Es war, als wollte er sagen: Wozu das alles noch?

„Ich habe dich gerufen, du weißt, weswegen ich dich gerufen habe ... Komm ganz nahe, wie ein Bruder ... Laß mich reden ..."

Er sprach schwer und stockend:

„Das Paket Briefe, erinnerst du dich?"

„Ja, sehr gut."

„In meinem Ordonnanzgepäck beim Train findest du nun zwei Pakete. Du weißt, wem du sie schicken sollst."

Ich zwang mich zu einem scherzhaften Ton und sagte, um ihn ein wenig zu ermuntern:

„Diese Briefe bringen Glück. Sie haben schon damals, als die Mine hochgehen sollte, Glück gebracht. Und sie werden wieder Glück bringen, jetzt, für deine Genesung."

„Ja, sie bringen Glück. Ja. Du kannst sie mit der Post schicken, aber es wäre mir lieber, wenn du sie direkt übergeben könntest. Dann kannst du auch den da mitnehmen."

Ich hatte nicht bemerkt, dass auf dem Bett, unter seiner Hand, ein Brief lag. Er reichte ihn mir:

„Bitte, lies ihn mir vor. Komm näher, ganz nahe."

Ich nahm den Brief und rückte den Sessel ganz nahe ans Bett. Der Brief war ungeöffnet. Ich fragte:

„Soll ich ihn also öffnen?"

„Ja, ja, aber komm näher.“

Ich beugte mich über das Bett und betrachtete das Kuvert. Der Brief war an ihn adressiert und trug den Poststempel von Marostica. Ich zitterte. Ich riß ihn auf; er enthielt zwei vollgeschriebene Blätter. Ich fürchtete mich davor, den Brief zu lesen.

Er fragte:

„Hast du ihn geöffnet?“

„Ja.“

„Lies, bitte. Tu mir den Gefallen.“

Ich entfaltete die Briefbögen und suchte die Unterschrift. Es war der Name der blonden jungen Dame. Ich begann zu lesen, mit zitternder Stimme:

„Mein Kleiner ...“

Avellini legte die Hände auf die verbundenen Augen, als wollte er die Tränen verbergen. Er weinte. Ich hielt im Lesen inne und blieb still. Ich ließ ihn weinen und schwieg. Nach ein paar Minuten bat er:

„Lies. Lies weiter.“

Ich las. Keine Frau kann Zärtlicheres schreiben als das, was ich an diesem Bett las. Ich mußte immer wieder im Lesen innehalten; Avellini war nicht mehr imstande, die Tränen zurückzuhalten.

„Was könnte es mir noch ausmachen zu sterben? Was könnte es mir ausmachen?“

Ich las den Brief zu Ende. Er bat, ich solle ihn noch einmal lesen. Ich las ihn wieder und mußte, wie das erstemal, immer wieder unterbrechen, sooft die Rührung den Freund übermannte.

„Auch das Sterben ist schön ...“

Er nahm den Brief wieder an sich und streichelte ihn lang. Dann sagte er:

„Laß ihn noch da. Du kannst ihn holen, wenn ich tot bin.“

Die Zeit meines Urlaubs war abgelaufen. Ich mußte zurück zum Bataillon. Ich brachte es nicht über mich, noch einmal von Hoffnung zu reden. Indem ich mich erhob, fragte ich:

„Soll ich in der Kompanie etwas ausrichten? Oder dem Oberst?“

„Ja, ja, danke.“

Er griff mit den Händen nach mir und zog mich an sich.

„Geh du zu ihr, selber. Ich wünsche mir, daß du gehst. Und sag ihr, daß mein letzter Gedanke ihr gegolten hat. Daß ich immer an sie gedacht habe. Sag ihr, daß ich zufrieden sterbe.“

Ich beeilte mich zum Bataillon zu kommen. Doch war ich so erregt, daß ich am Bataillonsgefechtsstand vorbeirannte und schließlich in die Schützengräben kam. Da erst bemerkte ich, daß ich mehr als einen Kilometer über den Abschnitt meines Bataillons hinausgelaufen war.

Kaum war ich wieder im Bataillonsgefechtsstand, wurde ich zum Telefon gerufen. Es war der Leiter des Lazaretts. Er redete verlegen und gewunden herum. Avellinis Zustand, sagte er zuerst, habe sich weiter verschlechtert, er sei sehr, sehr ernst, es bestünden überhaupt keine Hoffnungen mehr. Schließlich sagte er, daß Avellini gestorben sei und daß er einen Brief für mich hinterlassen habe.

Ich stürzte aus der Kommandobaracke. Draußen standen Offiziere und Soldaten herum. Ich wußte nicht, was ich sagen und was ich tun sollte. Schließlich machte ich mich auf und ging zur neunten Kompanie. Ich dachte, es wäre meine Pflicht, der Kompanie persönlich die traurige Nachricht zu überbringen. Der einzige Offizier, der die Aktion vom 10. Juni überlebt hatte, war der Leutnant, der die Kompanie nun führte. Er war Avellini sehr zugetan gewesen. Ich brachte es nicht zuwege, schonend herumzureden, und sagte unvermittelt:

„Avellini ist gestorben, jetzt, vor ein paar Minuten.“

„Avellini gestorben?“ fragte der Leutnant.

„Gestorben, ja. Eben jetzt.“

Er blickte mich starr und entsetzt an und wiederholte:

„Gestorben ... Er ist gestorben ... Avellini gestorben.“

Plötzlich hatte ich das Gefühl, als überfiele ihn ein Gedanke, der mit uns beiden und mit der Nachricht, die ich überbracht hatte, nichts zu tun hatte, eine Art Zweifel vielleicht. Dieser Gemütszustand dauerte nur einen Augenblick lang. Dann riß er mit einer hastigen Bewegung die Schnapsflasche an sich, schenkte sich ein Weinglas voll ein und leerte es in einem Zug, wie eine Medizin.

Ich war fassungslos und bebte vor Zorn.

„Was soll das bedeuten?“ fuhr ich ihn an. „Ich sage Ihnen, daß Ihr Kompaniechef gestorben ist, und Sie wissen nichts Besseres zu tun, als einfach loszusaufen, und dies vor Ihrem Bataillonskommandanten. Und so etwas will Offizier sein? Ein Offizier, Sie?“

Der Leutnant schien aus einem Traum aufzuschrecken. Er stammelte:

„Bitte entschuldigen Sie, Herr Hauptmann. Ich habe nicht bemerkt, daß ich getrunken habe. Ich wollte nicht trinken. Ich merke es erst jetzt. Verzeihen Sie, bitte.“

Ich ging denselben Weg zum Kommando zurück, den ich gekommen war. Wie traurig erschien mir das Leben. Jetzt war auch Avellini gegangen. Es war keiner mehr da von den alten Freunden im Bataillon. Auch Ottolenghi war schwer verwundet worden bei der Aktion am 10. Ich wußte nicht einmal, in welchem Spital er lag. So war ich also wieder einmal allein. Wieder einmal waren alle von mir gegangen. Und nun mußte ich die Briefe finden, erzählen, erklären. Es ist nicht wahr, daß der Selbsterhaltungstrieb ein ehernes Gesetz des Lebens ist. Es gibt Augenblicke, da lastet das Leben schwerer auf einem als die Erwartung des Todes.

[30]

Um die Julimitte stieg die Brigade zur Retablierung ab. Sie bezog Quartiere zwischen Asiago und Gallio, an der Auffangstellung von Monte Sisemol, wo die Soldaten zu Schanzarbeiten eingesetzt wurden. Hier waren wir zwar noch immer dem Feuer der feindlichen Artillerie ausgesetzt, doch konnten wir uns in festen Erdunterständen gut schützen. Mitunter kreiste ein einsames feindliches Aufklärungsflugzeug in großer Höhe über uns, aber die Rotten unserer Jagdflugzeuge, die von den Flugplätzen um Bassano aufstiegen, vertrieben es sofort wieder. Bombenflugzeuge störten unsere Ruhe nicht. Auf die tragischen Tage folgten nun wieder fast fröhliche Stunden. Die Leichtverwundeten rückten wieder zum Bataillon ein, und der Ersatz, Offiziere und Mannschaften, füllte die Lücken in den Einheiten auf. Der Oberleutnant der Kavallerie, Grisoni, war nach langwieriger Genesung wieder unserem Bataillon zugeteilt worden und übernahm die Führung der zwölften Kompanie. Infolge der auf dem Monte Fior erlittenen Verwundung humpelte er wohl noch, doch hatte er den Humor nicht verloren. Seine Fröhlichkeit verscheuchte manche traurige Erinnerung. Bald begann man zu vergessen. Das Leben behielt die Oberhand. Meine Ordonnanz, die ebenfalls verwundet worden war, kam aus dem Spital zurück und begann wieder, im Buch über die Vögel zu lesen. Ich vertiefte mich in die Lektüre von Ariost und Baudelaire.

Eines Abends, bei Sonnenuntergang, befand ich mich auf der Landstraße, die vom Ronchital zum Monte Sisemol führte. Ich kam vom Regimentsstab, der sich in Ronchi niedergelassen hatte. Auf halbem Wege begegnete ich einem Oberst; er ritt eine Fuchsstute und war allein. Auch ich war zu Pferd und allein. Ich salutierte und ritt weiter. Nach ein paar Schritten hörte ich meinen Namen rufen. Ich wandte mich um; es war der Oberst, der mich angesprochen hatte. Also ritt ich zurück.

„Zu Befehl, Herr Oberst!"

„Kommen Sie, kennen Sie denn Ihre Vorgesetzten nicht mehr?"

Es war Oberst Abbati, jener Offizier des Regiments 301, der den Lesern von Stoccaredo und vom Monte Fior her bekannt ist. Die rote Farbe unter den Sternen zeigte an, daß er Regimentskommandant geworden war.

„Verzeihen Sie bitte, Herr Oberst", sagte ich. „Ich hatte Sie im Moment nicht erkannt."

Es war in der Tat schwer, ihn auf Anhieb wiederzuerkennen. Er war abgemagert und gealtert. Seine einst bernsteinfarbene Haut hatte eine zitronengelbe Blässe angenommen, und die Augen lagen tief in den Höhlen. Er schien matt und krank. Er fragte einiges über mein Regiment; dann sagte er:

„Haben Sie zu trinken angefangen?"

„Alles beim alten, Herr Oberst."

„Ich weiß nun wirklich nicht mehr, ob das gut ist oder schlecht. Die Sache ist komplizierter, als ich zunächst gedacht hatte. Sehen Sie mich an. Finden Sie, daß ich mich verändert habe?"

„Ein wenig erschöpft sind Sie, habe ich den Eindruck. Ein wenig erschöpft. Aber sonst haben Sie sich eigentlich nicht verändert."

„Ein wenig erschöpft? Ich bin fertig, sag' ich Ihnen, fertig! Es wird nicht mehr lange dauern, und sie werden mich zum General befördern. General – für Tapferkeit vor dem Schnaps! Der Oberst Abbati hat es fertiggebracht, den Kriegsinstinkt zu töten. Aber der Schnaps hat den Oberst Abbati getötet."

„Nein, das sollten Sie nicht sagen, Herr Oberst."

„Das ist", fuhr er fort, „kein Krieg mehr von Infanterie gegen Infanterie, von Artillerie gegen Artillerie. Nein, es ist der Krieg von Schnapsbrennereien gegen Schnapsbrennereien, von Fässern gegen Fässer, von Flaschen gegen Flaschen. Was mich anlangt, haben die

Österreicher gewonnen. Ich gebe mich geschlagen. Sehen Sie mich gut an: Ich habe verloren. Finden Sie nicht, daß ich aussehe wie ein Mensch, der am Ende ist?"

„Ich finde, daß Sie gut zu Pferd sitzen, Herr Oberst."

„Ich hätte auch etwas Wasser trinken sollen und viel Kaffee. Aber jetzt ist es dafür zu spät. Der Kaffee regt den Geist an, aber er verbrennt ihn nicht. Der Schnaps steckt ihn in Brand. Ich habe mir das Hirn ausgebrannt. Ich habe nur noch kalte Asche im Kopf. Ich schüttle sie noch, die Asche, und schüttle sie durch, weil ich hoffe, daß ich noch ein Körnchen finde, das nicht verbrannt ist. Aber es ist nichts mehr da. Wenn wir wenigstens noch Schnee und Eis um uns hätten! Doch ist auch die Kälte vorüber. Unter dieser verdammten Sonne sehe ich immerzu nur Kanonen und Gewehre und Tote und Verwundete, die wimmern und heulen. Ich suche Heilung im Schatten. Aber lang mach' ich's nicht mehr. Auf Wiedersehen, Hauptmann."

Einige Tage nach dieser Begegnung saß ich mittags mit den Offizieren im Kasino beisammen. Wir warteten auf die Rückkehr eines Leutnants der elften Kompanie, den ich zum Regimentskommando geschickt hatte, um Ausrüstung zu fassen. Es war schon Essenszeit, und der Leutnant war noch nicht da. Wir setzten uns ohne ihn zu Tisch. Wir hatten schon fast fertig gegessen, als er kam.

„Eine halbe Stunde Verspätung. Zahl zwei Flaschen!" empfingen ihn schreiend die jüngeren Kameraden.

„Muß er zahlen?" fragte der Tischälteste.

„Ja!" antworteten die Offiziere im Chor.

„Gut. Zwei Flaschen", sagte der Leutnant. „Aber ich muß euch erzählen, warum ich mich verspätet habe."

„Nicht nötig", meinte Grisoni, der Kavallerieoffizier, „die zwei Flaschen tun's auch!"

„Nein, ich muß euch erzählen, was passiert ist."

Alle rund um den Tisch hörten ihm zu.

„Ich kam von Ronchi. Es war auf der Straße, die den Fluß entlang führt. Die Sonne brannte. Als ich zu dem weißen Häuschen kam, dort wo die Bäume an der Straße stehen, sah ich einen Mann zu

Pferd; er ritt langsam und wich der Sonne aus, wo es ging. Unter den Bäumen hielt er das Pferd im Schatten an. Dann stellte sich der Mann auf den Sattel, kletterte auf einen Ast und verschwand im Laub. Ich sah nur noch das Pferd, das ruhig dastand. Ich hielt mich versteckt. Nach ein paar Minuten tauchte der Mann wieder auf, aus dem Laubwerk, aber diesmal mit dem Kopf nach unten. Kopf und Füße baumelten schließlich in gleicher Höhe in der Luft. Ich war baff. Vielleicht ist das einer, der Gymnastik betreibt? dachte ich. Es kam mir aber seltsam vor, daß jemand auf diese Art turnen sollte. Ich hielt mich verborgen, und weder der Mann noch sein Pferd konnten mich sehen. Der Mann ließ sich in den Sattel fallen und stützte sich mit den Händen auf. Jetzt saß er wieder da, wie ein Mensch sich normalerweise auf dem Pferd hält. Er ruhte sich aus, nahm die Feldflasche und trank. Dann hängte er die Feldflasche wieder an den Sattel und begann das Ganze von vorn: Er kletterte in die Krone, verschwand und tauchte kopfunter wieder auf. Dann ließ er sich wie vorher in den Sattel fallen und trank. Ich hielt mich verborgen, eine halbe Stunde lang. Die Straße war wie ausgestorben. Er wiederholte die Übung dreimal. Ich wollte näher schleichen, um ihn besser zu sehen, aber gerade da klapperte lärmend ein Fuhrwerk daher. Der Mann sprang in den Sattel, gab dem Pferd die Sporen, und weg war er."

„War das Pferd ein Fuchs?" fragte ich.

„Ja, ein Fuchs."

„Weiß gefleckt an zwei Beinen?"

„Ja, an zwei Beinen."

„Haben Sie sehen können, ob der Mann Offizier war?"

„Das habe ich nicht genau sehen können. Ich war ja ziemlich weit weg, in der prallen Sonne, und wo er war, lag dichter Schatten. Für mich war es dort finster."

„War er klein, dürr?"

„Ja, er schien sehr dürr und klein."

Es gab keinen Zweifel mehr. Armer Oberst Abbati! Jetzt ging's mit ihm zu Ende.

Beim Kaffee wurde das Gespräch wieder lebhafter. Ein Leutnant, der an der Universität Rom Sprachen studierte, rezitierte eine Satire des Juvenal, zuerst lateinisch, dann die von ihm verfaßte Übertragung in italienische Verse. Alle klatschten.

„Das Lateinische hättest du dir schenken können", sagte Oberleutnant Grisoni. „Ich habe zehn Jahre lang Latein studiert und war immer der Klassenbeste, aber von den Versen, die du da aufgesagt hast, habe ich kein Wort verstanden. Außerdem sprichst du das Lateinische aus, als hättest du den Mund voller Erbsen."

Es war eine fröhliche Runde. Niemand hatte das Gefühl, daß wir auch hier noch in Reichweite der feindlichen Artillerie lebten. Auf alle Fälle konnte man wieder einmal frei atmen. Der Krieg schien vorbei und vergessen.

Das Schrillen des Telefons unterbrach die Unterhaltung. Ich ging hin und nahm Hörer und Sprechmuschel. Die Offiziere schwiegen. Der Regimentsadjutant verlangte mich zu sprechen.

„Was gibt's?" fragte ich.

„Ihr müßt euch bereit halten. Das Regiment steigt morgen ab."

„Retablierung in der Ebene?" fragte ich vergnügt.

„Nein. Zu viel Ruhe ist nichts für uns."

„Und wohin geht's dann?"

„Auf die Hochebene von Bainsizza. Dort hat die Offensive begonnen, und der Armeekommandant selbst hat die Brigade angefordert."

„Welche Auszeichnung!"

„Was willst du dagegen tun? Ist das Bataillon marschbereit?"

„Ja. Das Bataillon ist bereit. Aber steht es wirklich fest, daß wir auf die Bainsizza kommen?"

.„Ja. Ich selbst habe den Befehl dechiffriert."

„Und wann geht's los?"

„Das wirst du morgen erfahren, beim Rapport der Bataillonskommandanten."

„Gut. Auf Wiedersehen."

„Auf Wiedersehen."

Die Offiziere hielten den Atem an. Sie hatten zwar nicht gehört, was der Adjutant gesagt hatte, aber aus meinen Antworten hatten sie alles begriffen. Schweigend schauten sie mir in die Augen. Beklemmung lag auf ihren Gesichtern. Grisoni füllte sein Glas.

„Laßt uns trinken!“ rief er. „Auf die Bainsizza!“

Die Kameraden taten es ihm nach.

Die Bainsizza-Offensive.

Der Krieg hatte uns wieder.

Claus Gatterer

[Nachwort]

Vergeblich wird man in Abhandlungen über die neuere italienische Literatur den Namen des Sarden Emilio Lussu suchen. Lussu ist Politiker, Parteigründer, revolutionärer Sozialist. Er ist eine der legendären Gestalten des italienischen (und des europäischen) Antifaschismus. Er ist ein nimmermüder Künder der föderalistisch-republikanischen Erneuerung Italiens. Lussu ist ein hervorragender Redner, einer der besten im italienischen Parlament, und Verfasser politischer Schriften. Aber Literat? Erzähler? Nein, in *der* Gasse sucht man Lussu nicht.

Die meisten italienischen Literaturkritiker nahmen *Un anno sull'altipiano* erst 1964 zur Kenntnis, als Einaudi die dritte Ausgabe verlegt hatte (die erste war 1938 im Pariser Emigrantenverlag *Edizioni Italiane di Cultura,* die zweite 1945 bei Einaudi erschienen). Nun pries man das Buch freilich als das wahrscheinlich beste erzählende Werk, das in jenem Jahr in Italien veröffentlicht worden war (Giansiro Ferrata), und man bedauerte sehr, „daß es nicht auch in diesem Jahr geschrieben" worden sei. Ein Jahr später, 1965, legte Einaudi die Neuauflage von *Marcia su Roma e dintorni* (Marsch auf Rom und Umgebung) vor. Auch dieses Buch über die Machtergreifung des Faschismus ist zumindest ebensosehr Erzählung wie Historiographie. Dennoch überließ die Literaturkritik die Rezension des Werkes wieder professionellen politischen und historiographischen Federn.

Der Literat Lussu ist ein schwieriger Fall. Er paßt in keine Richtung und gehört auch keiner an. Er lebt fernab vom literarischen Getriebe. Er hat mit dem, was es in Italien an Kriegsliteratur gibt – von Piero Jahier über Carlo Emilio Gadda bis Giani Stuparich –, wenig gemein. Die schmunzelnd-besinnliche Ironie im *Jahr auf der Hochebene* gemahnt die Italiener an den Schwejk des Pragers Jaroslav Hašek, und Lussus erzählerischer Rhythmus erinnert an Ernest Hemingways *A Farewell to Arms.* Aber ist es wirklich nötig, Maßstäbe und Vergleiche so weit herzuholen? Lussu ist ein ursprüngliches Erzählertalent. Sein Stil ist volkstümlich im besten Sinn. Er setzt die schlichte, karge Art bäuerlichen Geschichtenerzählens auf Sardinien in eine ebenso schlichte und karge literarische Form um. Es ist die sparsame Sprache jener Italiener, die viel auszusagen haben.

Emilio Lussu ist Literat wider Willen. Es waren – außer seinem Talent – widrige Umstände und gute Freunde, die ihn dazu brachten, auch *Literatur* zu schreiben. Typen wie er sind schwer zu rubrizieren. Daher die Abneigung der Literaturkritik, sich mit ihnen zu befassen.

Die vier wichtigsten Bücher Emilio Lussus wurden zwischen 1929 und 1938 im Exil geschrieben und veröffentlicht: 1929 *La catena* (Die Kette), 1933 *Marcia su Roma e dintorni,* 1936 *Teoria dell'insurrezione* und 1938 *Un anno sull'altipiano.* 1956 publizierte Lussu *Diplomazia clandestina,* ein dünnes Bändchen, das über die abenteuerlichen diplomatisch-konspirativen Reisen und Unternehmungen des Verfassers zwischen 1940 und 1943 berichtet; in *Fronti e frontiere* (Bari, 1967) behandelte Joyce Lussu diese Irrfahrten zwischen Frankreich, Madrid, Lissabon, London, New York, wieder London und Frankreich aus der Sicht der Gattin und Kampfgefährtin. Im Frühjahr 1968 erschien Lussus jüngstes Werk, *Sul Partito d'Azione e gli altri.*

Das Exil zwang Lussu zu publizistischem Broterwerb. Es gewährte ihm die dafür erforderliche Muße. Ohne diese und ohne den wirtschaftlichen Zwang wären die Pariser Bücher vielleicht überhaupt nicht oder zumindest nicht in dieser Form geschrieben worden.

Lussu hatte sich 1926/27 in der langen Untersuchungshaft auf Sardinien eine schwere Lungenerkrankung zugezogen. Die Tantiemen für die englischen Übersetzungen der ersten Bücher gestatteten ihm erst 1936, sich in Paris einer Operation zu unterziehen. Die Ärzte verordneten ihm eine Ruhepause in den Schweizer Bergen. Im Sanatorium von Clavadel oberhalb Davos schrieb Lussu das *Jahr auf der Hochebene*. Eigentlich hatte er sich vorgenommen, ein Buch über Nicolò Machiavelli zu schreiben. Gaetano Salvemini – Historiker, Meridionalist und sehr eigenwilliger Sozialist – mußte alle Überredungskunst aufbieten und schließlich mit der Aufkündigung der Freundschaft drohen, um Lussu zum Verzicht auf die Machiavelli-Pläne zu bestimmen. Salvemini kannte Lussus mündliche Berichte über das Erleben im Krieg. Er wußte, daß sie, gesammelt, *das* Buch ergeben würden Als er es dann, 1937, als Manuskript endlich in Händen hielt, bedankte er sich dafür bei seinem Freund „mit einem Telegramm von etlichen hundert Worten".

Das *Jahr auf der Hochebene* ist das am wenigsten politische und am meisten literarisch-erzählende Werk Lussus; nur *Marcia su Roma e dintorni* ist in Stil und Anlage ähnlich. Alle übrigen Bücher Lussus sind politische Publizistik. *Teoria dell'insurrezione* enthält im übrigen ein sehr lebendiges, kluges Kapitel über den *Februar 1934* in Österreich mit dem alles sagenden Titel: *Die Defensive – Die Erhebung des Schutzbundes*.

Im *Jahr auf der Hochebene* lernt der Leser den jungen, eben von der Universität gekommenen Lussu kennen. Er ist ein tapferer Offizier – „der tüchtigste Subalternoffizier der Brigata Sassari", wie selbst seine Gegner anerkannten –, der den Militarismus verabscheut und den Krieg, den er selbst gewollt hat, hassen lernt. Es ist der Demokrat, der mit der Befreiung Trients und Triests das nationale Risorgimento vollenden will. Es ist der Sarde und Sozialist, der sehr wohl weiß, daß es im geeinten Italien entrechtete, ausgebeutete Bürger und Territorien in semikolonialem Zustand gibt, die nicht anders als Trient und Triest auf die „Erlösung" warten. Dieser junge Lussu trug die Uniform im Geiste Cesare Battistis und Leonida Bissolatis. In der Vollendung des *nationalen Risorgimentos* sah der von ihnen verkörperte linke, demokratische Interventionismus (der Wilsons Ideale als Glauben, Hoffnung und Programm vorwegnahm) die Voraussetzung für das innere, gesellschaftliche Risorgimento, das die vom bürgerlichen Einheitsstaat Entrechteten und Ausgebeuteten, die Massen der Bauern und der Arbeiter, als gleichberechtigte Bürger in den Staat integrieren sollte. Auf die *formale* Einigung der Nation sollte die *substantielle* folgen.

Emilio Lussu kam am 4. Dezember 1890 in Armungia (Cagliari) zur Welt. Er ist ein Jahr älter als sein Landsmann und Freund Antonio Gramsci, der in einem seiner Briefe aus Wien eine überaus eindrucksvolle Schilderung der *sardischen Atmosphäre* um die Jahrhundertwende hinterließ: „Der Instinkt der Rebellion regte sich in mir zunächst gegen die Reichen im Dorf, weil ich, obschon in dcr Volksschule immer der Beste, nicht studieren durfte ... Er wandte sich dann gegen alle Reichen, welche die Bauern Sardiniens unterdrückten; ich dachte damals, daß es nötig wäre, für die nationale Unabhängigkeit der Region zu kämpfen. *Ins Meer mit den Kontinentalen!*, wie oft habe ich dies wiederholt!“

Nun, Lussu war in einer glücklicheren Lage als Gramsci. Er durfte studieren. Er hatte knapp vor Kriegsbeginn das Studium der Rechtswissenschaft abgeschlossen. Seine Eltern waren Landwirte. Trotzdem wurde gerade er zum politischen Organisator des *Sardismus*, der sich die Befreiung der Insel vom kontinentalen Zentralismus und die Befreiung des insularen Proletariats (der Hirten, der Landarbeiter, der Kleinbauern, der Bergleute, der städtischen Arbeiter) von der Vorherrschaft der mit dem festländischen Kapitalismus verbündeten Oligarchie der bürgerlichen Notabeln vornahm. *Sardinien für die Sarden befreien*, dies war Kampfruf und Programm.

Die Brigata Sassari, in der Lussu gedient hat, war während des Ersten Weltkriegs mehrfach in den Bulletins des Oberkommandos genannt und für ihren Einsatz im Karst und auf der Hochebene von Asiago mit zwei Goldenen Tapferkeitsmedaillen ausgezeichnet worden. Die knapp vor Kriegsbeginn aufgestellte Infanteriebrigade hatte, wie ein Historiker schrieb, „Sardinien ein Viertelstündchen Berühmtheit beschert und aus den *sardischen Beduinen* der Vergangenheit vorübergehend sogar vorbildliche Söhne Italiens werden lassen".

Danach aber, 1920, stellten sich die Offiziere der *Sassari* an die Spitze der neuen politischen Bewegung, des *Partito sardo d'azione*, welcher die Monarchie abschaffen, den Zentralismus demolieren und an deren Stelle eine föderalistisch gegliederte demokratische Bundesrepublik errichten wollte. Emilio Lussu – „groß, hager, immer schwarz gekleidet, mit dem Spitzbart eines Musketiers" – war Mitbegründer und einer der Führer der Bewegung, die innerhalb weniger Jahre zur stärksten Partei auf Sardinien wurde und nach deren Vorbild autonomistische Bewegungen auch in anderen Regionen Süditaliens entstanden. 1921 zog Emilio Lussu als Vertreter des *Sardismus* ins Parlament in Rom ein.

Ruhm und Goldmedaillen der *Sassari* waren längst wieder vergessen; die Sarden waren wieder schmutzige, subversive *Beduinen*. Und der Sardismus wurde, wenngleich er sich mit dem sozialistisch-föderalistisch-republikanischen Programm auf die Lehre der Risorgimento-Linken um Carlo Cattaneo berufen konnte, des nationalen Verrats und des Separatismus verdächtigt.

Die autonomistischen Hoffnungen der Periode von 1919 bis 1922 erfüllten sich – freilich in abgeschwächter Form – erst in den Jahren 1946 bis 1948 mit der neuen Verfassung der Republik Italien. Lussu war einer ihrer Väter. Der Weg dahin aber führte durch das schwarze Ventennium des Faschismus, durch Kerker, Internierung, Exil und Widerstand.

Die Biographie Emilio Lussus ist über weite Strecken die Geschichte des italienischen Antifaschismus.

1926: Seit der Ermordung Giacomo Matteottis waren zwei Jahre vergangen. Der Faschismus schickte sich an, Staat zu werden. Es hatten sich auch viele einstige *Sardisten* der Partei Mussolinis angeschlossen. Das Regime duldete Opposition nicht mehr. Ein Attentatsversuch gegen Mussolini in Bologna wurde zum Vorwand genommen, um mit den letzten Regimegegnern aufzuräumen. Schwarzhemden stürmten in Cagliari Lussus Wohnung. Lussu hatte sich darin verschanzt und erschoß einen Faschisten, der über den Balkon durchs Fenster einzudringen versuchte. Die Polizei griff ein und nahm Lussu fest. Die Untersuchungshaft dauerte bis zu seinem 1927 erfolgten Freispruch – nach dem er jedoch nicht freigelassen wurde. Obwohl schwer krank, wurde er auf der Insel Lipari interniert, wo Regimegegner aller Art, in elenden Kasematten zusammengepfercht, der Willkür der Miliz ausgeliefert, auf die Malaria oder die Gnade des Duce oder das Ende der im administrativen Weg über sie verhängten Sonderhaft warteten.

1929 gelang Lussu, Fausto Nitti und dem Florentiner Nationalökonomen Carlo Rosselli, einem Schüler, Freund und Mitarbeiter Salveminis, die Flucht aus Lipari. Ein Boot holte sie von der Insel ab, brachte sie nach Tunesien und von dort nach Frankreich. Und mit den Freunden in Paris, welche die Flucht organisiert hatten, gründeten Rosselli und Lussu die Bewegung *Giustizia e Libertà,* kurz *GL.* Carlo Rosselli war Seele, Kopf und Motor der Bewegung, welche die Synthese von revolutionärer Freiheit und Sozialismus realisieren und die Sterilität der präfaschistischen Parteien überwinden wollte. Lussu brachte seine reiche Erfahrung aus der insularen Peripherie in die Bewegung ein; mit Salvemini war er in ihr der Theoretiker und Anwalt des Föderalismus, der Erneuerung Italiens als Bundesrepublik.

GL organisierte in Italien ein dichtes Netz von Widerstandszentren und verfügte später, nach 1943, über die stärksten Partisanengruppen nach den kommunistischen. Carlo Rosselli, der seine Anhänger gleich nach Francos Putsch nach Spanien geführt hatte, wurde 1937 von französischen Cagoulards im Auftrag der italienischen Regierung ermordet.

Aus den illegalen *GL*-Gruppen entstand in Italien der *Partito d'Azione,* und im Sommer 1943 wurde, nach Lussus Heimkehr aus dem Exil, die Fusion von *GL* und Aktionspartei vollzogen. Im Jahrfünft zwischen 1944 und 1949 vereinte diese Bewegung die meisten der besten Köpfe Italiens; sie war eine geradezu explosive Massierung kluger, integrer, von ernstem Neuerungswillen beseelter *eggheads.* Es gab in ihr weder intellektuelle noch charakterliche Mittelmäßigkeit. Schließlich war es aber gerade die gewaltige Ladung an Geistern und Temperamenten, welche den *Partito d'Azione* sprengte. Die Partei zerfiel – aber die Aktionisten von gestern blieben eine demokratische Gesinnungsgemeinschaft, die sich über die neuen Parteiungen hinweg immer wieder zu gemeinsamem Vorgehen im Dienst der Programme von einst findet. Zu diesem Kreis gehörten oder gehören – um nur einige Namen zu nennen – der einstige Ministerpräsident Ferruccio Parri und der Historiker Leo Valiani, der republikanische Minister Ugo La Malfa und die Sozialisten Lombardi, De Martino und Codignola, der äußerst kritische Nationalökonom Ernesto Rossi und der Begründer der Zeitschrift *Il Ponte,* Piero Calamandrei, ein hervorragender Verfassungsjurist.

Was die italienische Verfassung an Neuem, ja an Revolutionärem enthält, ist in erster Linie Beitrag der Aktionisten (und wurde nicht selten gegen Widerstände anderer Linksparteien durchgesetzt). Die meisten von ihnen fühlten sich weiterhin – bis heute – dem Geist von 1945, der als *Nordwind* durch die muffigen Bürokratengemächer der Ewigen Stadt fuhr, verpflichtet. Der Aktionismus steht seither auf der geistigen Barrikade, sooft es gilt, für die Verwirklichung der Verfassung zu kämpfen, Anschläge auf die Freiheit abzuwehren, dem Totalitarismus jeder Art und allerorten entgegenzutreten, die lokalen Autonomien zu verteidigen, den Neofaschismus einzudämmen und Korruptionsnester des Staats- und Parteifeudalismus aufzudecken.

Lussu war Minister in der ersten Nachkriegsregierung unter Ferruccio Parri und im ersten Kabinett Degasperi. 1946 bis 1948 gehörte er der verfassunggebenden Nationalversammlung an und war vor allem im Sonderkomitee für die Regionalautonomien aktiv. Von 1948 an war er ohne Unterbrechung bis 1968 Senator. 1949 führte er den linken Flügel der Aktionspartei in die Sozialistische Partei (PSI) Pietro Nennis. Als sich Nenni 1964 zur Koalition mit der Democrazia Cristiana bereit fand, wanderte Lussu mit einem Teil seiner alten Freunde nach links ab, zur neuen linkssozialistischen Partei PSIUP.

„Vergessen Sie nicht", schrieb mir Emilio Lussu in einem Brief,

„daß ich Linkssozialist bin. Ich habe Fritz Adler und Otto Bauer sehr gut gekannt, und Oda Olberg-Lerda war meine große Freundin."

Wer könnte dies vergessen ?

Sardismus, Föderalismus und Sozialismus sind bei Lussu eins, sie kommen aus einer Quelle und haben ein gleiches Ziel: die völlige Befreiung der Menschen von Not, Unwissenheit und Unterdrükkung. Lussus Sozialismus ist von einer besonderen Art. Die einen haben ihn als romantisch, die anderen als jakobinisch bezeichnet, ohne damit irgend etwas über ihn auszusagen. Es ist der bäuerliche Sozialismus, der das unterentwickelte Sardinien und das italienische Meridione vor Augen hat (und darüber hinaus die gesamte *dritte Welt* des Hungers und der Rebellion). Dieser Sozialismus muß heute noch – allen Fortschritten und demokratischen Verfassungsenuntiationen zum Trotz – um Errungenschaften kämpfen, die für Oberitaliens Industrieproletariat längst selbstverständlich sind. Es brennt in ihm die Sehnsucht der sardischen Hirten nach Gerechtigkeit. Es schreit aus ihm der Zorn über die Anmaßung der Propagandisten des neokapitalistischen Wohlstands, welche die sterbenden Dörfer und die Not der zerrissenen Fremdarbeiterfamilien, den Hunger nach Brot und Wissen, das seelische Elend der Nomadenheere der Industriegesellschaft, die Wüstenflecken der Armut und Unfreiheit auf der bunten Landkarte der europäischen Sattheit nicht sehen wollen. Es ist ein Sozialismus, der nicht bereit ist, sich mit Brosamen vom Tisch der Mächtigen und „Konzessionen" von oben zu bescheiden, weil da auch noch die Menschenwürde im Spiel ist, weil es da auch noch um die elementarsten Grundrechte, um die Gleichberechtigung der Bürger geht.

Emilio Lussu trägt heute nicht mehr das schwarze Haar von einst; der silbergraue Musketierbart hat jedoch keinen Greis aus ihm gemacht, obwohl er an der Schwelle der Achtzig steht. Die meisten seiner Freunde sind nicht mehr. Lussu aber ist trotz der schweren Last der Erinnerungen jung geblieben und kämpferisch und seiner Berufung ergeben: als Mahner und kritisches Bewußtsein der Nation zu wirken.

[Die militärische Lage Juni 1916 bis Juli 1917]

(nach der offiziellen österreichischen Darstellung)

Es war eine alte und strategisch richtige Idee des österreichisch-ungarischen Oberkommandierenden, Generalfeldmarschalls Franz Conrad von Hötzendorf, gegen Italien einen doppelseitigen Angriff zu führen: den einen aus dem südlichen Trentino, aus dem Raum Rovereto-Trient, in südöstlicher, den anderen vom Isonzo her in westlicher Richtung. Da die von Wien erbetene reichsdeutsche Truppenhilfe nicht gewährt wurde, entschloß sich Conrad im Winter 1916, die *Offensive der Hochebenen* ohne gleichzeitige Isonzooffensive zu unternehmen. Der Plan sah vor, mit starken Kräften – der angemessen verstärkten Heeresgruppe Erzherzog Eugen – „zwischen Etsch und Valsugana mit gut zusammengehaltener Hauptkraft über die Hochflächen von Folgaria-Lavarone auf Thiene-Bassano vorzustoßen."[1] Der zunächst als *Durchbruchsschlacht,* später nur noch als *schwungvolle Kriegshandlung* konzipierte Angriff erfolgte zwischen Vallarsa im Südwesten und Valsugana im Nordosten. Das Ziel der Offensive war der Ausbruch aus den Bergen, der Vorstoß in die venezianische Ebene (über Asiago nach Bassano und über Arsiero nach Thiene), um in den Rücken der italienischen Isonzoarmee zu gelangen. Die österreichischen Angriffstruppen wurden reich mit Artillerie, auch modernsten 30,5-Mörsern sowie 38-cm- und 42-cm-Haubitzen, ausgestattet. „Der Gedanke wurde vorherrschend, die mächtige Artillerie, über die man endlich einmal verfü-

1 Edmund Glaise-Horstenau (Hg.), Österreich-Ungarns letzter Krieg 1914–1918. Wien 1936, Bd. IV, S. 174.

gen konnte, zur vollen Geltung zu bringen und der Infanterie vermeidbare Opfer zu ersparen. Ein Menschenleben ist mehr wert als zehn der schwersten Bomben, so lautete die Schlagzeile in einem zu dieser Zeit gegebenen Befehl."[2]

Hohe Schneelage und Schlechtwetter verzögerten den Beginn des Angriffs um nahezu zwei Monate. Erst am 15. Mai konnte die Offensive anlaufen. In der ersten Juniwoche hatten die Österreicher die Linie Pasubio-Arsiero-Asiago-Monte Fior (Monte Meletta) erreicht.

Der Begriff Hochebene vermittelt ein falsches Bild von der Art des Geländes: Die Hochebene von Asiago, die jenseits der alten österreichischen Grenzen lag, ist „eine keineswegs leicht gangbare Hochfläche. Steil aufragende Höhen, tief eingerissene Talfurchen und unzugängliche Felswände formen ein in vielen Teilen verkarstetes und wasserarmes Gelände": im Westen ein „klaffender Sprung, die Assaschlucht", im Osten die „isolierte, kahle Bergkuppe mit dem Monte Meletta (1827 m), der auch Monte Fior heißt, und der Kegel des Monte Lisser (1636 m)"[3], bevor die Hochebene in die Brentaschlucht abfällt.

Am 4. Juni begann in Wolhynien die Entlastungsoffensive der Russen. Erzherzog Eugen mußte alle verfügbaren Reserven abgeben. Am 16. Juni befahl die Oberste Heeresleitung den Truppen im Trentino den Übergang zur Defensive. Die Österreicher bezogen auf den Hochflächen eine neue Linie, die von Matassone über Valmorbia, Pasubio, den Barcolapaß, Monte Cimone, Castelletto, Monte Interrotto über Cima Dieci zum Civeron führte. Der italienische Gegenstoß setzte zögernd am 16. Juni ein. Am 1. Juli gab es heftige italienische Angriffe am Monte Interrotto und bei Casara Zebio (Zebio-Alm). Am 6. Juli begannen die Italiener einen Großangriff mit siebzig Bataillonen (gegen sechsunddreißig österreichische), wobei sie einen Einbruch bei Casara Zebio erzielten. Die Angriffsaktionen dauerten bis zum 13. Juli. Am 22. und am 23. Juli folgten neue Angriffe gegen die Riegelstellung westlich der Zebio-Alm.

2 Glaise-Horstenau, a. a. O., Bd. VI, S. 26.

3 Glaise-Horstenau, a. a. O., Bd. IV, S. 181/182.

Während der sechsten Isonzoschlacht (4. bis 16. August), die den Italienern den Gewinn von Görz brachte, herrschte auf den Hochflächen relative Ruhe: Tirol war wieder Nebenfront. An der Hauptfront brachte der Herbst die siebente, achte und neunte Isonzoschlacht gleichzeitig mit den Karstschlachten (14. bis 17. September; 9. bis 12. Oktober; 31. Oktober bis 4. November). Italienische Offensivoperationen an der Fleimstalfront, um den Monte Pasubio (ab 10. September) und in der Vallarsa, waren mit den Hauptoperationen koordiniert. Am 23. September sprengten die Österreicher den am 23. Juli von den Italienern eroberten Cimonegipfel und besetzten den Krater. Zwischen 9. und 20. Oktober tobte die schwere, verlustreiche Pasubioschlacht. Der frühe Wintereinbruch – Ende Oktober – unterband jede weitere Aktivität. Der Kriegswinter 1916/17 forderte mit seinen ungeheuren Schneemassen und katastrophalen Lawinenabgängen in der Heeresgruppe Erzherzog Eugen bis zum 11. November 123 Tote, 5 Vermißte und 194 Verletzte, zwischen dem 5. und dem 14. Dezember 795 Tote, 505 Vermißte und 562 Verletzte. Der Kampf mit dem Weißen Tod war nicht minder verlustreich als eine schwere Schlacht.

Am 12. Mai 1917 begann die zehnte Isonzoschlacht. Am 10. Juni 1917 traten 112 italienische Bataillone auf der Hochebene von Asiago zur großen Junioffensive an, die von 1500 Feuerschlünden unterstützt wurde. Im heißumkämpften Abschnitt westlich von Casara Zebio explodierte die italienische Minenanlage, welche zum Beginn der Offensive gesprengt werden sollte, am 8. Juni nach einem Blitzschlag vorzeitig und verschüttete zweiundzwanzig eigene Offiziere. Die am 18. und 19. Juli erneut geführten italienischen Angriffe ergaben lediglich örtliche Einbrüche. Am 18. August 1917 begann die elfte Isonzoschlacht, in deren Verlauf den Italienern vom 21. bis zum 22. August der Durchbruch auf der Hochebene von Bainsizza gelang.

Claus Gatterer

Sämtliche Bände 13,5 x 21 cm

Johann Holzner/Elisabeth Walde (Hg.) **Bd. LVII**
Brüche und Brücken. Kulturtransfer im Alpenraum von der Steinzeit bis zur Gegenwart. Aufsätze, Essays
Franz. Broschur, 362 S., ISBN 3-85256-287-2

Bernhard Fetz/Klaralinda Ma/Wendelin Schmidt-Dengler (Hg.) **Bd. LVIII**
Phantastik auf Abwegen. Fritz von Herzmanovsky-Orlando im Kontext. Essays, Bilder, Hommagen
Gebunden mit Schutzumschlag, 200 S., ISBN 3-85256-286-4

Andrej Blatnik **Bd. LIX**
Der Tag, an dem Tito starb. Und andere Erzählungen
Gebunden mit Schutzumschlag, ca. 128 S., ISBN 3-85256-298-8

Bora Ćosić **Bd. LX**
Irenas Zimmer. Gedichte
Franz. Broschur, 127 S., ISBN 3-85256-307-0

Peter Waterhouse **Bd. LXI**
Die Nicht-Anschauung
Versuche über die Dichtung von Michael Hamburger. Essays
Franz. Broschur, 171 S., ISBN 3-85256-299-6

Claus Gatterer **Bd. LXII**
Schöne Welt, böse Leut. Kindheit in Südtirol
Gebunden mit Schutzumschlag, 421 S., ISBN 3-85256-300-3

Drago Jančar **Bd. LXIII**
Luzias Augen. Erzählungen
Gebunden mit Schutzumschlag, 160 S., ISBN 3-85256-312-7

Vincenzo Consolo **Bd. LXIV**
Retablo. Roman
Gebunden mit Schutzumschlag, 158 S., ISBN 3-85256-314-3

Luis Stefan Stecher **Bd. LXV**
Annähernd fern. Variationen über Nähe und Ferne. Aphorismen und Zeichnungen
Gebunden mit Schutzumschlag, 120 S., ISBN 3-85256-313-5

Maria E. Brunner **Bd. LXVI**
Was wissen die Katzen von Pantelleria. Prosa
Gebunden mit Schutzumschlag, ca. 160 S., ISBN 3-85256-330-5

Arnulf Knafl (Hg.) **Bd. LXVIII**
Mozarts Zauberkutsche. Neue literarische Nachschriften
Gebunden mit Schutzumschlag, ca. 200 S., ISBN 3-85256-333-X

E. Y. Meyer **Bd. LXIX**
Eine entfernte Ähnlichkeit. Eine Robert-Walser-Erzählung
Gebunden mit Schutzumschlag, 128 S., ISBN 3-85256-341-0